U0830014

想象另一种可能

理
想
国

imaginist

从石器时代到太空时代

彩图版人类简史

MANKIND™

THE STORY OF ALL OF US

[美] 帕梅拉·托勒（Pamela D. Toler）著
王晨 译

海南出版社
·海口·

MANKIND:The Story of All of Us
by Pamela D. Toler
©2012 by A&E Television Networks, LLC.

This edition published by arrangement with Running Press, an imprint of Perseus Books, LLC, a subsidiary of Hachette Book Group, Inc., New York, New York, USA.
All rights reserved.
图字：30-2021-087 号
地图审图号：GS（2020）4775 号

图书在版编目（CIP）数据

从石器时代到太空时代：彩图版人类简史 /（美）帕梅拉·托勒 (Pamela Toler) 著；王晨译 . -- 海口：海南出版社，2021. 10

书名原文：Mankind：The Story of All of Us

ISBN 978-7-5730-0240-2

I. ①从… II. ①帕… ②王… III. ①社会发展史—通俗读物 IV. ① K02-49

中国版本图书馆 CIP 数据核字（2021）第 196994 号

从石器时代到太空时代——彩图版人类简史
CONG SHIQI SHIDAI DAO TAIKONG SHIDAI——CAITUBAN RENLEI JIANSHI

作　　者　[美] 帕梅拉·托勒
译　　者　王　晨
责任编辑　郑　爽
特约编辑　赵雪峰　张俊明
封面设计　马志方
内文制作　马志方
海南出版社 出版发行
地　　址　海口市金盘开发区建设三横路2号
邮　　编　570216
电　　话　0898-66822134
印　　刷　天津市银博印刷集团有限公司
版　　次　2021 年10月第1版
印　　次　2021 年10月第1次印刷
开　　本　787mm × 965mm　1/16
印　　张　28.25
字　　数　530千字
书　　号　ISBN 978-7-5730-0240-2
定　　价　158.00元

如发现印装质量问题，影响阅读，请与发行部门联系调换。

目录

前言

“人类的故事”

是一个斗争的故事——我们所有人的斗争。

从我们在地球上的第一天起，人类就面临着巨大的挑战。喷发的火山遮蔽了阳光。严酷的冰期持续了许多个世纪。致命的瘟疫侵入我们的身体，摧毁我们的细胞。还有造成大规模破坏的可怕武器。

一次又一次，不可预见的危险几乎让我们的故事戛然而止。

但“人类的故事”也是一个胜利的故事，因为在其中各处，人类都成功地经受了各种挑战。没有杀死我们的让我们更强大，在学习克服逆境的过程中，我们不断实现着重大飞跃。

在过去的一万年间，这些飞越让我们从旷野进入了充满活力的现代大都市，从追逐兽群的小队狩猎者变成了数以千万计的城市居民。

本书雄心勃勃而又饶有趣味地记录了这段历程。在讲述我们的故事时，它采用了全新而动人的方式，使用了鲜活的图像和事件亲历者的讲述。

不同于你此前可能读过的历史书，本书着眼于最意想不到之处，来展示我们人类发展历程中的关键元素。

有些元素就藏在地球内部——在海洋的潮汐里、山脉的轮廓里和我们从地下挖掘的矿物里。

有些藏在我们体内——我们的视觉、血液和保护我们免受感染的抗体。

许多藏在我们的日常用品中——比如胡椒、盐、糖、冰这些平常物什，它们都在故事中占有一席之地。

还有些来自散布地球各处的神秘遗迹——金字塔、巨石阵和中国的长城。

有时，我们甚至必须把目光投到自己的世界以外——投向恒星的形成，太阳的耀斑，或者太阳的引力如何让地球一边在宇宙空间中自转时，又随着地轴倾斜摆动。

答案经常也藏在事物的运作方式中——

另一些只是卷入了非常事件的平常人，比如阿尼奥洛·迪·图拉（Agnolo di Tura），黑死病夺走了他家乡一半人的生命，他不得不亲手埋葬妻儿。或者像爱丽丝·哈里斯（Alice Harris），这位在刚果的传教士用照片揭露了有史以来对人类犯下的最恐怖罪行之一。

从驯服火到炼出铁，从佛教的诞生到耶稣的受难，从罗马的陷落到工业革命，从民主的初创到民权运动的胜利，从印刷机到计算机……本书将由内而外地向我们展示历史。它生动而直接，并且总能令人惊诧。

从石器时代开始，改变的步伐就一直在加速，而历史教给我们的最重要一课是，世界在21世纪的改变将超过此前所有时代的总和。它将以我们尚无法想象的方式给人类带来新的挑战。

历史告诉我们，我们自己是谁，来自何方；历史也告诉我们，前方有着无限可能。人类

导语

从大爆炸到大容量脑

我们称之为大爆炸：

137亿年前发生了一场时空碰撞，由此产生的纯粹能量最终形成了物质和有史以来的全部物种，包括我们在内。与地球上的天空、海洋和山峦一样，人体同样源于碳、氧、氢等元素的物质旋涡。

随着地球的冷却，独特的元素配置

深处出现了最早的单细胞有机体。2

从星尘的碎屑到单细胞生命，人类在大约15万年前演化成了与今天类似的物种。

人类的存在只是宇宙历史中的短短一瞬，而且大部分时间用于为生存进行殊死搏斗——我们从不能确保成功，即便是现在。

本书回顾了我们的学习历程：如何掌握火和铁，如何获得食物和庇护所，如何成为发明家、建造师和太空旅行者。对人类这个物种而言，在崎岖的学习之路上取得的最不可思议的成就也许是我们的生存。而永伴人类历史的，一直以来，只有惊奇。

如果说人类的长存有何秘诀，那就是我们适应频繁而剧烈变化的能力。与其他哺乳动物相比，人类的体型相对较小，而且缺乏速度，但我们把自己最大的弱点变成了优势。身体上的极度不利迫使我们发展和使用更大的脑，从而通过计谋战胜敌人，无论对手是人是兽，还是剧烈波动的气温和气候。

人类战胜了冰期的极端不利条件，这需要很好的运气。我们面对的是在体型和力量上5倍乃至10倍于自己的掠食者。此外，与其他物种相比，我们出生时相对脆弱和未成形，必须经过长期的哺育，这让我们的远祖很难抵挡暴力、疾病和突然死亡。

物理学家保罗·戴维斯（Paul Davis）将我们在严苛环境中生存的能力归功于一系列“刚刚好”的时刻，帮助人类适应环境所需的一切都恰到好处地出现了，至少足以帮助我们熬过1到2万年，直至陆地上的冰川消融，或者通过迁徙找到生机勃勃的河流、完美的猎物和肥沃的土地。

传统上，地球和人类的历史总是被描绘成时间线，那些巨大的障碍和几乎导致人类灭绝的事件遭到了忽视，尽管是它们促使人类变成了更加聪明和灵巧的生物。在三年级的社会研究、中学的世界地理或大学的西方文明调查中，教科书通常会按照不真实的线性进步编排。虽然时间线可能是一种有用的工具，但它的起点往往太晚，因为就宇宙的尺度而言，我们的历史短暂得刚够喘口气。

大气层逐渐形成。又过了5亿年，大洋
亿年后，它们开始分裂和多样化。

教科书的时间线不仅太短，而且过于狭隘，焦点几乎完全放在人类本身，没有涉及我们周围的世界。

事实上，人类的演化从来就不是一帆风顺地稳步从古人类演化到现代人，外貌和行为上的每次变化都是对之前的改进。从公元前250万年到公元前15万年现代人出现，地球上曾经同时存在过多种猿人（Homonid）。但直到5万年前，他们中谁会胜出并成为我们的直系祖先，仍然悬而未决。

决定人类历史的不仅是我们自己的集体和个体行为，还有诸如地球轨道的倾斜这样的大事，或者小麦种子基因突变这样的小事。

大部分演化上的改变都是微小的，比如发展出可与其他手指相对而握的拇指，颅骨尺寸的小幅增加，长时间直立和伸展手臂够到低矮树枝上的果实的能力，上述改变的影响需要通过数千代的累积才显现出来。不过，演化观的改变没有抹杀每个“刚刚好”时刻的重要性。相反的，巧合是人类这幕险象环生的戏剧的基础，它取决于正确的行为改变与有利环境的结合。

在接下去的章节中，我们将讲述人类故事中的关键节点。在这些节点上，自然的力量、人类的才智和少许运气的结合，缔造了（也可能毁掉）我们这个物种。在这些时间和地点，人类面临着巨大的困惑与障碍，如果无法解决或克服它们，我们今天很可能不会存在。通过重温这些转折性事件，我们能够更好地理解，当祖先们实现巨大跃进时，他们面对着怎样的挑战——这些进步不仅最终确保他们的生存，还为我们搭好了舞台。

让我们从人类的起源说起，在那个时代，生存意味着必须全力寻找当天的食物，这经常是非常危险的。

1

改 变 的 种 子

人类诞生于非洲大裂谷的草原和森林中，这条非洲大陆板块上的裂缝拥有多样化的生态系统和适宜人类的温度，是会制造工具的无毛猿类发展的完美实验室。正是在这里，人类的演化来到了第一个关键节点——从猿到人的过渡。

我们不知道狩猎和生火等人类发展过程中的里程碑式进步的确切日期，但科学家已经收集了大量关于这些突破前后生活差异的证据。早期人类历史的痕迹以人工产物的形式呈现在我们面前：工具、遗弃的营地、村落遗址、隐藏的艺术和骨骼碎片。

近年来，我们学会了比以往更加深入地解读古代的人工产物。地质学家从湖泊沉积物中钻取岩芯，用来研究气候变迁。古植物学家通过对化石花粉 DNA 的检测和排序分析食物的演变。牙齿的生物力学建模和骨骼扫描等技术为古生物学家和古人类学家打开了一扇新窗，让他们能够审视各个时空中人类与动物之间或者不同人类之间的关系。在这些新科技和新方法的帮助下，我们越发深切地感受到，所有的人都属于同一个整体。

我们知道，在最基本的生存层面上，我们最早的人类远祖是食腐动物，他们采集水果、坚果和种子。如果有幸找到鸟蛋、白蚁、蚂蚁、死了的鸟类或畜类，他们也会吃。即使当有人捡起石头掷向兔子从而发明了狩猎后，这些小型人类群体（由男性、女性、儿童和他们的亲属组成）的食物仍然主要是共同采集的野谷、浆果和根茎。

那么人类最早出现在多久之前呢？这取决于你对人类的定义。如果不是用两只脚直立行走，你就是猿，而不是人。尽管尚无法用清晰的时间点来划分人和猿，但人类基因组计划正在让我们不断接近这一目标。今天的历史学家和科学家相信，最早的原人（protohuman）可能早在 550 万年前的东非即已出现，但他们并非早期人类的直系祖先。和现代猿类一样，如果环境需要，他们可以短时间直立行走，但大多数时候，它们都在爬树，在用指关节行走。

最早的真正猿人（与现代人同属人科）出现在 200 万年之后，距今约 350 万年。古人类学家称她为南方古猿（Australopithecus）；为了方便起见，我们叫她露西。

左：我们的早期祖先在早于 200 万年前的时候，就通过用一块石头击打另一块，制造出了第一批工具；经过几个世纪，简单的砍斫工具进化成了劈刀、手斧和做工精良的小石刀

认识露西

1974 年，随着古人类学家唐纳德 · 约翰森（Donald Johanson）带领的科考队在埃塞俄比亚的阿法（Afar）地区发现了一具极为完整的雌性猿人骨架，“南方古猿”成了各大媒体的头条。科考队成员给她取名“露西”，因为在庆祝这一发现的那个夜晚，他们一遍又一遍地播放了披头士乐队的《露西在缀满钻石的天上》（“Lucy in the Sky with Diamonds”）。国际媒体很快给她贴上了“缺失的一环”这一标签。她帮助我们所有人了解了人类的起源。

露西的发现不仅是晚间新闻里的揭秘故事。她的骨架是迄今发现的最古老的南方古猿样本（对于史前世界而言，“最早的”头衔随时可能易主。新的擂主也许就在某一个发掘现场）。更重要的是，露西的骨架足够完整，它证明了南方古猿的确像人类一样直立行走。

1975 年，约翰森博士的团队在同一地区的一处发掘现场发现了更多的样本（该物种今天被命名为“阿法南方古猿”），他们称其为“第一个家庭”。

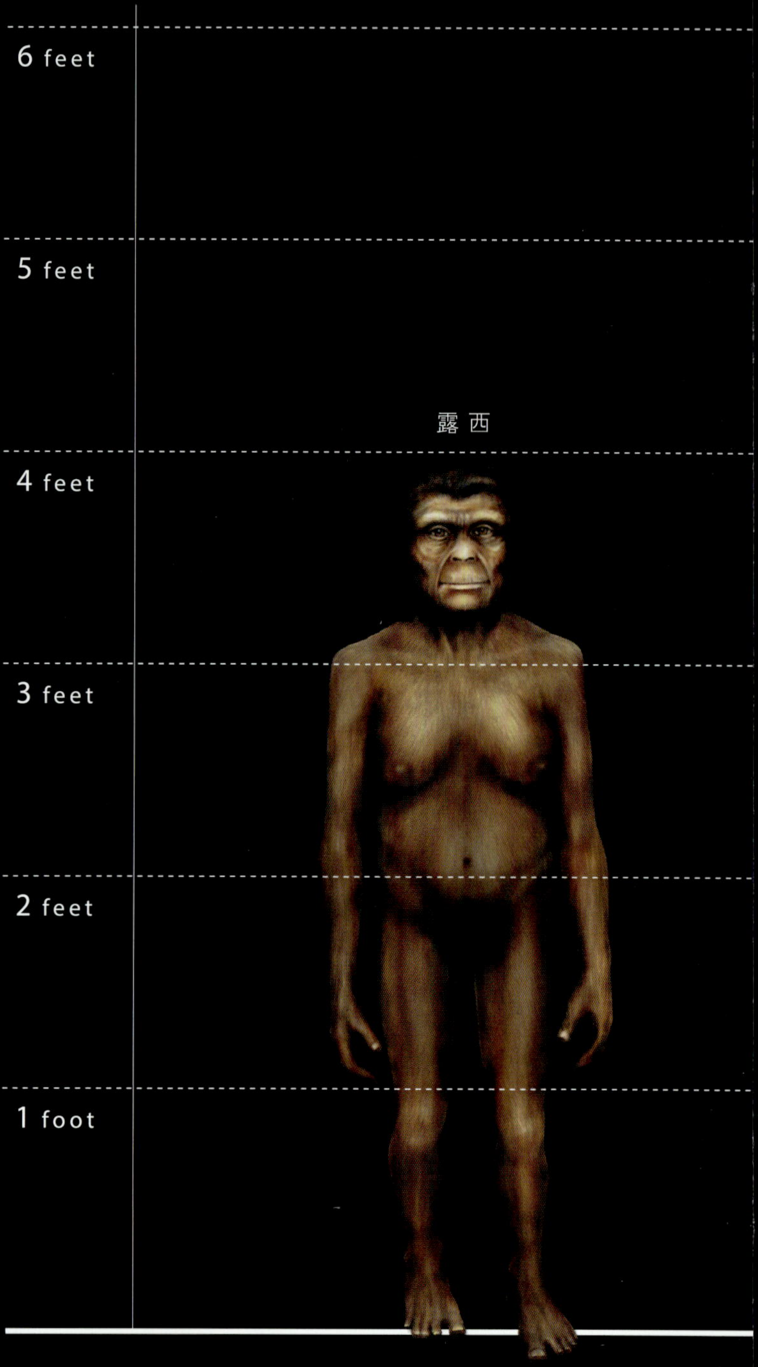

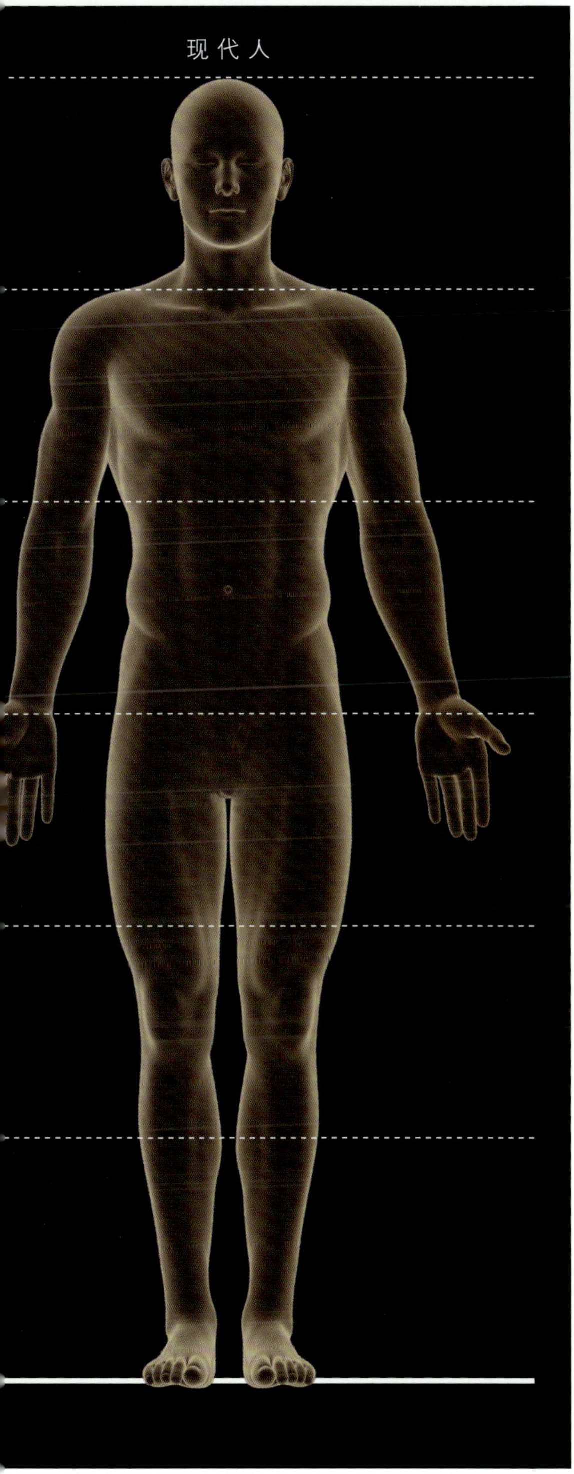

露西更接近猿而不是早期人类。她身高仅 3 到 4 英尺，脑容量只有一个橙子那么大。她的面部更像是猿而非人，手臂比我们的长，手指像黑猩猩那样蜷曲。她也许会选择像猿一样用长臂爬树，但她同样具备了用两条腿直立行走的一切身体构造。事实上，她的身体很可能比我们的更适合直立行走。由于要顾及分娩时新生儿硕大的头骨和大脑，人类的骨盆牺牲了部分直立的性能。

用双脚行走具有一个巨大的优势：你的双手获得了解放。再加上小型灵长类动物在 5000 万年前便已发展出的能够朝相反方向活动的拇指，你就可以拿起工具了。露西做到了。也许她还无法制造工具，但她会用石块和棍棒帮助自己猎取食物和驱赶掠食者。

露西之后的故事变得更加复杂。从露西到公元前 15 万年现代人出现，非洲可能同时存在着多达 100 种猿人。我们不清楚他们彼此的关系，也不知道谁才是我们的直系祖先，但经过长时间的争论后，人类学家们达成共识，我们与两种原始人类具有更直接的亲缘关系。

能人（Homo habilis），字面意思是“能干的人”，他们被认为是最早的原始人类，善于制造工具是他们的特征。能人于公元前 250 万年左右出现在东非，与露西的某些后裔属于同一时代。他们仍然比现代人矮小得多，但脑容量是黑猩猩的两倍。他们学会了打猎，并通过将一块燧石在另一块上刮擦制造粗糙的工具。人类发展过程中一个最著名的“先有蛋还是先有鸡”式问题是：究竟是更发达的大脑让能人学会了制造工具，还是制造工具的锻炼让他们获得了更发达的大脑？这很可能永远都是一个谜。

而从生活在大约180万年前的直立人（Homo erectus）开始，猿人看上去更像我们了。直立人也许只具备基础的语言能力，但能制造精良的石制工具，他们的手斧尤其著名。他们还开始烹饪食物，建立半永久的营地，可能还形成了长期的两性关系。

与其他猿人一样，直立人会用削尖的木棍击杀小动物。他们还更进一步，第一个用明火烹饪生肉。驯服火焰的直立人为后来的智人（Homo sapiens）改变了一切，有意识地用火成了人类演化过程中第一个“刚刚好”的时刻。

今天，密闭在21世纪人造环境中的我们

火

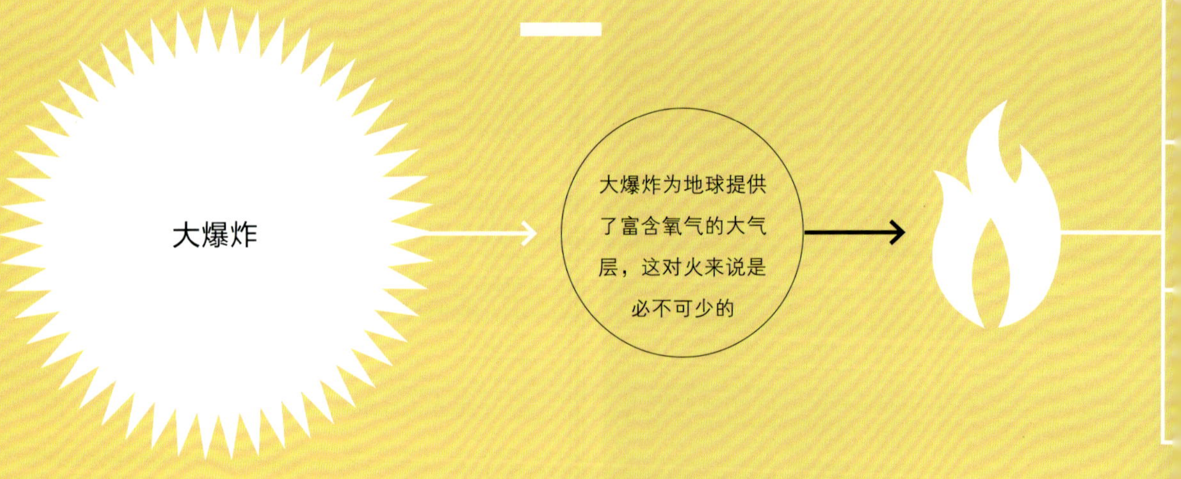

学会用火是走向文明的第一步，它只可能发生在地球上。火需要三种要素：燃料、热量和氧。氧是其中最微妙的部分。氧是太阳中第三丰富的元素，仅次于氢和氦。而在太空中漂浮的岩石、流星和小行星上，以及在类地行星上，它都是最丰富的元素。但这些神奇的氧元素大多既无法供人类呼吸，也无法为火焰所用。气态的氧是生命最早的副产品，来很难想象人类祖先从日出到日落所要经历的生存竞争。更难想象的是，如果没有几千年来人类积累的知识，没有语言、历史、科学，或者没有火，我们该如何生存。

我们可以从古代神话和原始艺术中推测，最早的猿人是通过观察和模仿非人类猎手的动作学会捕猎技巧的。在非洲大裂谷，后来在欧亚大陆和美洲，他们和这些动物共处。与动物老师不同，早期人类没有尖牙利爪，却要与前者争夺相同的猎物，如兔子、小型猫科动物和疣猪。为了同其他掠食者竞争，我们的远古亲戚用自己更加灵巧的四肢和手指制造出装了石制尖端的长矛，用更为出色的解决问题的技巧智胜猎物，并与其他人类猎手合作。这些最终让史前捕猎成为了可能。

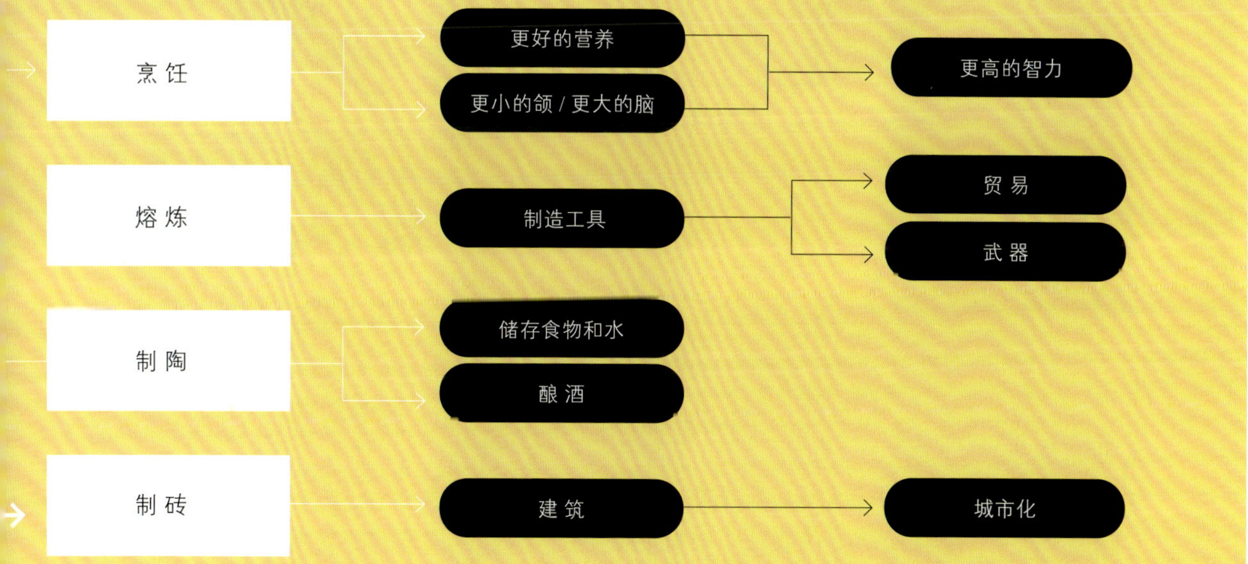

自30亿年前覆盖大洋的蓝绿细菌。在通过光合作用将阳光和二氧化碳合成养料的同时，它们也释放了氧气。在这些早期细菌看来，氧纯粹是有毒的废物。在生命的演化过程中，有的物种发展成氧气的制造者，有的成为消费者，从而让大气中的氧含量稳定在21%。丰富的氧气让火成为可能。

为生存而捕猎

两名 20 多岁的强壮年轻男子手持长矛，在肌肉发达的双腿驱动下跑过树丛。他们停下，匍匐在地，双目在地平线上搜索，寻找草丛里的动静。第一个人看见了什么，他知会了自己的兄弟。前方，一只羚羊正在吃草。

他们身后一百英尺的地方站着一名妇女，她手持长矛，看着男人们捕猎。一旁，尚在蹒跚学步的儿子抓住了她的另一只手。母亲俯下身，把嘴凑到孩子耳边，让他静静看着。他正在学习自己未来的生存技巧，这关系到族群的延续。母子俩注视着男人们追逐疣猪，他们的动作果断而迅捷，悄无声息地钻入树丛，从女人的视线中消失。

猎人们向前飞奔，然后再次停下趴在地上。第一个人从脚边抓了一把土，并撒出一些来测定风向。他们在猎物的上风处。他们转身换了个方向，压低身子，悄悄地跟随猎物，与它保持足够的距离，以免被看到或听到。带头的那个人停下，抬起一只手，另一只手牢牢抓住长矛。突然，羚羊撒腿就跑。猎手们立刻起身追了上去，最后追上和包围了那只动物。第一个人掷出了手中的长矛，正中羚羊的肋下。捕猎以血腥和胜利告终。

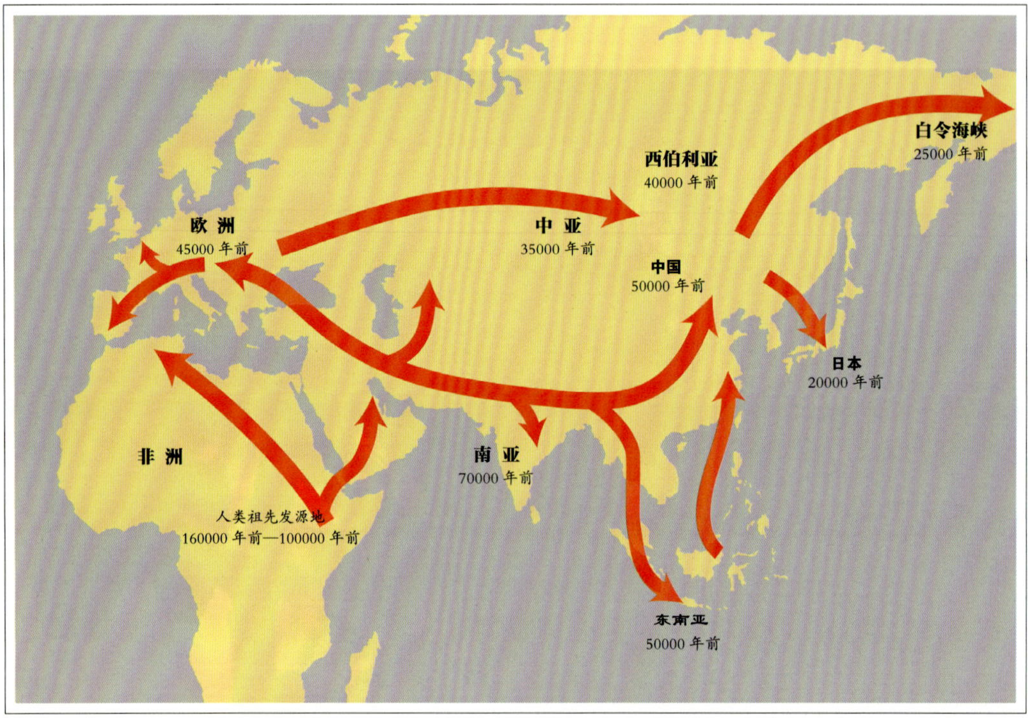

走出非洲

在大约 10 万年后，一群已经学会用火给自己保暖的直立人，在人口不断增加和资源竞争压力的驱使下，开始远离温暖的大裂谷寻找食物，最终跨越了连接亚非两洲的陆桥。公元前 40 万年左右，直立人的小部落已经遍布欧亚大陆，最东到达中国。

在踏上新的土地后，他们发现自己并不是这个星球上唯一的猿人。

在直立人离开非洲后的 50 万年间，非洲和欧亚大陆的猿人走上了不同的演化道路。抵达近东的智人发现，欧洲和中东已经生活着另一种大脑发达的两足动物尼安德特人（Homo neanderthalensis）。

今天，“尼安德特”一词常被用作未开化或愚蠢野蛮的代名词。卡通作品里的尼安德特人被描绘成指关节拖在地上的笨拙巨人。诚然，尼安德特人身材粗壮，粗重的骨骼上留有强健肌肉的痕迹。这些特征暗示，按照现代人的标准，他们极其强壮。他们的脸更接近直立人而非现代人，长着突出的颌骨，塌额头，短小的下巴和大鼻子。不过，尼安德特人直立行走，它们的脑容量也比我们的大。

对非洲和欧洲考古学证据的比较显示，当智人与尼安德特人相遇时，两者的文明水平相当。它们制造相似的石制工具，捕猎容易杀死的小型动物。尽管没有创造出

几个小时后，在逐渐降临的暮色中，这两名男子回到了妇女和孩子身边。他们围坐在火堆旁，用木棍穿起一块去皮的猪腩肉架在火上。肉块上滴落的油脂让火舌吐得更高，舔舐着渐渐变得棕黑发焦的肉块。趁着烤肉的功夫，一家人回味刚才的狩猎，享受难得的交流和休息机会。

肉烤熟后从火中取出，男人们用牙齿和手把肉从骨头上撕扯下来，每一块都细细咀嚼。女人把她的那份弄成小块，一块块放进孩子张开的口中。

在学会用燧石制造火花前，原始人也许已经学会了使用自然产生的火，并利用余烬来创造自己的火。但这种情况下产生的火是一种祸福难测的自然力量。随着直立人学会用燧石生火，情况发生了改变。有了随叫随到的火（即使无法完全控制它），人类不仅能用它烹饪食物，或是让家族和部落围坐在火堆边分享它，还可以用它在夜间驱赶动物，包括洞熊和大型猫科动物。从前，这些动物曾让洞中的生活惊险万分，甚至完全不可能。人们用火把黏土烧制成水罐和生育女神像，制造出用来修建庇护所甚至神庙的砖块。火不仅本身是工具，也让包括从第一把铜剑到通信卫星推进舱的其他工具成为可能。火不仅能打造工具，也许还促成了从直立人到晚期智人（Homo sapiens sapiens）的演化。

烹饪不仅让肉的滋味更好，它还分解了蛋白质，让肉类更易咀嚼和消化。有了火，人类不再需要巨大的颌骨来咀嚼生的食物。更小的颌为更大的脑留出了空间，让猿人向着现代人又进了一步。

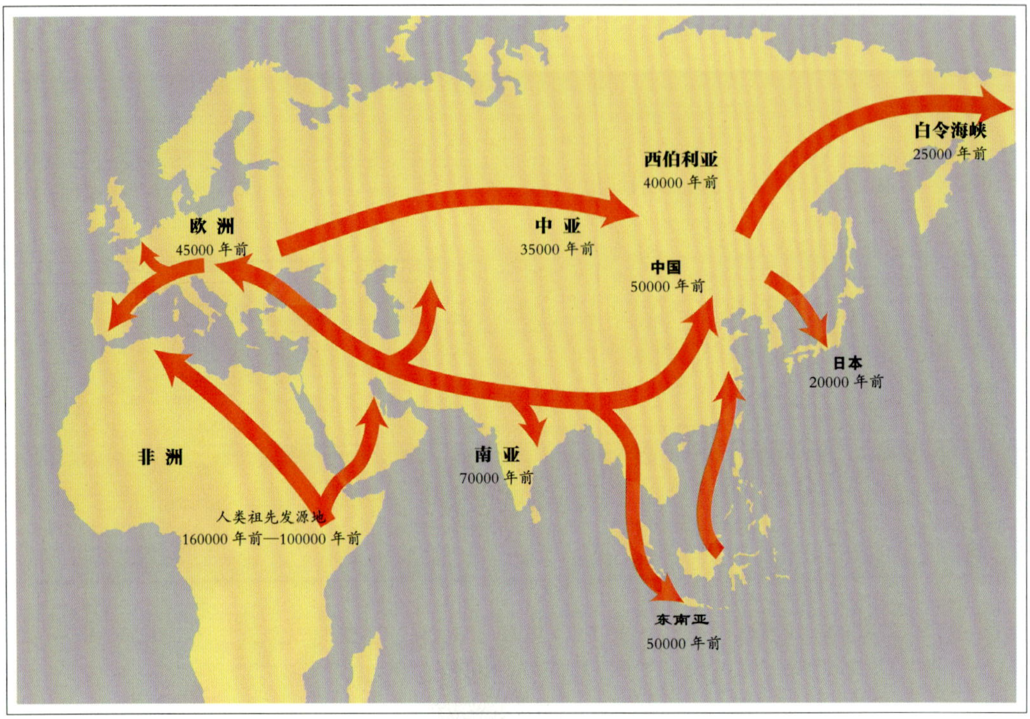

走出非洲

在大约 10 万年后，一群已经学会用火给自己保暖的直立人，在人口不断增加和资源竞争压力的驱使下，开始远离温暖的大裂谷寻找食物，最终跨越了连接亚非两洲的陆桥。公元前 40 万年左右，直立人的小部落已经遍布欧亚大陆，最东到达中国。

在踏上新的土地后，他们发现自己并不是这个星球上唯一的猿人。

在直立人离开非洲后的 50 万年间，非洲和欧亚大陆的猿人走上了不同的演化道路。抵达近东的智人发现，欧洲和中东已经生活着另一种大脑发达的两足动物尼安德特人（Homo neanderthalensis）。

今天，“尼安德特”一词常被用作未开化或愚蠢野蛮的代名词。卡通作品里的尼安德特人被描绘成指关节拖在地上的笨拙巨人。诚然，尼安德特人身材粗壮，粗重的骨骼上留有强健肌肉的痕迹。这些特征暗示，按照现代人的标准，他们极其强壮。他们的脸更接近直立人而非现代人，长着突出的颌骨，塌额头，短小的下巴和大鼻子。不过，尼安德特人直立行走，它们的脑容量也比我们的大。

对非洲和欧洲考古学证据的比较显示，当智人与尼安德特人相遇时，两者的文明水平相当。它们制造相似的石制工具，捕猎容易杀死的小型动物。尽管没有创造出

为我们所知的艺术，但你还是可以认为尼安德特人比我们的祖先领先了一步，因为他们是最早使用带有仪式行为色彩的方式埋葬同类的猿人。

在大约 7 万年的时间里，尼安德特人和智人在中东与欧洲比邻而居；然后，尼安德特人似乎从化石记录中消失了。长久以来的标准理论是，它们的消失原因是被智人逐步赶出了栖息地，最终走向灭绝（智人被认为能更好地适应生存斗争）。最新的科学提供了一幅更加复杂的画面。

从公元前 7 万年左右开始，对于尼安德特人和智人来说，生存意味着同冰点以下的气温和巨型冰川做斗争，那就是所谓的大冰期。这不是地球第一次被冰覆盖，很可能也不是最后一次。

现代尼安德特人

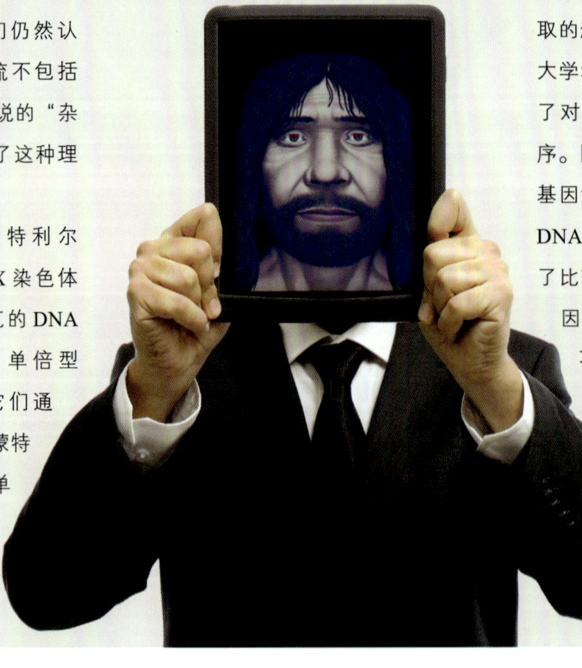

直到不久前，学者们仍然认为，两种原始人类的交流不包括结合（或者像某位作者所说的“杂交”）。但 DNA 序列粉碎了这种理论。

在大约 10 年前，蒙特利尔大学的科学家在人类的 X 染色体上检测到了一组看似突兀的 DNA 变异。这些变异组成了单倍型（haplotype），也就是说它们通常被整体遗传给下一代。蒙特利尔的研究者无法确定该单倍型的来源。谜底直到 2010 年才揭开。凭借着从尼安德特人骨骼中提取的超过 10 亿个 DNA 片段，哈佛大学和麻省理工学院的研究者完成了对尼安德特人基因组 60% 的排序。随后，研究者将尼安德特人的基因组分别同世界各地现存人类的 DNA 以及那段不寻常的单倍型做了比较，发现后者与尼安德特人基因组的一段序列吻合。在起源地不是撒哈拉以南非洲或澳大利亚的那些现代人的 DNA 中，它也占据了 1% 到 4%。显然，尼安德特人灭绝的传言有夸大之嫌。他们仍然活在我们体内。

地球诞生于火焰中，然后渐渐冷却。在将近200万年的时间里，冰川经过了20多次的扩张和收缩，间隔约为10万年。两次冰期之间有约1万年的短暂温暖时期，然后又是漫长的严寒（“短暂”是相对而言的，人类全部有记载的历史都位于最近一次的温暖间歇）。

在大冰期达到高峰时的公元前2万年前后，地球表面的1/3被冰川覆盖，包括整个格陵兰岛及欧洲、亚洲北部和美洲的大部分地区。冰冻让海平面下降了数百英尺，在白令海峡、英吉利海峡和中国南海等浅水地区都露出了陆桥。气温滑落到约零下60摄氏度。冰川的扩张似乎是由在地球的三种运动中所发生的微小变化组合引起的：倾斜着绕地轴自转，绕太阳公转，地轴的摆动（请想象陀螺慢下来时的情景）。

这些运动分别自成一体，以各自不同的方式影响着地球两极和太阳热量之间的关系。地轴的摆动尤其难以捉摸，它受到地震、潮汐、台风甚至冰期末融冰的影响。在漫长的时间里，这些运动时聚时散地交织在一起，其效果有时彼此加强，有时相互抵消。

人类正是在两次冰期之间的温暖间歇诞生于非洲大裂谷。在走出非洲后的3万年里，他们逐渐适应了中东和欧洲更加恶劣的气候。但随着冰期的来临，生存对智谋的要求也高得多了。这是历史上一个生死存亡的时刻。

冰期有多冷？

你无法想象零下60度的感觉吗？在阿拉斯加的费尔班克斯（Fairbanks），1月的平均气温是零下23摄氏度。但对我们身处冰期的祖先而言，零下23度算得上热浪了。

其他一些寒冷的地点：

南极点
冬季平均气温：−58℃

珠穆朗玛峰顶
1月风寒前平均气温：−18℃

1月风寒时平均气温：约−30℃

地球上有记录的最低温是多少？
1983年7月21日，
南极沃斯托克（Vostok）站，
−89℃

朝向空间深处的航天飞机外面：
−156℃

人体冷冻保存：
−195.85℃

棍棒、石头和羚羊骨

冰期到来前的那些年里，除了采集植物性食物，人类的食谱也辅以容易捕杀且不太危险的动物。随着冰川的出现，采集提供的食物变少了，人类饥饿的目光落到了在极地苔原上漫步的大型食草动物群身上。这个时代活跃着古生物学家所说的“巨兽”，如原牛、爱尔兰巨麋、洞熊、真猛犸象、披毛犀和森林象。人类学会了协作，因为这些动物对单枪匹马的猎手而言太大了：许多猛犸象体重可达 6 吨。单个动物被隔离开来，然后被赶下悬崖或深谷。

想要捕猎巨兽，仅靠团队协作是不够的。石器时代早期的刀和矛要求猎人接近猎物。到了冰期，猎人们发展出了可以远距离攻击猎物的新武器。最早和最重要的革新是投矛器（atlatl）：这是一种木棒或骨棒，一端带钩，钩子安进矛底部的孔槽中。猎人手持投矛器的另一端，用手臂和手腕的力量将矛投出。投矛器有效地增加了投射者的臂展，提高了射程和力度：它的原理与弹弓类似。从猎人的角度来看，它的革命性不亚于火药。

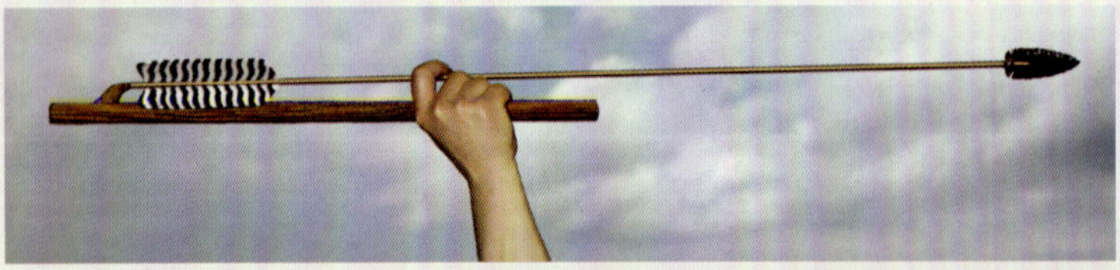

投矛器为冰期猎人的手臂带去了额外的力量，而制造锋刃的新技术和新材料则让他们的武器更加锋利。冰期的武器加工者从燧石或黑曜石中心切下又长又薄的锐片，从而实现了矛尖产量的最大化，能够用相同数量的石头生产出额外 300% 到 1200% 的刃片。锋刃是人类最早的多功能部件，可用于制作刀、矛尖和钻头。与此同时，比木材更耐用和比石头更有可塑性的骨骼与鹿角使得形状更加复杂的新工具成为了可能，如鱼钩、长而薄的刀、缝纫针、衣服扣件和鱼叉上的倒钩。

右上：1890 年首次发掘的高夫（Gough）洞穴中找到的手工制品（复制品）

右下：南非布隆伯斯（Blombos）洞穴中发现的被打磨锋利的石器时代骨片

在冰期生存

大约 1.8 万年前，一个冰期的家庭栖身于法国南部的一处浅洞中。1 英里厚的冰川覆盖着亚洲、欧洲和美洲的北部，它们锁住了大量的水，导致海平面比今天低超过 300 英尺。当时的平均气温与今天的南极相仿，加之很少有隔绝严寒的手段，这些人的生存状况可谓岌岌可危。

这些冰期的人用鹿角和木棒制作矛，用石片制成矛尖。为了和其他动物进行你死我活的生存竞争，他们必须足智多谋，心灵手巧。采集无法继续带给他们足够的食物。他们必须猎取成群的大型哺乳动物，这对许多人而言都是危险的工作。

今天，他们的目标是较小的动物。在户外气温最高的中午，这家人走出栖身的洞穴，去检查前一天设下的陷阱。他们的衣服由各种动物的毛皮缝制而成，所用的针则来自小型动物的骨骼。每种动物的毛皮都能在不同程度上御寒——因此人类不必为了适应环境而演化出毛皮。

这群人默默地走在坚硬积雪覆盖的地面上，最终来到了冰雪融化后露出的潮湿土地上。他们排成一列前进，时刻警惕前方可能潜伏着的大型掠食者，或者留意是否有动物尸体之类的意外之喜。女人沿途进行着采集工作：今天她幸运地找到了浆果，把它们收进篮子。在一处陷阱边，他们欣喜地发现有一只兔子落网。他们把兔子带回洞口的营地，洗剥后在火上烤起了生肉。

烤兔子的工夫，一只特别胆大的狼接近了这家的小男孩——小男孩剥完兔子，正在洞外游荡。男孩的母亲起身喊叫，向狼投去某样东西——那是一块骨头。狼跑到骨头掉落的地方，俯下身啃了起来。男孩和母亲一起回到火边，那只半驯服的动物在人类的战利品中分得了一杯羹。这只狼和这家人已经相处了几年，从竞争者变成了朋友。

这家人又成功生存了一天。

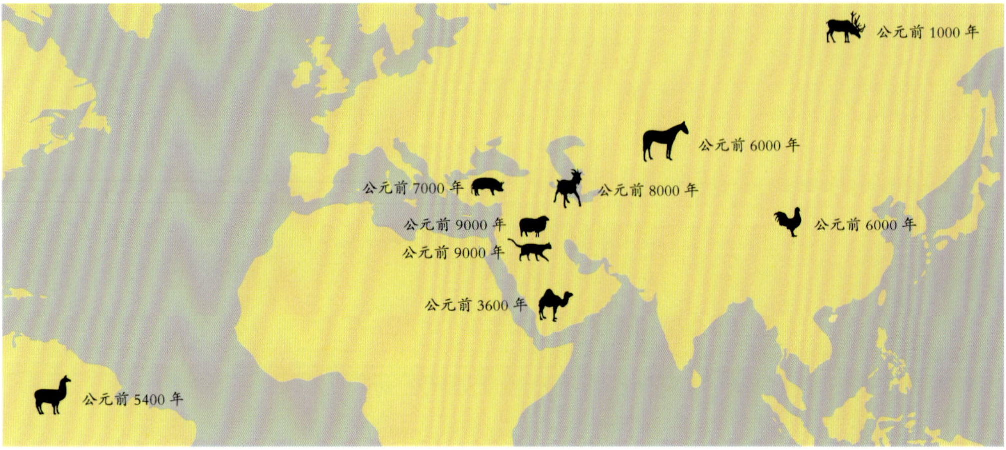

动物何时被驯化

猫	约公元前 9000 年	美索不达米亚	马	约公元前 6000 年	中亚
绵羊	约公元前 9000 年	西亚	鸡	约公元前 6000 年	中国
山羊	约公元前 8000 年	西亚	大羊驼	约公元前 5400 年	安第斯山
猪	约公元前 7000 年	西亚	骆驼	约公元前 3600 年	俄罗斯南部和阿拉伯半岛
牛	约公元前 7000 年	东撒哈拉	驯鹿	约公元前 1000 年	西伯利亚

今天的每只狗都是欧亚狼的后裔。狗是人类最早驯化的动物，也许可以追溯到 3 万年前。驯化不同于驯服。人类可以驯服个体动物，让它与自己共同生活甚至工作。驯化意味着经过长时间的改变，动物的生理和行为特征已经不同于野外的祖先，这些特征更符合人类的需要。白鹿、大象和猎豹曾多次被人类驯服，但它们从未被驯化。

原始的犬科动物跟在居无定所的人类身后寻找残羹剩饭，这也许就是人狗关系的开始。这种关系之所以得到延续，是因为狼具有被驯化的“潜能”：它们拥有严明的群内等级，高度的社会性和集体捕猎行为。最初，狗是人类的哨兵和狩猎伙伴，在条件恶劣时也是食物来源（在古代中国、阿兹特克人的墨西哥和波利尼西亚，有些狗专门养来作为食物）。当人类驯化了其他动物后，狗也学会了放牧那些它们曾经的猎物。

驯化的动物为人类提供了食物、衣装和友谊。它们有的为人类拉犁、驱车和拖船，有的捕捉老鼠、驱赶负鼠、衔回水禽。我们把它们当成坐骑，让它们赛跑，教会它们可笑的把戏。但我们也感染了它们的疾病。从鼠疫到艾滋病，近现代史上大多数严重的传染病都是来自动物身上相对温和的疾病。当这些病菌转移到人身上后，它们变成了致命的杀手。

在冰期，人类利用生存斗争的间歇创造了已知最早的艺术。有的艺术品小巧而便于携带，符合我们对于游猎民族的预期。他们在投矛器的柄上刻出猎物的三维形象，用骨骼、牙齿和贝壳制作项链和手镯，用石灰岩、皂石、骨骼、鹿角和牛角制作小雕像，或者将黏土烧制成小陶像。一些冰期的小陶像以动物为主题，类似现代因纽特人的皂石作品。最常见的人形陶像是所谓的“维纳斯像”：它们对女性的胸部和臀部做了极度夸张的处理，面部特征被省略，双足粗短。

但冰期艺术中最著名的例子既不小巧也无法携带，那就是巨大和拥有强烈视觉冲击力的岩洞壁画，至今仍能在从法国到西伯利亚的广大地区找到。人们就着火把在险峻的岩洞中完成这些作品，主题基本上是冰期人类的捕猎对象，如鹿、野牛、水牛和猛犸。画中的动物显示出毕加索式的风格，结合了对细节的注重，圆润的形状和高度的抽象。它们总是侧对着我们，总是在运动中。它们身边偶尔出现的人类形象通常只是火柴棍小人。

创造这些作品的技术复杂得令人吃惊。冰期艺术家们的作画工具包括指尖，反复咀嚼过的树枝，甚至可能还有用动物毛发制作的笔刷。为了获得红、黄、棕色颜料，他们让含铁的赭石在水中溶解，加入蛋清、脂肪、植物汁液和血。黑色调和许多形象清晰的轮廓线则来自动物烧成的焦炭。

猎物形象的旁边还有手印，它们的绘制方法任何一位现代父母或幼儿园老师都再熟悉不过。有时，画家直接把沾满颜料的手按到墙上。有时，他们用管子往墙上吹颜料，

是艺术、宗教还是古人的涂鸦？这些绘制于 4 万到 2.5 万年前的史前岩洞壁画是我们接触冰期祖先思想的唯一直接渠道，可以从中了解到他们在想些什么，他们认为什么是重要的

从象形文字到现代文字

从描绘鹿的图画到表示鹿的抽象图形只有一步之遥。这些图形被称为象形文字，是最早的书写形式。象形文字的问题在于，它们需要为每个对象准备一种图形，而且很难表现抽象理念。象形文字后来发展成以音节为基础的书写体系。在音节语言中，鹿的抽象图形既可以代表鹿（deer）本身，也代表“鹿”的发音/dir/。鹿的符号可以表示deer或dear，甚至与其他符号相结合，构成reindeer，dearth或commandeer。真正的字母系统让这个概念更进一步，将符号同声音联系起来。

今天在厕所、电话亭、公共图书馆和楼梯等场合出现的通用符号是象形文字的回归：它是人类最古老和最新的书面沟通形式。

左：埃及象形文字

上：来自巴基斯坦摩亨佐-达罗（Mohenjo-daro）的公牛象形文字和符号

被按住的那块地方就留下了手形的空白。

冰期的人类创造的绘画和雕刻是我们了解祖先思想的唯一线索。它们是人类以符号模式思考的最早已知例证。符号系统是语言和其他任何文化形式的基础。从对后世文化的了解出发，学者们推测这些岩洞壁画来自狩猎巫术，手印是仪式的一部分，而丰满的小型妇女像则与生殖有关。但仍有许多疑问有待解答——历史学家和科学家将继续搜寻把我们所有人同早期人类联系起来的线索。

变化，他们现在已经在除南极洲之外的各大洲立足。冰期的人类以捕猎大型动物为生，这种做法现在受到了挑战。大型猎物正在灭绝：在冰期最后的5000年间，至少有50种巨兽灭绝，原因是气候变化或捕猎行为的增加，或者两者的共同作用。随着捕猎变得不那么可靠，采集就显得更加重要了。一些游猎部落开始系统性地采收野谷、根茎和浆果，在此过程中逐渐定居下来。

与采收野谷不同，种植种子的目的是增

只要把有生殖力的种子埋进土里就能长出更多的小麦，最早注意到小麦这种繁殖能力的很可能是女性而非男性，因为采收野生种子主要是女性的工作。

在公元前1万年左右，地球开始再次变暖。冰川消退后留下了冰碛、冰臼和鼓丘，并在基岩上刻出了沟槽。上升的海平面再次淹没了连接美洲和欧亚大陆的陆桥。气候变得更加温暖和潮湿。

后冰期的智人必须做出改变以适应这些

加植物的数量，从而收获大量的谷物。这种行为被称作农业，它的发明是人类历史上又一个“刚刚好”的时刻。被冠以农业发明者头衔的女性可能来自纳图夫（Natufian）部落——公元前9000年左右，这些半游牧的农民生活在今天的巴勒斯坦和叙利亚南部地区。

种子的奇迹

一个年轻的女人穿过一片茅屋，准备把吃剩下的骨头扔到公共的垃圾堆里。她从两名正在茅屋边用叉子脱谷的男性身边走过，后者不断地翻动谷堆，让轻而薄的部分被风吹走。

年轻女人把骨头扔进了垃圾堆。当她正要转身离开时，被丢弃的骨头间某件突出的东西吸引了她的目光。她弯下腰，发现那里冒出了小麦，看上去和她在高原草地上采收野谷时见到的别无二致。她好奇地从这些植物上摘了点种子。

她没有回家，而是马上去到了高原草地。在草地的边上，她双膝着地，用手指把这些在垃圾堆里找到的植物种子按进土里。

几星期后，当年轻女人回到这里时，她注意到这些来自垃圾堆的种子比草地上的野生植株生长得更加茂盛。她发现了野生植物繁殖的一个秘密：有的种子需要在消化道中待上一段时间才能上演奇迹。

为什么是小麦?

小麦、大麦这样的野草，还有玉米的野草亲戚，谷粒都长在茎秆的顶部。成熟后的茎秆会“倒伏”，种子就会掉到地上，待发芽后能长出更多植株。

一个相对常见的单基因变异使小麦和大麦的茎秆不会倒伏，于是种子就留在了植株上。在野外，不会折断的茎秆是演化上的死胡同。留在植株上的种子无法繁衍。但对采集者而言，留在茎秆上的种子是意外之喜。而对农业来说，这是梦寐以求的。

从发现小麦种子自我繁殖的能力到每年种植它们也许经过了漫长的过程，但纳图夫人最终学会了把每次收成的一部分留作种子，并用磨尖的掘棍和简单的木锄耕作土地。

种子富含蛋白质和碳水化合物，是近乎完美的食物来源。它们不会很快变质，也便于储存和运输。一粒种子包含了创造全新植株的所有基因信息，新植株会在来年结出数十粒种子。只需几季的时间，将最好的种子重新播种就能长出种子更大的新植株。野草被驯化了，变成了小麦、大麦和燕麦。

早期农业不一定让游牧部落定居下来。部落清理好田地并种上作物，在那里一直待到收获，然后继续迁徙。后来，人们建立了永久性的定居地，这改变了性别角色，带来了新的社会结构和财产概念。

为了满足需要，新的技术发展起来：用于储存的烧制陶罐，用于加工食物的磨和臼，用于建造房屋的黏土砖块。

到了公元前7000年左右，在从土耳其西部到今天巴基斯坦的广阔土地上，都有农民在种植小麦和大麦。然后，通过巴尔干人，农业从安纳托利亚传播到了地中海沿岸，并慢慢进入中欧，那里最早的农耕村落出现在公元前5400年左右。

在公元前5000年，定居性农业是世界上四个地区主要的生活方式：中东、埃及、印度北部及中国的长江与黄河流域。

玉米的神奇变身

中东不是农业唯一的发源地。在公元前 1 万年到公元前 7000 年间，中美洲的古代民族也驯化了一种美洲人称为 corn，而世界其他地方称为 maize 的植物。与小麦的驯化过程中相对清晰的演化路径不同，我们不知道玉米是如何被驯化的。

我们所知的野生植物中，和玉米关系最近的是一种名叫类蜀黍的野草。不同于野生小麦，它不是理所当然的食物来源。从植物学角度来看，玉米到类蜀黍只在两三个重要基因上发生了变化。这个变化过程在自然条件下可能经历了几千年，留下一连串玉米演化路径上的缺环。与玉米穗相对应的是类蜀黍的籽头，它的长度不超过 1 英寸，由 7 到 12 粒像木头一样硬邦邦的种子组成。和小麦一样，它通过让茎秆倒伏的方法传播种子。但不同于小麦，我们没有发现不倒伏的变种。

关于古代美洲人如何创造了玉米的问题，植物学家们分成了争论激烈的两大阵营。一派提出，玉米的祖先是另一种已经灭绝的野草，具有更明显的可驯化特征。另一派则认为，古代美洲人克服重重困难把类蜀黍驯化成了玉米。

无论如何，到了公元前 6000 年左右，古代的中美洲民族已经建立起被后世土著美洲人称为“三姐妹”的耕种体系：大豆、南瓜和玉米种在同一块地里，形成共生关系。大豆和南瓜的藤蔓把玉米的茎秆当成支架，而大豆有固氮功能的根部则提供了玉米所需的营养。“三姐妹”的共生关系也延续到了锅里。大豆和玉米组成了具有完善营养的一餐。

农耕的缺陷

长期来看，与狩猎和采集相比，成功的农耕为社会带来了更加稳定的食物供应和更丰富的食物品种。但在短期内，务农者的生活并不比猎人和采集者更加安稳，而且付出的劳动要多得多。

在狩猎和采集文化中，妇女必须等到前一个孩子能够独立走路后才能怀下一胎。永久性农耕定居地则没有这种限制，这使得家庭可以生养更多的孩子。人口的增长带来了对土地的更多需求，反过来又要求生育更多的孩子来耕种它们。当土地因为连续几年的密集耕种肥力耗尽或者恶劣天气破坏了作物时，饥荒就会降临。

结果是什么呢？对早期农民和相应的狩猎-采集人群的考古学比较研究显示，农民们通常体型更小，食物更单一，患病概率更高，寿命也更短。

在世界各地，农业促成了永久性定居地的建立。日益增长的收获所带来的食物富余可用于支持更大的定居群落。人类第一次不必全员参与食物的生产。一些人可以专注于生产群落需要的其他东西。陶匠也许是最早的专业手艺人，但很快也出现了专业的编织工、制革工、制砖匠、泥瓦匠和金属工匠等工种。

最早的城镇被称为“山丘文化”（tel cultures，tel 在阿拉伯语中意为“小山”），于公元前 9000 年左右出现在西亚。它们大多建在山丘上，被防御性的石墙所环绕，这是为了防卫对富余食物虎视眈眈的游猎部族的侵扰。最著名的纳图夫人城镇是坐落于巴勒斯坦西岸地区的耶利哥（Jericho）多层遗址，也被称为“苏丹山”（Tel es-Sultan）。

耶利哥和其他山丘文化城市并非欧亚农业区唯一出现然后消亡的新石器时代城镇。随着农业的传播，更多的城镇应运而生：比如公元前 7000 年前后位于土耳其西部的加泰土丘（Çatalhöyük），公元前 6200 年前后位于

耶利哥

耶利哥也许是世界上最古老的连续有人类居住的地区。最早的城镇可以上溯至公元前 8300 年到公元前 7300 年，但在考古现场发现的最古老遗存显示，早在成为永久性定居地之前很久，这里已经是纳图夫部落的驻营地。

围绕着淡水泉源和半地下的蜂巢状石屋，耶利哥最早的建造者筑起了一道防御性城墙。与其他新石器时代城镇不同的是，在耶利哥当地发现的一些人类头骨上覆盖着量身定做的石膏面具，并镶嵌着用海贝制成的眼睛。显然，耶利哥的居民将尸体砍下脑袋后埋在自己房子的地下，而把经过装饰的头颅放在家中展示。

在公元前 5000 年左右，耶利哥缩减成了一个农业定居点。两千年后该城被重建，成为《旧约》中的耶利哥城，拥有 10 英尺高的石墙和 25 英尺的瞭望塔。

耶利哥的宫殿

保加利亚的卡拉诺沃（Karanovo），公元前3000年前后位于巴基斯坦的果德迪吉（Kot Diji），公元前2500年前后位于中国的城子崖文化。这些文化形式各异，但城镇关心的问题是相同的。它们需要应对灌溉和洪涝。它们修建了神庙和谷仓。它们举行仪式埋葬死者，并向诸神献祭。它们制造了风格独特的陶器。它们的贸易范围大得令人吃惊（考古学家在耶利哥的废墟中发现了来自土耳其的黑曜石，来自西奈的绿松石，来自地中海和红海的贝壳）。它们还卷入了战争。

古代世界的伟大文明全都与大型河流系统联系在一起，这并非巧合。新石器时代的农业技术无法支持庞大的定居人口。在经过一段时间的频繁耕作后，土地的肥力会下降，无法满足城镇的需要。唯一的例外是那些河谷，泛滥的河水每年都会给土地施肥。在定居农业成为主要生活方式的地区，三大河流系统为城市的兴起提供了条件，它们是现代伊拉克的底格里斯河与幼发拉底河之间的肥沃土地，埃及的尼罗河谷，现代的巴基斯坦和印度北部的印度河谷。

美索不达米亚位于底格里斯河与幼发拉底河之间，字面意思是“两河之间的土地”，也被称为“新月沃地”。美索不达米亚是世界上最古老文明苏美尔城邦（建立于公元前4500年到公元前4000年之间）的摇篮。

城邦在政治上独立，在文化上彼此联系。它们拥有共同的语言、文化和宗教。这些城市几乎完全由泥砖建成，按照现代的标准显得有点小：它们的人口大约相当于德卢斯（Duluth）和阿什维尔（Asheville）。在苏美尔历史的大部分时间里，乌尔（Ur）都是最重要的城市，人们对它的了解主要来自希伯来圣经，亚伯拉罕曾经从那里出逃。

苏美尔楔形文字泥板

12进制

苏美尔的城堡早已不复存在，但它们仍以一种非常基本的方式影响着我们的日常生活。

苏美尔人的计数系统采用12进制而非10进制。今天，它体现为以60秒为1分钟，以60分钟为1小时，以24小时为1天和以360度为圆周。

我们对苏美尔城邦的了解要超过更早的耶利哥和加泰土丘，这是因为苏美尔人是最早发展出书写语言的民族。楔形文字是一种拥有超过3000个字符的音节文字，属于真正的字母

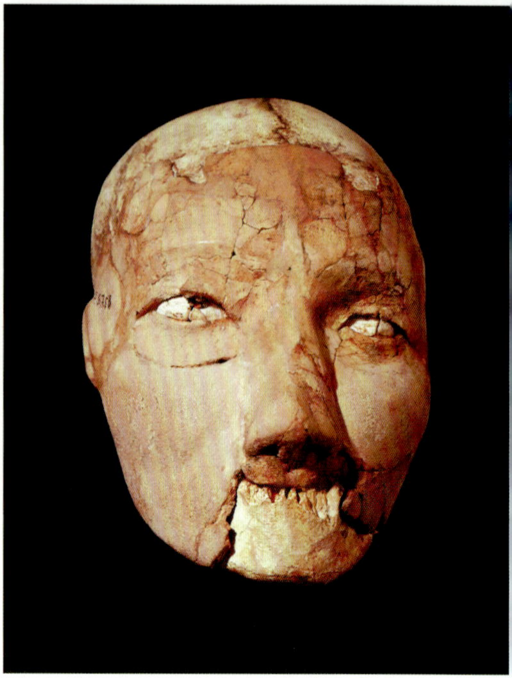

右起按顺时针方向：祭司王的半身像，陶土玩具，发掘自巴基斯坦摩亨佐-达罗的陶俑，20 世纪 50 年代中期在耶利哥发现的头骨面具

系统和象形文字之间的过渡类型。书写方法是用楔形尖笔在柔软的泥板上刻画。如果有人需要永久留档，他就会烘烤那块泥板。现存最早的泥板可以上溯到约公元前 3100 年。它们中有许多是财政记录，呈现了该文化复杂的经济生活细节。各城邦都有一座大型神庙，神庙拥有自己的财产并接受供奉，为庙中的祭司和抄写员提供衣食。商人们驱赶着毛驴商队穿越沙漠，到土耳其、伊朗、叙利亚与印度河谷进行贸易。

财政记录并非泥板上的唯一内容。苏美尔人也留下了宗教作品、历史记录、国王谱系和现存最早的史诗《吉尔伽美什》。我们可以读到它们的赞美诗、法典和保护婴儿免受吸血恶魔之扰的咒语。

金字塔的建造工地上有超过 3.5 万人同时在井井有条地不间断工作，这种规模的组织前所未有。

公元前 2004 年，苏美尔被来自伊朗的入侵者征服，这是席卷美索不达米亚的几波入侵潮中的第一次，它们淹没了原先的文明，在其成就的基础上建立了新的文明。苏美尔人的语言消亡了，但直至公元前 1 世纪，楔形文字仍然被用于国际外交和贸易。

到公元前 3000 年左右，人类已经逐步掌握了一项新的技能：复杂工程的营建。于是，在美索不达比亚、埃及、印度和西欧相对落后的青铜时代文明都出现了规模宏大的建筑。大队工人被组织起来修建神庙、陵墓、宫殿和高大的城墙。这些建筑许多已经崩塌。另一些在 5000 年后仍然令人惊叹，比如英格兰的巨石阵和吉萨的大金字塔。

我们对巨石阵的用途和建造方法知之甚少。这些巨石毗邻农耕村落，它们依太阳排列，具有科学式的精准，这暗示了它们可能是用于划定季节的天象日历。也有人认为那里是为死者举行葬礼的地方——但这仅仅是合理的推测。

我们对吉萨大金字塔是如何建造的要清楚得多，这得益于古埃及文明留下的书面记录。这个文明从公元前 3100 年一直延续到公元前 31 年克利奥帕特拉被罗马人消灭。埃及诞生于尼罗河在北非沙漠中创造出的一条肥沃地带。驱动埃及文化的是两大基本信仰：法老的神性和为死后生活做好准备的需要。这两种信仰共同缔造了埃及最著名的纪念碑——金字塔，并在古埃及最广为人知的文学作品《亡灵书》中得到了展现。

金字塔是为抚慰个体不朽灵魂所做的极为宏大和昂贵的尝试。有影响力的官员和祭司也希望自己的坟墓能够天长地久，并在墓室的墙壁上饰以象形文字和日常生活的场景。即便是普通人，也有望获得不朽，只要他能攒下足够多的钱对尸体做合适的防腐处理。我们对埃及日常生活的许多了解都来自这些坟墓和墓中的物品，它们为墓主带去了某种意义上的不朽。

金字塔的建造工地上有 3.5 万人同时在井井有条地不间断工作，这种规模的组织前所未有。必须为所有工人准备食物、住处和饮水，提供

惊人的胜利

两个各由 10 名工人组成的小队正在木轨上拖曳巨石，另一些人往木头上倒油，帮他们润滑轨道。对于搬运巨石的工人而言，远处的金字塔似乎遥不可及。

在金字塔高处的某个地方，坡道急转了 90 度。对斜坡上的一位工人来说，向下望去的坠落感令人胆寒。但现在不是发呆的时候，他转过身，把注意力集中到手上。他和其他 11 个人正将一块巨石拖上坡道。他们齐心协力地工作着。

金字塔顶部的工匠属于一个专业群体，他们被分成小队。这些队伍包括雕刻、移动和摆放石块的专业人员。他们面临着极大的压力，必须在严格规定的时间内将巨石一块块叠放好。为了做到这点，整个工程必须拥有像军事行动那样的精密协作。

站在他们身后的工头正大声下达指令并做着计算。他身边的工人们忙着测量、浇水、凿石和搬运。这些埃及建筑工人能够非常精确地完成长距离水平测距。这种能力的关键是“人类故事”中的一种新工具：精确的计算基础。

巨石建筑

吉萨大金字塔和巨石阵的建造年代大致相当。两者都是古代工程的奇迹。我们对两者只能进行“充满想象力的推测”。它们是如何被搭建起来的呢?

大 金 字 塔

地点：埃及吉萨
时间：公元前 2550 年到公元前 2530 年
用途：胡夫法老的最后安息地

描述：金字塔占地 13 公顷，高 481 英尺，各边长 766 英尺。由大约 230 万块各重 2.5 吨的花岗岩建造，外立面使用了 14.4 万块石灰岩。

建造过程：包括自由人和奴隶在内的 10 万名技术和非技术工人用 20 年建成。
工程发起者：胡夫

巨石阵

点：英格兰威尔特郡
间：公元前 3000 年到公元前 1500 年
途：不明。最流行的理论认为它是仪式
日历，这种推测的依据是：巨石的排列
夏至日出和冬至日落的位置相符。

描述：巨石阵的最外围是直径约 300 英尺的巨型土台。外部石圈直径 108 英尺，由 30 块立石组成，立石的顶部有 圈石梁。每块石头重 25 到 30 吨。内部石圈由 8 块立石组成，每块重达 4 吨。

建造过程：用数百年时间建成，至少重建过四次。

工程发起者：不明

测量与矫平

埃及人基本的长度单位是“腕尺”。腕尺有两种，长腕尺分为 7 个掌尺，短腕尺为 6 个掌尺。每个掌尺又分成 4 个指尺。

短腕尺长约 45 厘米，得自男性肘部到指尖的距离。常被称作“皇家腕尺”的长腕尺使用更加广泛。皇家腕尺的准确长度在历史上发生过（很小的）变化。在大金字塔建造的年代，腕尺长约 52.3 厘米。埃及人发明的测量工具是用木头和石头制成的长为一腕尺的度量棍。在测量较长距离时，他们也用标有腕尺刻度的绳索。

埃及的石匠可以制造出很大和很平整的平面。我们并不完全清楚埃及人是如何确定基准平面的。有人推测，为了取得如此的精度，他们首先做好一块大致平整的平面，然后在上面漫水，从而制造出非常平整的成品。

为了检验石头表面是否水平，埃及人使用了“A 形架”。这是一种 A 字形的小木架，从 A 的顶端悬下一根铅垂线，如果它与绘制在 A 形架水平梁上的垂线重合，那么物体表面就是水平的。

埃及人令人称奇的准确性至今犹在，人所共见。大金字塔的地基在西北和东南角之间仅仅偏差 15 毫米！

他们工具，并掌控哪怕最小的细节。

在开始营造石制纪念碑式建筑的同时，人类还发现了一种将把自己的生活从农业推进到工业和战争的新材料——金属。铜是人类最早投入实际用途的金属。铜柔软而便于加工，但它非常昂贵，更适合制造饰品而非工具。即使经过锤炼的铜质刀刃也很容易弯卷。

直到公元前 3000 年左右，西亚的金属工匠发现铜与锡融合后强度会大大提高，这时金属才真正成为工具材料。铜锡的合金称为青铜，它不仅比铜和锡都要坚硬，而且可以制成耐用的刀刃。铜刀只是漂亮的玩具，青铜刀则是武器。大量新的工具和武器突然涌现，包括凿子、钻头、剑、战斧和原始的盔甲。

任何有野心的首领都很容易看到这些更有效的武器的价值。农业革命用了数千年才从位于中东的诞生地传播开去，新的青铜技术的传播时间则要短得多。最晚至公元前1600年左右，中国商朝的工匠们已经制造出非凡的青铜器皿。到了公元前1800年至公元前1500年左右，中欧和斯堪的纳维亚半岛先后出现了繁荣的采矿、金属加工和贸易中心。

由于铜矿和锡矿很少共生，对青铜的需求促成了地区性贸易体系的相互合作，商品从波罗的海经由地中海直至印度北部，来回运送。在交易琥珀、毛皮、精致纺织品、黄金、彩陶珠串、青铜制品和盐的国际市场上，锡因其稀缺性成了最重要的商品。贸易路线沿途出现了新的城市和文化。那些铜和锡都较易开采的地方成了制造工具和武器的中心，比如今天布拉格附近的乌内提切（Unetice）文化定居点。

青铜时代是一个财富日益增加的时代，也是动荡与日俱增的时代。青铜武器比石制或铜质武器更加致命。它们也更加昂贵。农民可以操起石制镰刀，同使用铜质矛尖的人作战。但在手握青铜剑和身披青铜盔甲的人面前，他将无力抵抗。新的军事精英阶层应运而生。特为杀人而非杀死动物的武器被设计出来，这在历史上是第一次。

到了公元前1500年，旧世界的青铜时代达到了辉煌的顶峰。青铜从中国的商朝传播到了不列颠的荒野，在当地首领的石制墓穴中可以找到精美的青铜斧和头盔。距离最早的城镇出现在中东仅仅几千年后，文明似乎将要在这里落脚。

早期青铜斧和矛尖

2

铁器时代

100 多亿年前，大爆炸播下了人类诞生的种子。这次宇宙爆炸所创造的一种元素将为人类提供多种用途，改变我们的环境，塑造我们的历史。

到了公元前 12 世纪，人类进入了一个新的历史时期，它的特征是最早的字母系统，新的民主理念，以及该时代因之得名的一种新的金属——这就是铁器时代。炼铁技术将让普通人耕作更多土地，制造新的工具，并拿起武器与强大帝国的军事精英相抗衡。

但首先，他们必须要面对铁器时代释放的黑暗力量。

公元前 1250 年，赫梯人、埃及人、亚述人和迈锡尼人占据了青铜时代权力和文化的中心。国王和法老们从肥沃的美索不达比亚、尼罗河三角洲、地中海沿岸和其他地方的繁荣贸易中获得了大量财富，

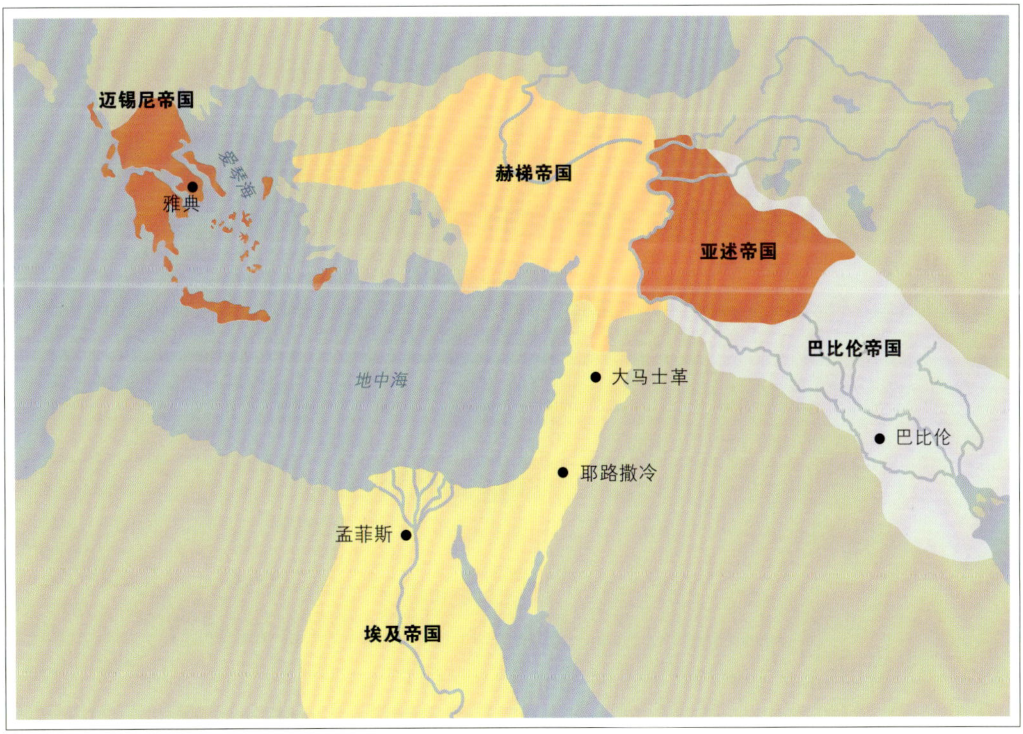

左：冰岛赫克拉山（Mount Hekla）

上：迈锡尼、赫梯、亚述、巴比伦和埃及帝国图

亚特兰蒂斯?

在公元前1610年到公元前1550年之间的某个时候，位于爱琴海圣托里尼岛（Santorini）上的希拉火山（Mount Thera）喷发了。地质学家估计，喷发释放的能量相当于在一秒不到的时间内引爆数百颗原子弹。喷发将超过16立方英里的物质送到空中，是20世纪圣赫勒拿火山（Mount St. Helens）喷发时岩浆体积的近40倍（见右图）。该岛的一大部分被抛进了海中。

随之而来的是席卷当地的海啸和水底地震，杀死了数以千计的人。一些科学家相信，这座火山也许引发了公元前13世纪到公元前12世纪地中海地区的气候变化和作物歉收。“消失的亚特兰蒂斯大陆”这一传说，会是基于这次地质事件吗?

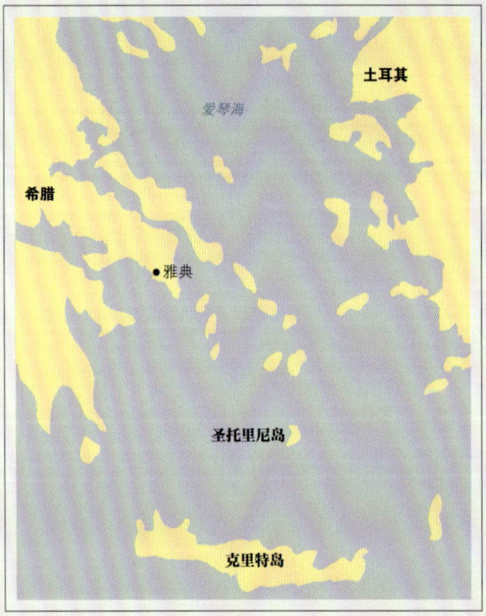

在军事精英阶层的保护下，他们在自己的国家实施了神权统治。但这种社会结构被证明是脆弱的。学会用铁制造武器后，人类进入了被称为“上古黑暗时代”的暴力时期，它从公元前 1200 年持续到公元前 500 年。

在公元前 1200 年到公元前 1150 年的 50 年间，天灾人祸导致了这些帝国的衰亡。地质学记录显示，地震和冰岛的一次火山喷发破坏了地中海北部和西部的定居点。亚述和埃及的政府文档中有“雨水稀少”和小麦价格上涨的记录，这表明大规模的干旱和粮食歉收导致了饥荒和迁徙潮。我们对那些走投无路的难民一无所知，只能称其为“海上民族”。这些人很可能因为饥荒或入侵而背井离乡，他们用熟铁头盔和盾牌武装自己，手持生铁标枪和刀剑。人口增速开始下滑。贸易路线遭到破坏，商人们不再记录交易；文字从文明中消失了。

资源的减少、自然灾害和秩序的崩溃共同导致了上古黑暗时代的到来。当自然开始与人为敌时，人类也互相攻击，为征服和生存殊死搏斗。不过，这场混乱的起因却是人类学会了开采和熔炼一种新的金属，并将其制成武器，而我们对该时代的了解也更多来自这种金属。铁矿改变了战争的参与者和方式，从掌握财富和权力的人手中夺走了武装征服的特权，把它交到了饥饿的人众手中。于是，我们来到了人类历史上这样一个时刻：在地球上最常见的金属被驯服的同时，我们正面临着战胜来自自然和其他人类威胁的需要，这引发了史无前例的暴力。

铁哺育了文明

人类从诞生之初便以各种形式使用铁。我们的史前祖先用含铁的赭石绘制岩洞壁画，后来还用它给陶器上釉。他们的护身符里有铁陨石的碎片。不过，从把赭石磨碎用于绘画到熔炼出金属铁仍然要经历漫长的过程。铁在公元前 11 世纪成为首选金属。和许多人类的发现一样，从昂贵的青铜转向廉价的铁也是因穷思变的结果。当制造青铜必需的锡消耗殆尽后，塞浦路斯著名的青铜匠们开始转向地中海各地都能找到的红铁和黑铁。铁被用于制造斧子和剑，因为它比青铜更锋利。铁钉则可以造出更好的船。不到一个世纪，铁就让农业和战争变得大众化起来。

铁是地球上最丰富的元素，地核含铁量高达 85%—90%。铁通过地球的自转产生磁场，形成了延伸至我们头顶之上数千英里的保护层，让我们免受危险的太阳风和太阳黑子之扰。如果没有不断旋转的铁核，这个星球上不可能有生命。铁在我们星球的组成中如此基本，以至于不仅在地壳中蕴藏着大量的铁，而且在我们脚下的几乎所有地方都能找到铁。

除去地中海的铁匠，尼日尔中部的非洲人也独立发展出了自己的炼铁技术。他们使用安装了高大“反向烟囱”的特制高温熔炉，让风充当天然风箱，以提高火的温度。这些熔炉的遗迹至今仍在撒哈拉沙漠以南的草原上随处可见。最早的遗迹可以上溯到公元前 1500 年左右，远远早于炼铁技术传播到埃及和塞浦路斯的时间。非洲的铁匠们不仅比地中海的同行们更早地发现了炼铁的秘密，考古学证据还显示，他们的炉温高到足以让碳原子与铁原子相结合——这意味着他们可以制成现代世界首选的铁衍生品：钢。

从公元前 1000 年起，铁开始挑战青铜作为世界上最重要金属的地位，它的用量开始呈指数式增长。我们用铁打造剑和犁头；制作马车车轮、铁轨和汽车部件；制成 2 便士的钉子和摩天大楼的框架。在某些方面，我们仍然生活在铁器时代。从铸铁煎锅到核反应堆，铁和钢占据了今天金属用量的 90%。

铁的年产量

公元前 7 年：15 万吨

公元 1700 年：30 万吨

公元 1800 年：50 万吨

公元 1970 年：超过 10 亿吨

公元 2010 年：超过 20 亿吨

上：早期人类在熔炼和加工铁

右：捷克共和国摩拉维亚地区比奇·斯卡拉洞（Byci skala Cave）发现的铁制工具和物品，约公元前 5 世纪

用于战争和农业的铁

公元前1200年左右，塞浦路斯岛上的金属工匠正在铸造场里挥汗如雨。和他们的先辈一样,这些人以炼制青铜的技术闻名。但现在，随着铜和锡供应量的减少，他们把目光落到了一种新的金属身上。

在炼制青铜时,他们使用木头和粪便等传统燃料将铜熔化。现在，他们转而使用焦炭加热铁矿石，温度超过1150摄氏度。如果不与焦炭中的碳接触，铁将无法达到足以替代青铜的强度。这一发现改变了公元前12世纪的生活中两个最重要的方面：战争和农业。

人们在塞浦路斯的这个铸造场里忙碌地工作着，一位炼铁工用风箱把空气送入装满红热焦炭的熔炉。另一位满头大汗的工人正不断挥舞肌肉发达的手臂，用锤子不断击打一块放在齐腰高砧座上的熔铁。火花随着每次金属的相互碰撞而四处迸溅，铁块慢慢弯成了想要的形状。锤打停止后，第三个人用长叉将滚烫的铁块从砧座上转移到一桶水里，工场里立刻布满了蒸汽。强壮的工人们又持续了几遍加热、锤打和冷却的工序，直到一把闪亮的铁剑最终成型。它将交付给塞浦路斯国王属下的一名士兵,用于击退海上劫掠者对这座岛屿的反复威胁。

铁是至今为止人类亲手打造出的最坚硬金属。最终，近东和远东的每个村落都将拥有自己的铁匠铺，铁将成为平民的金属。农民们将用镰刀、锤子、斧头、锄头、犁等铁制工具来对付坚硬的黏土地。

但在动荡的岁月里，铁最直接的影响体现在战争中。铁制武器将改变战争的参与者和方式，从掌握财富和权力的人手中夺走武装征服的特权，第一次把它交给弱小的农民、店主和工匠。

公元前 1 世纪左右的铁制农具和伐木工具

在古埃及人的碑文中，铁器时代令人恐惧的入侵者被描绘成海盗和难民的结合体。他们的家乡远至巴尔干、南意大利、西西里、希腊或巴勒斯坦，许多人拖家带口，这说明他们是被迫大举迁徙，而非突然有了征服之念。无论他们的家乡、身份和离家动机是什么，“海上民族”一路上造成了巨大的破坏。在十年时间里，他们将毁灭马其顿和赫梯帝国（现代的叙利亚）的每一座重要城市。

在被海上民族入侵前400年，赫梯人自己也曾是入侵者。公元前1600年左右，包括赫梯人在内的印欧部落离开了欧亚大草原，他们首先进入波斯，然后是埃及、美索不达米亚和印度。与古代世界的文明民族相比，印欧人有两大优势：马和战车。到了公元前4世纪，赫梯帝国成了埃及在近东的主要对手。

位于今天叙利亚南部海岸的乌加里特（Ugarit）曾是赫梯帝国一座繁荣的城市，它也是受到海上民族攻击最早和最严重的城市之一。在公元前1190年前后，劫掠者们彻底摧毁了这座古代大都市。残存的泥板——它们被称作“来自炉中的文字”，因为它们是抄写员在乌加里特毁灭前夕和不久之后写下的（甚至没有完全烤好）——让我们可以通过亲历恐惧者的眼睛和无声的乞求想象这座城市的最后时光。

乌加里特的毁灭

在壁垒森严的宫殿深处的议事厅中，乌加里特国王安谟拉庇（Ammurapi）被妻子、谋臣和抄写员簇拥着。他在石头地面上走来走去，重复着侍从读给他听的泥板上的消息。泥板来自他的盟主——安纳托利亚的赫梯国王苏庇路里乌玛（Suppiluliuma）："无数的敌人正向我们进发……我军数量是……无论你有什么，请找到并送到我这里来。"

安谟拉庇被来自这位地中海东南部最强大国王的绝望请求惊呆了。突然，他意识到自己也即将面临这些新敌人的威胁。在过去的几年里，他听说过关于这些人的几乎难以置信的报告。

他的头号军事谋臣请求他不要在如此危险的时刻送走战船和军队。如果劫掠者们首先攻击乌加里特怎么办呢？安谟拉庇摇了摇头，表示自己必须对盟主有所交代，否则以后会招致报复。在乌加里特的战船和军队的协助下，苏庇路里乌玛一定能击退海上民族，这样的话本城的防务就没有必要了。

另一块泥板上刻着安谟拉庇随后写给岳父——阿拉希亚（Alashiya，今天的塞浦路斯）统治者的一封信。从信中可以看出，安谟拉庇答应了邻邦的请求，派出自己的大部分舰队驰援安纳托利亚。不幸的是，海上民族很快击溃了阿拉希亚，然后把船队转向安谟拉庇。正如谋臣所警告的，乌加里特城几乎完全没有了守军。国王在信中冷静地了描绘了摧毁城市的野蛮进攻：

我的岳父，看，敌人的船队到了；我的城市被焚毁，我的国土被肆虐。岳父难道不知道，我的全部军队和战车都在赫梯人的国家……这个国家被抛弃了。希望岳父知道这点：敌人的七艘战船对我们造成了重创。

等到征服结束时，海上的入侵者们已经摧毁了塞浦路斯和赫梯都城哈图萨斯（Hattusas）所有主要的人口中心。区区七条船上的劫掠者（安谟拉庇的描述）就征服了那些青铜时代曾经令人生畏的城市，这显示了那些王国的脆弱和海上民族的攻击力。

另一块没能送出的泥板是写给一位名叫 Zrdn 的人。安谟拉庇描绘了城市覆灭的更多可怕细节。他写道："我们谷场上的粮食被焚烧，葡萄园也被摧毁。""我们的城市覆灭了，愿你知道这点。"

乌加里特城再未重建。

乌加里特陷落后，海上民族继续向埃及进发。他们的第一个目标是卢克索附近的梅迪内·哈布（Medinet Habu），这里是公元前1198年到公元前1166年统治埃及的拉美西斯三世法老的停尸神庙所在地。神庙的墙壁上至今可见祝贺法老军队成功保卫了城市的铭文，这是人们事后对这场战斗加以美化的记录。在拉美西斯的描绘中，这是一场伟大文明对蛮族力量的大胜，但很难说埃及人是否真正战胜了入侵者。事实上，经过公元前1175年这场精英军队与被大大低估的新生力量“海上民族”间的对决，埃及

海上民族的攻击

曙光降临了埃及尼罗河三角洲河口的一座海边村落。一个 10 岁左右的男孩和祖父正蹲在他们的渔船旁，在出海前检查渔网。老人一手拿着渔网，一手拿着穿有绳索的尖棒。

远处，村子里和周围农田里的居民开始了一天的工作——碾谷，喂食农畜——完全没有意识到他们将被野蛮的方式结束生命。

男孩检查完了渔网，把它丢到船上，祖父仍蹲在网边修补一个大洞。男孩靠在船边休息，闭上眼睛，在开始一天全力以赴的工作前短暂地回到了梦乡。不久之后他再次睁开眼睛时，被一幕奇异的景象惊呆了。离岸边不远处出现了一支陌生的船队。疑惑的男孩转向祖父，询问那些船只可能是谁的。他没有注意到，其中的一只船已经到了岸边——船上的人登陆了。

十多个满身武装的强盗开始沿着沙滩往上走，有的脸上涂着颜料，戴着有角的头盔，他们时而闪回身，躲在停泊着的其他船只和渔具后面。等到男孩和祖父发现时已经太晚了。

其中一名强盗抓住了男孩的后颈，用砍刀抵着他的喉咙。老人跳了起来，挥舞着织网工具，要求入侵者放了孙子冲自己来。看到自己成了强盗的新目标，他冲着男孩大喊，让他跑去村里报警。孩子答应

了，撒腿就跑，脸上写满了恐惧；他最后看到的是慈爱的祖父倒在沙滩上自己的血泊中。

男孩一面在沙滩上跑，一面仔细打量入侵者登陆用的船。他吃惊地发现，船上也有女人和孩子。他想到自己的母亲和妹妹还在家里，于是不遗余力地从沙滩跑到村外的街上，希望能够及时赶到家。他指着身后，高声向遇到的少数几个人报警。

到了村子的中心，男孩停下来快速地四下张望，他惊愕地看到了更多和海滩上类似的人。他们在他身前散开，手执火把点燃房屋。一个强盗抓住了一名年轻的埃及妇女，把尖叫着的她拖进一间屋子并关上了门。另外两个暴徒挥刀砍倒了两名试图保卫房屋和家人的男子，目睹此景，男孩感觉一阵眩晕。他想到了祖父，用力忍住了眼泪。

男孩从所站的地点向东北望去，看见自己家的街区已被火焰吞没。黑烟从屋顶升起，直冲云霄。他想到了家人的命运，告诉自己要坚强。

他想起不远处有间储存富余粮食的棚屋，于是转身朝相反方向快速跑去。他欣喜地发现棚屋没有锁，粮袋堆满了半间屋子。男孩藏到一堆粮袋背后，但仍觉得不安全，于是像胎儿那样躺了下来，拖过几袋小麦盖住自己。

他用双手捂紧耳朵，以期挡住街上传来的越发刺耳和绝望的尖叫与哭号。男孩没有听见屋外沉重的脚步声。等他闻到烟味并推开粮袋时，棚屋已被大火吞没，他无路可逃了。

他祈求伊西斯让自己平安地进入冥界。

再也没能完全恢复元气。

最终，当时的法老拉美西斯三世调动大军战胜了入侵者，但埃及再没能恢复元气。经济问题引发了社会动荡，包括历史上第一次有记录的罢工。王的继承者们失去了对国家的控制。公元前1069年，中央政府瓦解了。

在海上民族肆虐近东文明的同时，被称作多里斯人的异族入侵并摧毁了希腊青铜时代的迈锡尼文明。他们的到来标志着文明的倒退。大城市或是被摧毁，或是遭遇了大幅的人口下降。希腊退回到了小规模的农业和畜牧社会。贸易凋零。书写技艺消失了差不多五百年。

这些多里斯人是谁？他们被认为是海上民族的一支。按照多里斯自己的神话，他们是神话中的英雄赫拉克勒斯的后裔，回归希腊南方是为了取回自己应得的遗产。和攻击赫梯人的入侵者不同，多里斯人留了下来，先是在希腊中部定居，然后迁徙到伯罗奔尼撒和小亚细亚沿岸。他们很快分裂成更小的部族，包括斯巴达人，后者将发展出一些至当时为止世界上最先进的军事策略。

对于地中海沿岸的居民而言，从公元前1200年的那场灾难中恢复要经历漫长的过程。如果说入侵近东的海上民族和入侵爱琴海的多里斯人标志着上古世界的终结，那么他们同样为某些新生文明的发展提供了机会。从公元前1000年左右开始，新的较小国家开始在地中海沿岸遍地开花。它们的创建者是幸存者、难民和帝国边缘的反叛者。这些城邦包括以色列、罗马、腓尼基和希腊。

公元前1000年左右的地中海地图，图中可见当时的罗马、雅典、斯巴达、腓尼基和以色列等城邦

作为地理如何影响文化的范例，希腊的群山和诸岛成了独立城邦的摇篮。有的曾是较小的迈锡尼人城市，因为不是特别重要而逃过了入侵者的破坏，比如雅典。也有的是多里斯人入侵者的殖民地，比如斯巴达。这些城邦大多围绕一个城区中心建立，这个中心则建筑在有险可守的山丘上。这就是卫城（字面义是“高处的城市”），渐成周围郊区的政治、行政和宗教中心。

与早前苏美尔人的城邦类似，希腊城邦在政治上是独立的，通过共同的希腊人身份感相联系。居民们的纽带是语言、宗教和一系列所有城邦共有的文化传统，最著名的是德尔斐神谕和奥林匹亚运动会。

希腊公民认为自己“在政治上是自由的”，不同于东方帝国“被束缚的蛮族”——特别是人神一体的暴君统治下的波斯。统治这些城邦的大多是长老议事会，由城市和周围郊区的公民选举产生。

谁有资格成为公民和参与公共生活，公民权具体意味着什么，这在不同城邦有所区别。不过一般来说，拥有土地和参加城邦防务是决

希腊雅典卫城

定性条件。因为拥有土地的农民是希腊城邦的脊梁，城邦的大部分成年男子多是公民。奴隶、无地农民、侨居的外邦人和妇女则没有公民权。后来，两大城邦成了希腊世界的主宰，它们是雅典和斯巴达。然而，尽管拥有共同的文化，它们的组织原则却有着根本性差异。

雅典第一个把希腊城邦的议事会制度发展成民主，这是它最为人所知的地方。和其他希腊城邦一样，斯巴达的统治机构也是由男性公民选出的议事会。但不同于其他城邦，斯巴达社会的基础是严格的等级制度，它的人口划分成较小的“公民”群体和大得多的“黑劳士”（Helots）群体。黑劳士为斯巴达城邦集体所有，没有政治权利。和中世纪的农奴（Serfs）类似，他们被土地束缚，每次收成的一部分要交给斯巴达的统治者。通过英勇行为，黑劳士可以获得自由甚至成为斯巴达公民，但这并不经常发生。到了公元前 5 世纪，约 20 万黑劳士供养 1 万名左右的公民。周期性的黑劳士起义成了斯巴达历史的一部分。

军队是斯巴达社会的核心，负有保卫城邦免受外敌入侵和对内镇压黑劳士起义的责任。为了打造一支强有力的军队，城邦下令将弱小或畸形的婴儿弃置荒野，任其死去。斯巴达男性从 7 岁起进入集体兵营，由国家养育长大。他们的第一项任务是用芦苇编织垫子；这张垫子将伴随他们终身。他们被编排成小队，接受严厉的训诫。他们的课程旨在将其培养成勇士城邦中的完美战士。到 20 岁时，斯巴达男性已经成为一支令人生畏、训练有素军队的一部分。那些进入顶级精英勇士行列的人将披上昂贵的青铜铠甲。

与今天的情况非常类似，拥有自然资源并善用它们，是获得强大力量和优势的关键。与任何可能面对的敌人相比，斯巴达人明显的优势在于：他们控制了该地区最富饶的铁矿，他们的铁匠由此制造出了大量的致命武器。斯巴达士兵配备能刺穿青铜和皮革铠甲的铁矛和铁剑。这些武器将在他们的下一场战斗中扮演关键角色。

公元前 5 世纪时，尽管彼此存在巨大差异，雅典和斯巴达这对劲敌最终还是被迫联合

起来，因为它们面临着被共同的敌人摧毁的威胁，那就是东方强大的波斯帝国。如果这些城邦没有联合起来抵御帝国的入侵，从而保留了雅典的民主种子，那么我们将永远不会知道“民有民治”这样的理念是否会在罗马共和国重新萌发，是否会在美洲殖民地扎根。

内陆的波斯民族受海上民族入侵的影响相对较小，趁着地中海的动乱，他们大肆扩张，吞并了从印度到希腊的 200 万平方英里的土地。波斯境内居住着 1500 万人，使其成为当时有史以来最大的帝国。当波斯帝国开始觊觎西方的土地时，它与“政治上自由”的希腊城邦发生了正面冲突，后者视波斯人为“被束缚的蛮族”。

波斯人与希腊人的冲突在波斯国王居鲁士大帝统治时期就开始了，后者于公元前 546 年征服了希腊人在伊奥尼亚的领地。居鲁士一贯容忍被征服民族的信仰，并赋予了希腊人内部事务的自治权。但伊奥尼亚诸邦仍然不断给波斯人制造麻烦。公元前 499 年，在一支来自雅典的小型舰队的支持下，伊奥尼亚的动荡升级成叛乱。波斯人用五年时间才平息了叛乱。然后，他们把注意力转向更大的希腊城邦。

波斯战争（或称希波战争）的第一阶段于公元前 490 年爆发，由雅典人独自对抗波斯人：雅典派出的 7200 名步兵面对的是 2.5 万名波斯职业军人。令人称奇的是，雅典人取得了胜利，这要归功于他们出人意料的调度和波斯将领的迟钝反应。

十年后，波斯人试图卷土重来。在由 1200 艘战船组成的舰队的支持下，薛西斯王率领大军穿过安纳托利亚进军希腊。波斯人的军队过于庞大导致行动缓慢，这给了希腊人准备的机会。战争在初期对希腊人非常不利。他们最早试图将波斯人挡在依山傍海的温泉关要塞。虽然没能成功，但这是希腊人最后一次较大的失利。

波斯战争不仅是帝国与民主的对决，也是两种不同战争理念的较量。波斯军队从一开始便仰赖由武装骑兵和神射手组成的精英兵团。希腊军队则依靠配备长矛和双刃剑的步兵。每座城邦都有自己的军队，士兵来自公民，因其携带的圆盾而被称为“重装步兵”。盾牌是希腊人所谓的“方阵”战术的关键元素。配备重装的士兵排成几人宽的密集长列。每个人的盾牌保护着自己的左侧和左边那个人的右侧。紧密的队列在笛声的指挥下前进。这种队形很难掉头；但只要保持队形，它同样会让敌人难以抵挡。如果敌人冲进了队列，比乌合之众好不了多少。

希腊历史学家希罗多德为后世记录下了一位名叫保萨尼亚斯（Pausanias）的斯巴达将军在希腊城邦与波斯人之间最后那场决定性战斗中的英勇行为。通过他的描述，我们可以想见公元前 479 年在普拉泰亚（Plataea）的那场大战前的戏剧性事件。

斯巴达勇士

年轻的保萨尼亚斯是一位新晋的斯巴达将领，在率领手下的小队与波斯大军交战时，他的经验还相对匮乏。对于城邦的精英来说，一触即发的战斗是为了证明自己的军事优势和捍卫斯巴达的独立。对保萨尼亚斯而言，这还是个人的复仇。波斯人杀死了他的伯父，他决心复仇。

保萨尼亚斯正带领手下的数百人操练队列，头盔和红色战袍的海洋淹没了城外光秃秃的山丘。每名战士一手握着铁尖矛，另一手持剑。他们同步前行，形成了无法攻破的矛林。前排的士兵手执相互锁在一起的盾牌，仿佛一堵由钢铁和协调一致的强力铸成的墙。方阵需要严格的军事纪律。只要有一个人犯错，整个小队都将受到威胁。

保萨尼亚斯对一位年轻士兵的表现不满，因为后者的盾牌没有对齐。他让士兵们停下，把那个犯错的人拉出来示众。作为羞辱，保萨尼亚斯命令另一名士兵对他施以体罚。年轻的士兵流着血站回自己的位置，这次他吸取了教训，把自己的盾牌和其他人的紧紧锁在一起。

当时，30多万名波斯人正驻扎在希腊中部，那里位于斯巴达的北面。他们的指挥官马多尼乌斯（Mardonius），是地位仅次于薛西斯王的副指挥，他率领的是在皮鞭的威胁下被迫战斗的募兵，与尚武的斯巴达人和雅典的公民士兵形成了鲜明的反差。

为了破坏两大希腊城邦间脆弱的联盟，马多尼乌斯试图单独与雅典人协商投降条件，以便孤立斯巴达人。他把马其顿的亚历山大一世派往雅典，向雅典居民提出，只要臣服于波斯国王的最高统治，他们就可以保留自治权。如果接受，无疑就是投降。

做出这样重大的决定需要经过公民集会上的公开辩论和投票。雅典公民索法内斯（Sophanes）见证和参与了全过程。他听说了波斯人的停火条件，坚决反对自己的城市在任何情况下接受波斯人的统治和奴役。在集会当天，索法内斯加入了2000名已经在酷暑中摩肩接踵地等待着的雅典人。他们是像他一样的普通公民，包括农民、小贩、酒商，以及学者、演员和剧作家。很少有政客或士兵站在他们中间。人群骚动着，接受或拒绝波斯人条件的双方同样义正词严地竞相高声表达着自己的理由。对战争厌倦的人请求结束流血恢复和平，而反对者则回应称，死亡比臣服于任何外族国王更好。

四名没有投票权的斯巴达人代表注视和旁听着辩论。他们的出现反映了雅典人对继续同希腊邻邦结盟的愿望——尽管斯巴达人已经明确表示更希望战争而非谈判。

在中央的高台上，主持集会的雅典领导人邀请马其顿的亚历山大亲自向人群传达马多尼乌斯的条件。亚历山大拿出纸卷，宣读了雅典人投降的条件。他宣布，雅典将会并入波斯帝国，雅典公民可以自由地分享帝国的一切幸福和财富。

人群对他的回应泾渭分明。索法内斯等人高声要求他下台。他们知道，如果自己和同胞们接受了波斯王的条件，自己将失去即将履行的一项重要权利：为战争与和平的决定投票。

最后，人们结束辩论开始投票。索法内斯加入长队，准备走上

高台履行自治权。当轮到索法内斯时，他拿起一块卵石，把它放到反对波斯人和平条件的那个桶里。然后他回到人群中，耐心等待着结果。

几小时后，在仍然留在市中心的数千人的注视下，桶中的卵石被倒出，人民议事会开始计票。计票结束，索法内斯听到了想要的结果："我们就是这样深爱自由，我们决不投降。"

雅典人选择和对头斯巴达人并肩作战，好来捍卫两者共享的希腊独立。目瞪口呆的波斯使者被遣返向马多尼乌斯报信。尽管不是训练有素的士兵，但索法内斯将很快准备好战斗工具，在这场持续数十年的战争中最重要的战役里大显身手。

公元前479年8月。两支数量悬殊的部队在马拉松附近的平原上摆下了阵势。波斯人一边是30万名职业骑兵。希腊这一边是10万名斯巴达和雅典的步兵，他们的优势是团结和斯巴达人的军事技巧。方阵被投入使用，并证明是一种有效的战斗武器，很快把希腊人渺茫的胜机变成现实。

一波波的波斯兵团徒劳地冲向斯巴达人的连环盾牌，却纷纷撞上希腊军队的矛和剑。几乎还来不及看清被什么东西刺中，大批敌人就已经倒地。占得上风后，希腊军队冲出队列，在肉搏战中砍杀波斯人。让波斯王更加脸上无光的是，他的副手马多尼乌斯被一位希腊下层士兵投出的石块击中落马。斯巴达将军保萨尼亚斯乘机手起一剑结束了他的生命。惊慌失措的波斯人试图逃跑，却纷纷被希腊人砍翻。

这是一场光辉的胜利，但普拉泰亚之战真正的胜利者是方兴未艾的人民权力理念。古希腊世界的民主理念将在罗马共和国重现，并在后来的北美洲殖民地绽放。

海上民族的破坏在地中海东岸留下了政治真空，为海上探险的新时代提供了机会。公元前1200年后，在以色列北部，即今天的黎巴嫩，沿海地区出现了腓尼基人的自治城邦，其中最著名的是比布鲁斯（Byblos）、西顿（Sidon）和提尔（Tyre）。经过一个世纪，他们从小型定居点发展成了海上强国，在公元前1100到公元前800年间控制了地中海的贸易路线。希腊人不屑地称他们为“腓尼基”，即“紫色之地”，因为腓尼基人最贵重的商品是一种从海螺中提炼的珍贵紫色染料。

提尔的紫色染料不是腓尼基人唯一的贸易品。他们也出口松木、香柏、亚麻、葡萄酒、金属制品和玻璃，并进口埃及的纸草和象牙、安纳托利亚的羊毛、阿拉伯的树脂、塞浦路斯的铜和西班牙的银。腓尼基还是从波罗的海到印度河的琥珀贸易网的一部分。除了奢侈品的长途贸易，他们的船队还在爱琴海上短途运送食品，如橄榄油、谷物和葡萄酒。

在海上，腓尼基人比其他任何古代民族都走得更远。他们穿越地中海并进入了大西洋，然后沿非洲海岸向南航行。在亚速尔群岛发现的一窖腓尼基钱币显示，他们甚至到达过大西洋中部。“赫拉克勒斯之柱”（直布罗陀海峡的旧称）大西洋一侧的洋流和风向知识是他们严格保守的秘密。

公元前9世纪末，腓尼基人在北非、西班牙、撒丁岛和迦太基建立了殖民地，而迦太基将成为西地中海最重要的海上强国。

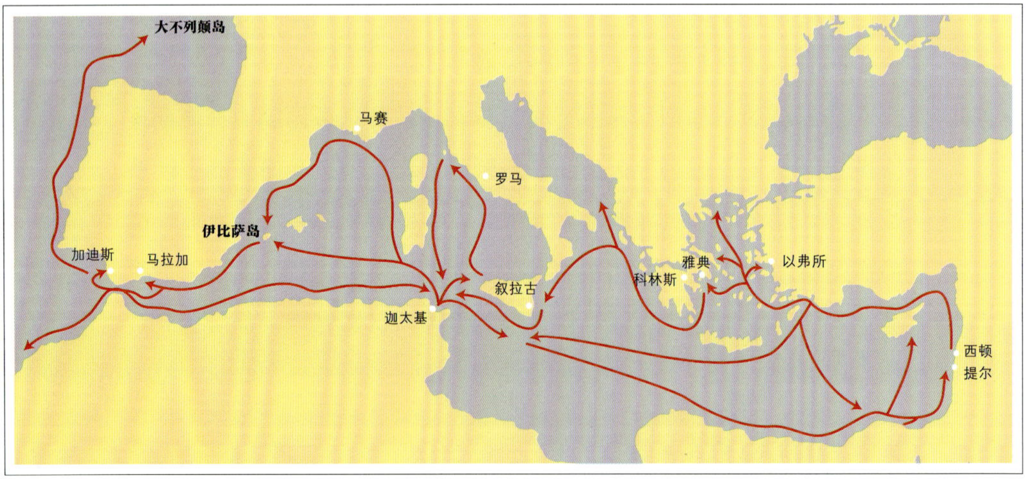

腓尼基航海者扩大了地中海世界的边界，进入了大西洋并沿非洲海岸向南航行

字母系统

腓尼基人对现代生活最重要的贡献是字母系统。

类似之前的苏美尔人，腓尼基人需要一种办法来记录他们庞杂的贸易。公元前1100年，楔形文字仍然统治着国际通信。和所有的音节文字一样，楔形文字难以学习，使用也很不方便。最后，腓尼基人用最早的真正意义上的字母系统取代了它，让字符与声音一一对应。类似后来的闪米特语言字母系统（如希伯来语和阿拉伯语），腓尼基字母系统的22个字符都是辅音。据说，我们的某些字母的形状来自腓尼基水手眼中的古代世界：比如，字母M代表了海洋中的波峰和波谷。

今天的字母系统多达数百种，但像腓尼基人的字母和数字体系这样经过3000年仍在使用的可谓凤毛麟角。它们先后被希腊人和罗马人借用和改造（希腊人开始添加了元音）。罗马人改造后的腓尼基字母成了今天西方所用的字母系统。

在腓尼基人拓展地中海世界边界的同时，一个新的民族迁徙到了后来世界上最令人垂涎和争夺最激烈的地区。

公元前 13 世纪中叶，当以色列人迁徙到迦南时，他们还处于部落联盟阶段。这些农民和牧人在贫瘠的山坡上开垦出平整的农田，用内部刷有灰泥的水库储水浇灌它们。两个世纪后，面对邻近部落的威胁，以色列人选出了他们的第一个国王：扫罗。扫罗打败了摩押人（Moabites）、以东人（Edomites）和非利士人（Philistines），但并不是合适的统治者。他的继承者大卫将以色列部落统一成国家，让耶路撒冷成为宗教和政治中心，还将王国的领土从幼发拉底河扩张到红海。在大卫和所罗门父子的统治下，王国如日中天。

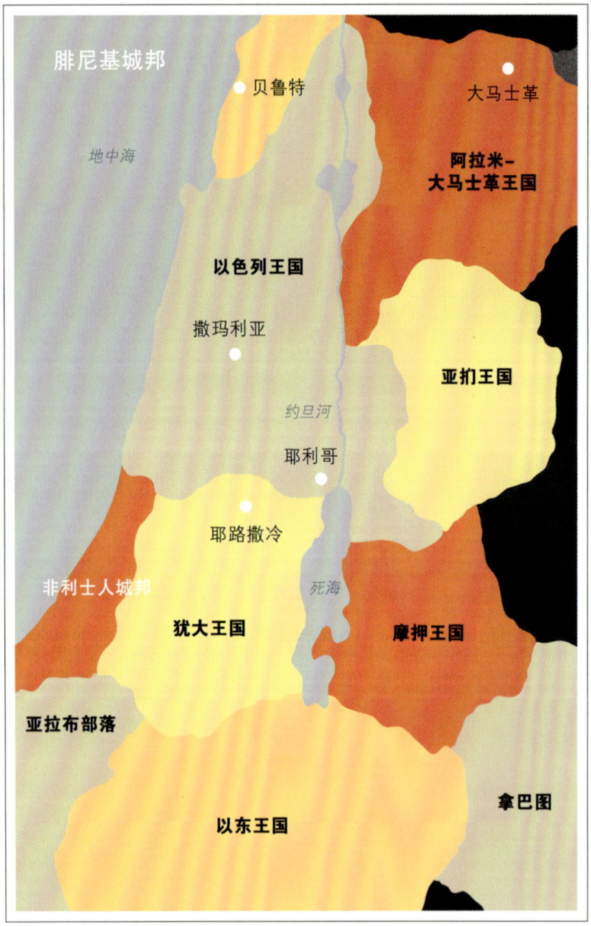

不过，南北部落间却出现了裂痕。公元前 926 年所罗门去世后，继承权之争导致王国一分为二，南部是以耶路撒冷为中心的犹大国，北部是以色列国。更为繁盛的以色列成了军事政权，它的一系列统治者都是通过血腥军事政变坐上王位的将军。但当近东的大国恢复元气后，犹大和以色列王国的繁荣也就到头了。随着亚述和巴比伦的先后复兴，以色列王国和近东的其他政权一样成了征服的对象。以色列首先灭亡，犹大和耶路撒冷城也步其后尘。

公元前 597 年，巴比伦国王尼布甲尼撒（Nebuchadnezzar）第一次征服犹大，耶路撒冷王和他的 1 万名贵族成了俘虏，把被逐国王的侄子西底家（Zedekiah）立为新王。西底家向巴比伦统治者宣誓效忠，但三年后反叛。巴比伦人再次向犹大进军，在肆虐耶路撒冷的城郊后包围了该城。公元前 586 年，尼布甲尼撒占领耶路撒冷。在围城过程中，甚至富人们也会去粪堆里寻食。在尼布甲尼撒看来，犹大国王是背誓者和反叛者。于是当着西底家的面杀死了他的儿子们，然后弄瞎了他的双眼。西底家被带上镣铐，和犹大国的大部分居民一起押往巴比伦。所罗门的神庙被摧毁，耶路撒冷被夷为平地。

尼布甲尼撒

大多数人对尼布甲尼撒的了解完全来自《旧约》的角度：这是一个先后洗劫和毁灭了耶路撒冷城的暴君，他摧毁了所罗门王的神庙，把以色列人变成囚徒。

但从巴比伦人的角度来看，尼布甲尼撒是一位伟大的统治者。他的父亲是一名迦勒底将军，通过与米底人合作从亚述压迫者的手中解放了巴比伦。而尼布甲尼撒则恢复了王国昔日的荣光。他征服了埃及、巴勒斯坦和大部分腓尼基城邦。他把在70多年前曾被亚述人摧毁的巴比伦城变成了秀场。内城的正门和通向它的游行大道两侧铺着蓝釉砖，并装饰有金色的龙和公牛。王宫则覆盖着饰有金狮浮雕的釉瓦。尼布甲尼撒还建造了巴比伦的空中花园，这是一座巨大的拱形阶梯状建筑，目的是抚慰年轻的米底人妻子对家乡苍翠山丘的思念。

尼布甲尼撒也没有忘记诸神。他把城市的正门献给女神伊什塔尔（Ishtar），并为王国的主神马尔杜克（Marduk）建造了一座七层高的巨型塔庙。他将塔庙命名为“埃特曼安吉”（Etemenanki），意为“天地之基的屋宇”。这座庙塔以巴别塔的形象出现在《旧约》中，是人类骄傲的终极象征。

“不信神的征服者”只是旁观者的看法。

巴比伦空中花园，石版画，费迪南德·科纳布（Ferdinand Knab）绘制，1886 年

经历了国王和国民被强制流放到巴比伦长达 40 年的灾难，犹大文化似乎应已从地球表面抹去。但事实上，巴比伦之囚的经历却将犹大人重新定义成一个民族。它还奠定了最早的一神教“犹太教”的基础，确立了作为道德法典的十诫，从而改变了西方文明的进程。

一部分犹大人融入了巴比伦的新文化，另一些人则坚守对上帝的承诺，梦想有朝一日回到以色列。由于没有可供崇拜的神庙，他们用祈祷、斋戒和研习犹太律法（Torah）代替从前的仪式。在此期间，流亡中的抄写员和宗教祭司们对摩西五经加以修订，将其和本民族的历史编在一起，希伯来圣经开始成型。

尼布甲尼撒死后，巴比伦开始走上下坡路。公元前 556 年，那波尼德（Nabonidus）从尼布甲尼撒的继承者们手中夺得王位。

那波尼德在位期间长期东征西讨，但在巴比伦停留期间的所作所为足以让他失去当地祭司的支持。他拒绝崇拜城市的主神马尔杜克，而是让月亮女神辛（Sin）凌驾其上，这让都城气氛紧张。于是，公元前 550 年，他让儿子伯沙撒（Belshazzar）担任巴比伦摄政，自己退隐阿拉伯沙漠中的绿洲泰玛（Tayma）。

公元前 539 年，波斯国王居鲁士二世以巴比伦人的不满（或者至少是马尔杜克祭司的不满）为借口发动入侵。巴比伦几乎全无抵抗就

拯救经卷

在巴比伦都城的一条繁忙街道上，一位名叫所罗巴伯（Zerubbabel）的犹大人正挤过人群前行。他的祖父是耶路撒冷的末代国王，在犹大都城被毁和犹大国民流亡巴比伦之前统治着那里。

所罗巴伯从人群中的另一名犹大人处获悉，巴比伦很快将被波斯王居鲁士的大军包围。那个人告诉他，城里正在传说，数以千计的波斯士兵已经集结，准备冲破巴比伦的城墙，劫掠城中的珠宝。作为少数肩负暗中为后世保存犹大历史之责的人，这个消息令所罗巴伯大惊失色。秘密经卷放在巴比伦的一间小藏书室内，其中包括唯一一份幸存的希伯来字母表，那是犹大文化的密码和生命线。如果这些经卷被毁或者落到波斯人手中，将会是灾难性的！

正当所罗巴伯急匆匆地赶往藏书室时，三名犹大抄写员也听到了外面的骚动，他们离开桌边，冲到小窗口一探究竟。有人在用力敲打藏书室的大门。学者们赶过去看是谁。来人是所罗巴伯，他要求人们马上把秘密经卷整理起来藏到安全所在。他们急忙把书架上的经卷装进篮子、箱子和任何可携带的容器内。然后，所罗巴伯带领他们拿着珍贵的经卷从后门小巷离开了藏书室。

陷落了，居鲁士以解放者的身份进入了该城。他精明地前往被冷落的马尔杜克神庙朝拜，随后宣称自己被马尔杜克选为“世界之王”。他获得了王中之王（Shahanshah）的称号。

波斯王一直对被占领的城市表现出仁慈。他在巴比伦更近一步，不仅让犹大人恢复了自由，还为他们的权利和律法提供保障。作为大卫王和所罗门王的后裔，所罗巴伯获准回归先人的城市耶路撒冷，这是他从来不敢表达的愿望。最后，居鲁士王还拨给犹大人经费，让他们重建40年前被巴比伦国王尼布甲尼撒摧毁的所罗门神庙。

关于这个小部落的记录和作品从巴比伦抢救出来，并带回犹大和耶路撒冷，它们将被编撰成世界上最重要的书籍之一：犹太律法。在以后的世纪里，它的销量将超过60亿册。它将成为犹太教、基督教和伊斯兰教的基石。

犹大人分小波回到了耶路撒冷，他们先后重建了自己的城市和神庙。这里后来又多次被征服。但无论被征服多少次，以所罗门神庙遗址为中心的耶路撒冷永远是犹太教的圣城。此后，它又成为了基督徒和穆斯林的圣城。对基督徒而言，耶路撒冷是圣地的中心，是耶稣生活、传道和殉道的地方。对穆斯林来说，这里的重要性仅次于麦加和麦地那。作为先知们的故乡，它出现在穆罕默德的一次梦境中：他乘坐飞马，和大天使加百列一起从麦地那飞往耶路撒冷，参加了包括耶稣在内的古代先知为自己举办的盛宴。那天晚上，他还登上天梯，从耶路

由左至右：圣墓教堂，犹太西墙（哭墙），岩石清真寺

撒冷走进了天堂。

今天，耶路撒冷要接待来自三大宗教数以百万计的访客。

居鲁士大帝在米底人和巴比伦人的基础上建立了波斯帝国，他的继承者们延续了扩张策略。居鲁士之子冈比西斯二世于公元前525年占领了埃及。冈比西斯的继承者，他的侄子大流士一世让帝国的疆域达到顶峰。

在大流士的统治下，波斯帝国东西跨度达3000英里。为了加强对叛乱不断的西方省份的控制，大流士铺设了一条驿道，将都城苏萨（Susa）与距离1600英里、位于安纳托利亚沿岸的萨第斯（Sardis）地区首府连接起来。这是一项史无前例的工程。工人们使用一层层的黏土和沙石修建这条古代公路，最后铺上大颗的鹅卵石。

道路完工后，大流士在沿途设立了111个驿站，每个相距约15英里——这是步行者一天能走完的距离。驿站为旅行者提供免费的食物、饮水和住宿。按照希腊的旅行家和历史学家希罗多德的说法，大流士亲自要求保障旅行者的安全。

皇家驿道是帝国管理者的梦想。它方便了收税、向行省长官传递消息和在必要时派出军队。不过，大流士的敌人最终将用这条驿道打败他。在一位来自小国马其顿，更加野心勃勃的统治者和指挥者的手中，波斯帝国将土崩瓦解。

亚历山大大帝

公元前331年，马其顿的亚历山大三世（通称亚历山大大帝）打败了大流士三世，短暂地统治了当时人类所知的最大帝国。直到公元前326年，他才在入侵印度北部时遇到了敌手。

亚历山大的军队跨越兴都库什山，杀过印度河并穿越旁遮普，击败了有战象助阵的印度军队。但当他们来到许法西斯河（Hyphasis，即今天的贝阿斯河[Beas]）时，亚历山大的军队拒绝继续前进。亚历山大不情愿地班师回到了位于巴比伦的新都，将被征服的印度各省留给了驻军。他后来称，自己唯一的军事失利是拜自己人所赐。

亚历山大于公元前323年突然去世，他的帝国随之瓦解。他留驻各省的将军成了印度北部和阿富汗小国的统治者。

在远离地中海动乱的世界的另一个角落，一个新的文明正在中国扎根。和其他地方一样，新的炼铁技术也令社会和政治秩序经历了快速变革。

公元前 5 世纪末，被称为战国时代的混乱时期开始了，七大诸侯国为争夺对中国的控制权而相互厮杀。在这些冲突中，几种新武器的应用改变了战争的特点，尤其是十字弓（弩）。此外，铁剑和铁甲取代了青铜武器。骑兵取代了战车。征服者主要采用包围战术，把城市作为头号目标。

秦始皇

中国西北部的秦国被认为在文化上落后于其他诸侯国，但出于同西部边境马上游牧民族作战的需要，秦国人拥有一支强大的军队，这弥补了他们在文化上的不足。公元前 247 年，13 岁的嬴政登基。不久，他开始率军出征其他战国诸侯。很快，他因为在战场上的残暴获得了“秦国之虎”的绰号。公元前 221 年，嬴政统一六国，自称秦始皇，即秦朝的第一个皇帝。

征服六国后，秦始皇开始着手建立强大的中央集权国家。他采用与现代人重新划分选区相同的原则，将战国时期的各国土地分割成新的行政区，改变了它们的边界，并将世袭贵族从其根据地迁出。为了创造统一的文化，他废除了地方制度，引入旨在消弭地区差异的语言改革，统一文字，并焚毁所有私人藏书。他用中央集权的官僚政府取代世袭的封建等级制，让农民有权购买土地。此后，他还建成了堪与后来罗马人相媲美的帝国公路系统，将都城和边境连接起来。为了方便从长江到广东的交通，他还开挖了水道和运河。

与此同时，秦始皇开始迅速地镇压批评者，特别是那些质疑他统治合法性的儒家和道家学者。他对民间征收重税，并征召了数百万民夫修建大型公共工程，包括他自己的宏大陵墓。

公元前 210 年，秦始皇去世，边远省份随

即爆发了起义。他的儿子仅仅在皇位上待了三年就被宰相逼迫自杀。秦朝被农民将军刘邦推翻，后者重新统一帝国，建立了汉朝。

人们对上古黑暗时代的印象主要是暴力的肆虐和战争武器的大规模生产，但到了该时代晚期的公元前 5 世纪，许多不同的文化传统中都出现了重要的思想家，他们创立的哲学体系将在许多个世纪里影响人们的思想。在中国，老子（前 570？—前 470 年？）和孔子（前 551—前 479 年）是被称为“百家争鸣”的哲学思想繁荣时期的最知名代表，对春秋战国时期社会秩序的基础展开了探索。在印度，佛陀（约前 6—前 4 世纪）宣扬悟道。

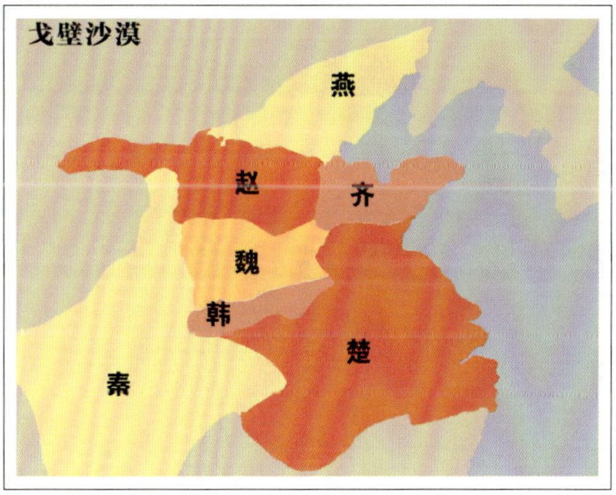

在波斯，比其他人早了一个世纪的查拉图斯特拉（西方人称之为琐罗亚斯德）将世界描绘成光明与黑暗、善与恶的力量交锋。他相信，世界终将被火吞没，善将驱逐恶。在希腊，柏拉图（前 428/427—前 348/347 年）、亚里

铸铁

铸铁是这样制成的：先将铁矿在炼炉中熔化，将铁水倒出冷却成为铁锭，随后与其他合金元素一起再次熔化，并浇铸入模具。铸铁比锻铁省力，但要求更高的温度。

中国工匠在公元前 6 世纪已经可以熟练地生产铸铁。铸铁法直到两千年后的公元 14 世纪才传入欧洲。

中国十字弓

传统弓的威力因为使用者的不同而差异很大，因为它取决于个体的身体力量。中国人在公元前6或前5世纪发明的十字弓（弩）改变了中国的战法。通过将弓弦挂在槽状的激发机关上，士兵可以把张弓、搭箭和瞄准三个动作分开，从而增强了个体弓箭手的力量和速度。最早的十字弓是将木弓水平固定在带有金属扳机的木臂上制成的。

通过把十字弓原理与铸造高质量青铜和铁的技术相结合，中国人制造出了最早的批量武器。公元前209年，秦军已经拥有了5万名十字弓手——他们很快将在争夺中国霸权的战争中取得胜利。

人类的发明让规模上史无前例的战争和破坏成为可能，但十字弓只是人类在创造更复杂和更致命武器的道路上迈出的一步。回过头来看，从中国人最早批量生产的十字弓到20世纪流水线上生产的用于真正全球战争的现代冲锋枪、飞机引擎和坦克，两者的距离并不遥远。

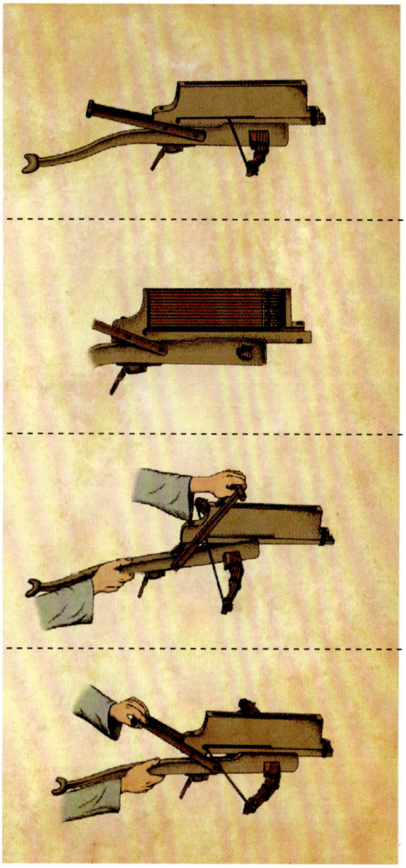

士多德（前384—前322年）、苏格拉底（约前470—前399年）和其他古代哲学家对事物的本质提出了疑问。有的学者称该时期为“轴心时代”，因为早期文明的基本思维方式都诞生于此时。它也同样有理由被称作上古的启蒙时代。

到了黑暗时代末期，地中海世界的社会和政治面貌已经焕然一新。使用铁制武器的平民推翻了古代帝国，由商人、反叛者和难民建立的新型城邦取代了它们的位置。在远东，批量生产和个人的野心缔造了一个新帝国的基础。

很快，另一个大帝国将在意大利半岛兴起。

不到100年后，世界上一半的人口将生活在这两大帝国的统治之下，一种稀有商品成了两者的交汇点——丝绸。

3

公民

两个超级大国统治着世界。一个控制着东方，另一个主宰着西方。一个拥有高度中央集权的政府和中央控制的文化，另一个是各种民族和文化的熔炉。欢迎来到公元前 3 世纪。

欧亚大陆两端的这两大帝国控制了古代世界超过一半的人口。近 5000 英里的地球上最不适宜居住的土地将罗马人和汉朝人分开。后来，两者将被一条贸易路线连接起来，他们都称之为“丝绸之路”。他们对彼此几乎没有印象；事实上，他们都相信自己是世界的唯一主宰。

罗马人和汉朝人在文化上也许差异很大，但在其他方面他们非常相似。两者都征服了广袤的土地，并发明了新的方式来统治它们。两者都受到境外“蛮族”的袭击。两者都推行政治和文化的帝国主义。

从巴勒斯坦到不列颠的罗马城市看上去别无二致——只要当地统治者愿意同征服者

公元前 200 年（西汉初年）的罗马

结盟，他们将获得相同的优待。而汉朝则延续了从秦始皇开始的计划，无情地推动着统一文化的建立。从不列颠到叙利亚的罗马人说拉丁语和希腊语。而汉朝人由于各地的方言彼此无法理解，采用标准化的汉字体系交流。全盛时期的这两种文化都是几个世纪的征服和融合的结果，两个帝国留下的遗产都决定了后世国家的政治野心。

两大帝国的势均力敌最终促成了规模上史无前例的长途贸易和交易网络的建立，而两者都从中受益。这两个被数千英里的空间距离和巨大的文化差异分隔的帝国以某种方式让世界稍稍变小了。

汉朝之前的最后一个帝国是秦朝。秦末民怨载道，贵族因为利益和权力受损而被激怒；而在社会阶梯的另一端，农民对苛捐杂税、严刑峻法和为秦始皇修建公共工程的繁重徭役心怀不满。公元前209年，一支因为下雨耽误行程的民夫队伍拒绝听征，选择起义而非坐以待毙。数以千计的人加入了他们。帝国各地爆发了更多的起义。秦朝的将军们也叛变了。贵族组建起私人武装。推翻秦朝的斗争演变为对皇位虎视眈眈的各支起义军之间的战斗。

一位农民出身、富有号召力的将军刘邦赢得了最终的胜利，成为汉朝的第一位皇帝。他曾在秦朝担任过亭长这样的小官。公元前206年，他建立了汉朝。和美国总统亚伯拉罕·林肯一样，刘邦言行谦逊，有时简朴到令人吃惊，这体现了其卑微的出身。他会惬意地蹲坐在地板上接见来访官员。在一则著名的逸闻中，一些身着盛服、头戴华冠的儒生前来拜访刘邦。刘邦把其中一位儒生的帽子扯下来，在上面撒了尿。另一个故事中，在任命管理宫廷日常事务的礼仪官时，他唯一的指示是“从简”。

汉朝在中国人的贸易扩张中扮演了关键的角色。公元前2世纪，为了抗击北方的游牧民族匈奴人对边境的骚扰，他们开始同中亚的邻国打交道。公元前138年，汉武帝派廷臣张骞同中亚诸国（中国人称该地区为“西域”）结盟。张骞被匈奴人俘获扣留，百人使

汉朝的开国皇帝刘邦

团中后来只有两人逃脱。13 年后，张骞回国，带来了中国人闻所未闻的民族和国家的信息：如大宛、安息、大夏、巴比伦、叙利亚和印度。

随着汉朝从王国发展成帝国，它面临的最大挑战是如何既维持秦始皇创立的中央集权政府，又避免像秦朝那样施行严刑峻法。于是汉朝把儒家思想作为统治的基础。儒家强调尊卑者之间责任的道德基础，并用三种基本关系对其加以界定：君臣、父子和夫妻。忠诚是最重要的责任。

汉武帝时，儒家思想成了中国的官方哲学和宗教。儒家书籍和思想曾被秦朝统治者焚烧和禁止，到了汉朝，儒家经典再次成为政治和伦理思想的核心。学者们对经典加以评注，以便让它们更好地起道德指导的作用。

公元前 130 年，武帝建立起儒生的官僚系统，这些儒生要获得官位，必须通过察举的选拔。其中有些科目检验与试者对儒家道德和伦理思想原则的理解，这是汉朝统治的基础。标准化的考试需要培训体系。公元前 124 年，武帝在都城长安开办了太学。太学旨在培养帝国官员，其课程的基础是儒家经典，配备有五经方面的专家。武帝时期，太学生的数量限制为 50 人；到了公元 2 世纪中期，已有 3 万名儒生从太学毕业。

黄纸

汉朝对人类的故事最持久的贡献是纸。

按照古代中国史学家的说法，纸的发明者是一位名叫蔡伦的汉朝官员，他是汉和帝时期的大太监和宫廷作坊主管。公元 105 年，他用竹纤维和桑树内皮造出了第一张用于书写的纸。和帝赏赐他头衔和金钱以示嘉奖。

蔡伦的书写用纸是一项巧妙的发明，但这并非中国最早的纸。考古学家在中国北部发现的纸的残片比蔡伦早了近 200 年。

造纸的基本过程很简单：先用纤维材料和水制成纸浆，把纸浆平铺，滤去多余的水分并晾干。由此得到的就是干燥和轻薄的纤维垫。难点在于找到合适的纤维组合。中国最早的纸主要由麻制成。后来，造纸匠们还尝试过各种树皮、竹子和藤。

中国人一开始把纸用于包裹、包装和装饰，也用作厕纸。直到被用作书写和绘画的媒介，纸的真正潜力才发挥出来。

古代中国的造纸

纸改变了文明与知识的关系，还催生出新的概念形式：如建筑图纸、乐谱、街道地图和纸质通货（中国人在公元 8 世纪发明了"飞钱"这种汇票）。

想象一下没有纸的世界。那个名叫古腾堡的人将没有理由发明印刷机。没有把文字印到纸上的廉价方法，书籍将不可能广泛传播。昂贵的手抄书籍只能长期在小范围内流传，唯有宗教学者和富人才有机会阅读和著书立说，其他人将仍然是文盲。忘记报纸、新教改革或现代民主吧。现代文明的几乎一切都可以上溯到公元 105 年一位中国官员的发明。

“高傲者”塔克文

在一座罗马山丘的顶上，一位埃特鲁斯坎富商的妻子和来自同一阶层的女伴正坐在豪华宅邸的露天起居室里。两位贵妇身着丝绸和织锦，佩戴着用铜、象牙和琥珀制成的华丽饰品。奴隶从低矮的石桌上移走了午餐的残席，桌面上放着一只刻有希腊式图案的花瓶和一座描绘阿多尼斯和阿芙洛狄忒形象的闪亮青铜像。透过拱窗可以看见环绕宅邸的石墙和延伸到台伯河边的葡萄园。男主人正在外同东方和南方的贸易伙伴进行木材、毛皮和奴隶交易。埃特鲁斯坎商人出门几个月并不少见，但对妻子和她照顾的三代人而言，这次离家的时间是危险的。

女主人陪着她的贵妇朋友聊天，但她们的话题并不轻松。新一波的政治动荡正在席卷罗马。不受欢迎的埃特鲁斯坎国王——“高傲者”卢基乌斯·塔克文（Lucius Tarquinius Superbus，Superbus 意为“骄傲自大的”）正岌岌可危。他的绰号反映了公众对塔克文暴政的态度。不过，当下的危机与国王的颐指气使全无关系。

在王子塞克斯图斯·塔克文（Sextus Tarquinius）犯下暴行后，罗马人开始公开讨论可能的可怕后果。人们传说，塞克斯图斯强奸了他堂兄弟的妻子卢克丽霞（Lucretia），导致后者羞恨自杀。在结束生命前，卢克丽霞向丈夫卢基乌斯·塔克文·克拉提努斯（Lucius Tarquinius Collatinus）讲述了遭受的暴行，并要求后者承诺为自己雪耻。后来，国王的外甥卢基乌斯·尤尼乌斯·布鲁图斯（Lucius Junius

Brutus）果然依照承诺，领导起义民众对抗王权。

在听说国王将被废黜和驱逐出罗马后，女主人双手掩面开始哭泣。身为商人的丈夫依靠与塔克文国王的关系才获得优待和庇护。两名女子抱在一起相互安慰，她们都认为，这场愚蠢的动乱不会带来任何好的结果——早已表现出强烈不满的罗马平民想要永远废黜君主制。她们的担心被证明不是空穴来风。高傲者卢基乌斯·塔克文成了最后一位统治罗马的埃特鲁斯坎人国王。

提香所绘的《卢克丽霞的受辱》细部

卢克丽霞受辱两千年后，她的悲剧命运在提香的绘画中被重现，在莎士比亚的诗句中获得不朽，也被世界各地的歌剧团传唱。公元前510年，这幕肥皂剧（起因是骄横的王位继承者凌辱了一位与王室有联系的罗马贵妇）推翻了埃特鲁斯坎人曾经根深蒂固的王朝。卢克丽霞是罗马女性美德的象征，她的受辱是对其丈夫财产的犯罪，这意味着他可以用任何必要的手段来恢复自己的名誉，甚至是终结“家族产业”。人性弱点和人性放纵的暂时显露为又一次大众民主的试运行铺平了道路，并播下了罗马帝国的种子。领袖在性行为上的放纵颠覆了他强有力的政府，这种情况将不是最后一次出现。

公元前509年，罗马人推翻了统治该城将近200年的埃特鲁斯坎王朝，这是罗马故事的真正开端。在驱逐了末代埃特鲁斯坎人国王后，罗马人最初建立的是一个贵族制的共和政府，政府由300名元老院元老和2名执政官领导，后者每年由元老院选出。平民和贵族间的紧张关系是罗马社会挥之不去的特点。后来，随着向任何阶层开放的平民议事会的设立，共和国政府变得更接近民主。

理论上说，从公元前267年到公元前31年共和国的终结，罗马是一个权力来自人民的民主政权。但在实践中，元老院阶层仍然牢牢地控制着一切。城市贵族与平民通过代理关系联系在一起，贵族们保障个体平民的经济和法律利益，以换取他们的政治支持。贵族的权力建立在财富和影响力之上。通过允许成功的平民领袖加入元老院阶层，他们的地位更加稳固。

在罗马人忙着建立意大利半岛上最强大国家的同时，他们与邻邦的战争几乎从未平息。

西塞罗，罗马共和国时期的元老

迦太基

迦太基由腓尼基人兴建于公元前814年，到了公元前6世纪已经成为雄霸一方的海上帝国。第一次布匿战争爆发时，迦太基是地中海西部的头号强国，在北非和地中海沿岸拥有大量殖民地，最西到达西班牙。第三次布匿战争结束时，罗马人将该城夷为平地，并在土壤中撒盐，以保证那里再也长不出东西。

公元前29年，尤里乌斯·恺撒重建迦太基，将其变成罗马北非行省的首府。5世纪时，这座北非港口城市成了汪达尔人（Vandals）攻占地中海西部的行动基地，他们最终洗劫了罗马城，敲响了罗马帝国的丧钟。

上：画家笔下的古迦太基风貌

右：古迦太基马赛克画

第一次布匿战争常与第一次世界大战相提并论：一系列小事件和结盟像多米诺骨牌那样演变成大规模冲突。战争的起因是一群被称为马麦丁人（Mamertines，意为“马尔斯之子”）的雇佣兵袭击了西西里东部，并占领了墨西拿（Messina）城。罗马人和迦太基人都没有明显的理由干涉这场冲突，但当他们被卷进来后，战争就升级了。面对地中海的头号海上强国，罗马人匆忙建立了海军，俘获一艘迦太基船只用来模仿。罗马的水手在陆地上训练，直到在安全的陆地上掌握了划船技巧后才下海。

三次布匿战争共历时约120年。战争结束时，罗马人已经取代迦太基人成为地中海的主宰，他们不仅统治着被征服的迦太基，还控制了科西嘉、撒丁岛、西西里和希腊的大片土地。罗马人的势力范围从西班牙一直延伸到罗德岛。

在帝国向东部扩张的过程中，罗马人使用了结盟策略。元老院很快同意与爱琴海地区的较小国家结盟，后者正受到马其顿或塞琉古帝国（Seleucid Empire）的威胁。和布匿战争中一样，结盟很快引发了战争。公元前200—公元前189年，为了保护自己的盟友，罗马人在希腊和近东发起了一系列小规模战争，对手是马其顿人和塞琉古人。在此过程中，他们通过缔约和征服慢慢扩大了对希腊化地区诸邦的影响。公元前146年，罗马把马其顿变成了自己的一个行省。公元前133年，随着帕加马（Pergamum）末代国王将王国托付给罗马，帝国获得了第二个东方行省。

直到取得上述胜利后，罗马才可以名正言顺地自称帝国。

随着罗马快速扩张为全球性强国，诞生于公元前2世纪那场暴动中的共和体制已经不再适合。涌入罗马城的财富加剧了贵族与平民、富人与穷人间挥之不去的紧张。政治动荡成了家常便饭，并给贵族对国家的控制带来了挑战。

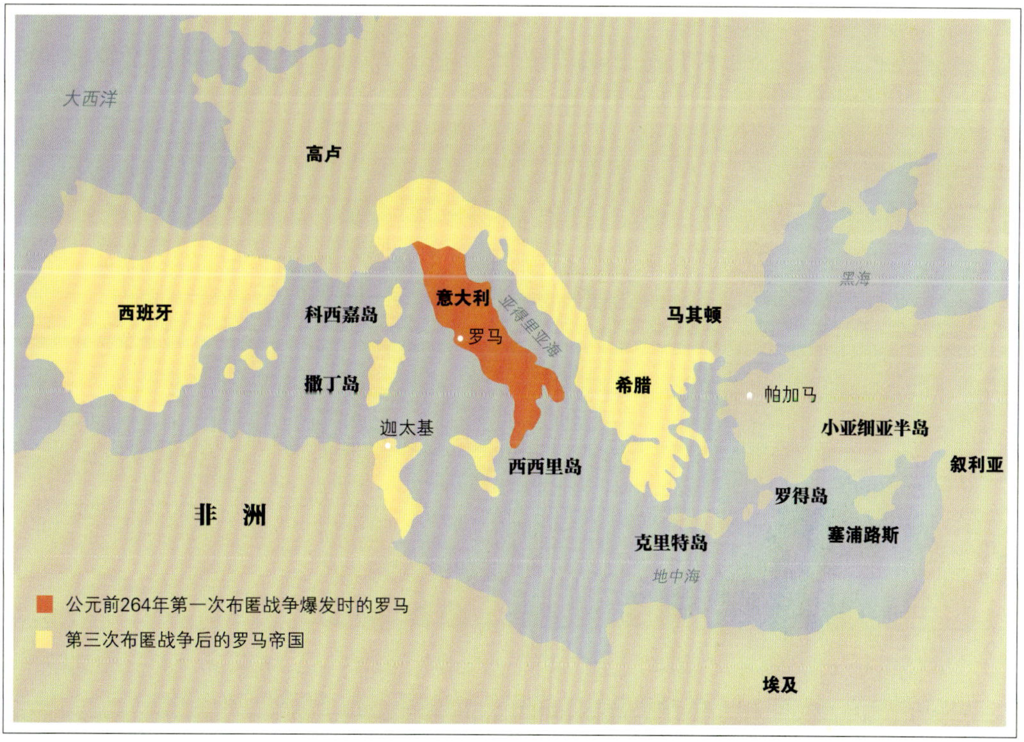

布匿战争前和第三次布匿战争后的罗马疆域

罗马混凝土的秘密

沸腾的火山喷出了来自地壳的岩浆，在火山的残骸中，罗马人找到了人造建筑的关键配料。

火山有时会摧毁罗马人的建筑，但他们的许多混凝土建筑经过两千年仍然状况良好，这要得益于配方中加入了火山灰。

现代混凝土由各种配比的水、石灰、沙子和集料（小石块或石子）组成。工程师称上述材料的配比为“配比设计”，不同的项目需要不同的配比设计。罗马混凝土的配比设计不包括沙子或集料，罗马建筑师使用的是来自波佐拉山（Mount Pozzola）周边地区的白榴火山灰（pozzolana）。

在配比设计中使用火山灰并非罗马与现代混凝土的唯一区别。今天的承包商通常会把液体混凝土灌入模具，并用钢筋加固，这种钢筋称为“增强条”。

罗马石匠并不将混凝土灌入模具，而是采用层层铺设的方法。用水、石灰和白榴火山灰混合而成的泥浆过于浓稠，无法用来浇灌。他们在集料上铺设一层泥浆，手持名为“大槌”（beetle）的特制工具将其砸入集料。增强条的概念闻所未闻，显然也没有必要。即使没有钢筋，罗马的万神庙也同样坚固。

今天，混凝土是世界各地最常用的建筑材料。住宅和办公楼要用到它，河堤要用到它，每天还有数以百万计的车辆时时刻刻从它上面驶过。但很少有人意识到，罗马人当初使用的混凝土要比 20 世纪大多数建筑所用的更加耐久。如果要和罗马的万神殿或斗兽场矗立得一样久，现代建筑需要持续而昂贵的维护。

令人吃惊的是，随着罗马帝国的灭亡，生产混凝土的秘密失传了超过千年。直到 19 世纪末，混凝土才重新开始在世界各地广泛使用。

罗马万神殿自公元 126 年完工起沿用至今，其拱顶仍是世界上最大的未采用加固措施的混凝土拱顶

最早的超级城市

尽管早期试验过民主共和国制度，但罗马最为人所知的还是其作为帝国的成功。同样重要的是这两个时期留下的技术创新和建筑记录，它们让罗马成了世界上最早的超级城市。

罗马人建造水道，为大城市以及某些小城镇和工业区供水。罗马城的供水来自 11 条水道，共历时约 500 年建成。这些设施不仅提供饮用水，也是罗马大量的公共浴室和喷泉的水源。水道还把用过的污水排入阴沟，顺便将废物冲走。

最早的罗马水道是共和国时期的阿皮亚水道（Aqua Appia），建成于公元前 312 年。公元 41 年，克劳迪乌斯（Claudius）皇帝登基后，要求扩建原有水道。其中最大的一条后来被称为克劳迪乌斯水道（Aqua Claudia），在工程上带来了极大的挑战。首先，克劳迪乌斯水道的水源位于城外约 30 英里处。从水源到目的地需要经过一系列山丘和山谷。更麻烦的是，水道还必须保持精确的梯度（通常是每英里仅下降几英尺），以保证水不会溢出或干涸。令人称奇的是，罗马水道中的水流完全依靠重力驱动。

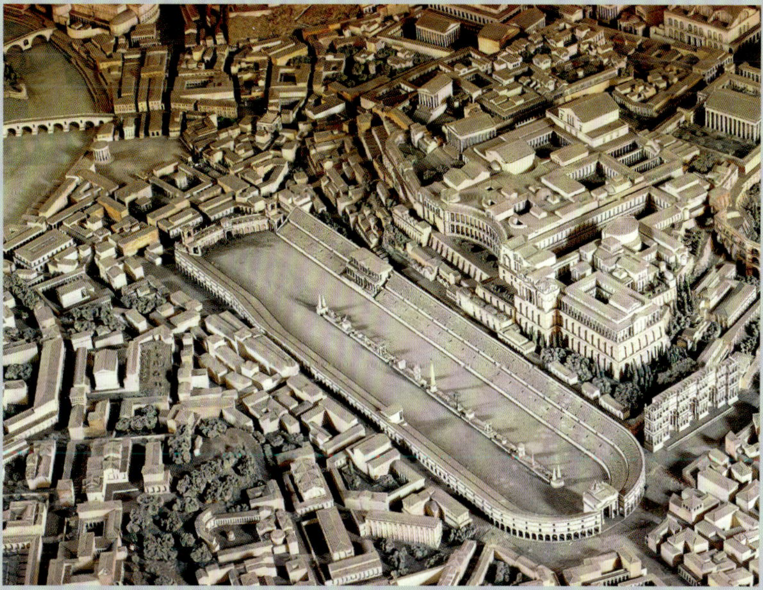

古罗马城模型，前景中的大竞技场是马车比赛的举办地

数以百计的奴隶、技术工人和自由民不知疲倦地建成了克劳迪乌斯水道，所用工具按今天的标准看堪称原始，却完成了里程碑式的精确工程。除了石制水道，罗马人还修建了多得多的露天水渠：这些在地上开挖的运河通常筑有黏土河堤。露天水渠比石制工程廉价得多，但同样需要细致的勘探，以保证水流的稳定和通畅。

基础建设是罗马文明成功的关键。罗马人建立了庞大的道路网络和给排水系统，并使用标准化的度量衡和货币。以公元 1 世纪的这条罗马水道所展现的出色工程水准为模板，我们不断建立更大更高的超级城市，至今仍在加利福尼亚和阿布扎比这样相距遥远的地方效法罗马人的原创设计。

最早的挑战者来自制度内部。公元前 133 年，贵族出身的保民官提比略·格拉古（Tiberius Gracchus）通过法律，计划将公共土地重新分配给穷人——但反对该法律的一群元老院元老杀害了他。十年后，他的哥哥盖乌斯（Gaius）当选保民官，着手重新实施提比略的土地法，并准备创立政党挑战元老院的势力。他同样死在了一群元老院元老及其门客的手中。

格拉古兄弟死后，罗马人分裂成了两派：格拉古兄弟的残余支持者称为“平民派”，而元老院的支持者称为“显贵派”。罗马人民两次陷入内战，法制也日益沦丧。

公元前 59 年，罗马三巨头庞培（Pompey）、克拉苏（Crassus）和恺撒共同掌权，组成了前三巨头同盟（First Triumvirate）。但三巨头同盟的建立完全无法治愈罗马宪政的伤口。随后，庞培、恺撒和马克·安东尼（Mark Antony）依次掌权，让罗马人又遭受了长达二十年的内战浩劫。

公元前 31 年，随着恺撒的养子屋大维（Octavian）掌权（后成为罗马的首位皇帝），罗马人民终于迎来了和平。与先辈恺撒和后辈乔治·华盛顿一样，屋大维拒绝了国王的头衔。他自诩为罗马宪法的捍卫者。最初，他的职务和头衔只是对共和国时期的传统加以修改。后来，人们改用新词来描绘他的职位。屋大维开始使用“大将军 / 皇帝”（Imperator）作为头衔，这个词原来是军队献给凯旋将领的临时荣誉。公元前 27 年，元老院投票授予其“奥古斯都”（Augustus）的称号，意为“尊贵的”。

在奥古斯都的统治下，新兴罗马帝国控制的土地翻了一番。罗马军队（一部分由新皇帝亲自率领）在西班牙北部、阿尔卑斯山、多瑙河、日耳曼地区、埃塞俄比亚、亚美尼亚和阿拉伯都展开过军事行动。军队征服了新的行省，并扩张了旧有行省的边界。虽然有罗马帝国的力量作为后盾，军团有时仍会遭受失败，特别是在日耳曼地区。公元 9 年，当地部落的一次暴动消灭了罗马占领军。

极盛时期的罗马帝国疆域从不列颠延伸到叙利亚，中间偶尔有些空缺和未征服的地区。不列颠的锡和银，西班牙的橄榄油，埃及的小麦，非洲的狮子和希腊的智术师，纷纷涌入罗马。商人和士兵随身带着希腊的文化和罗马的工程技术。测绘者按照网格化方案建设新的罗马城市，为水道、桥梁、公共浴室和圆形剧场留下了位置，这些都是用混凝土建造的，外立面覆盖砖块。

连接帝国的是超过 5 万英里的坚实路面，这是罗马最壮观和最持久的成就。道路由专业测绘者划定，并由经过特殊训练的兵团建造。它们尽可能保持直线，并带有一定的坡度以便排水。根据各地可用材料的不同，道路大多由木头、碎石和沙子组成多层地基，然后铺上紧实的石块或砾石。道路两边是未铺设过的步行小道。主要道路每隔一定的距离安装界标，显示与下一座城市的距离。在欧洲的许多地方，罗马道路直到 17 世纪仍在使用。

奥古斯都皇帝的统治开创了地中海东部

乃至整个帝国长达200年的和平时期，史称“罗马和平”（Pax Romana）。和平的基础是罗马的军事力量，奥古斯都在位期间第一次有了常设的专业军队。军队建立了著名的罗马道路，并负责沿途的安全。军人们巡查盗匪，护送官员出行，并负责征税。

尽管拥有从西欧到美索不达米亚的广袤疆域，但此时的罗马帝国仍然对位于远东的另一个可与媲美的大帝国汉朝的规模和发达文化一无所知。这种情况将很快改变。

罗马官方早就听说过关于一个名为中国（Sinae 或 Thinae）的远东大国的传言。这个遥远的国家其实就是汉朝，一个在疆域和人口上都能与罗马匹敌的强大政权。公元70年，一位罗马作者写道：“前往中国很不容易，很少有人从那里来。”

在汉史的记录中，公元166年来到中国的首批罗马人是罗马国主的官方使节。事实上，最早受邀访问中国的罗马人是一些野心勃勃的商人，他们设法混进汉朝宫廷，希望在进口丝绸和其他东方珍宝时获得优待。

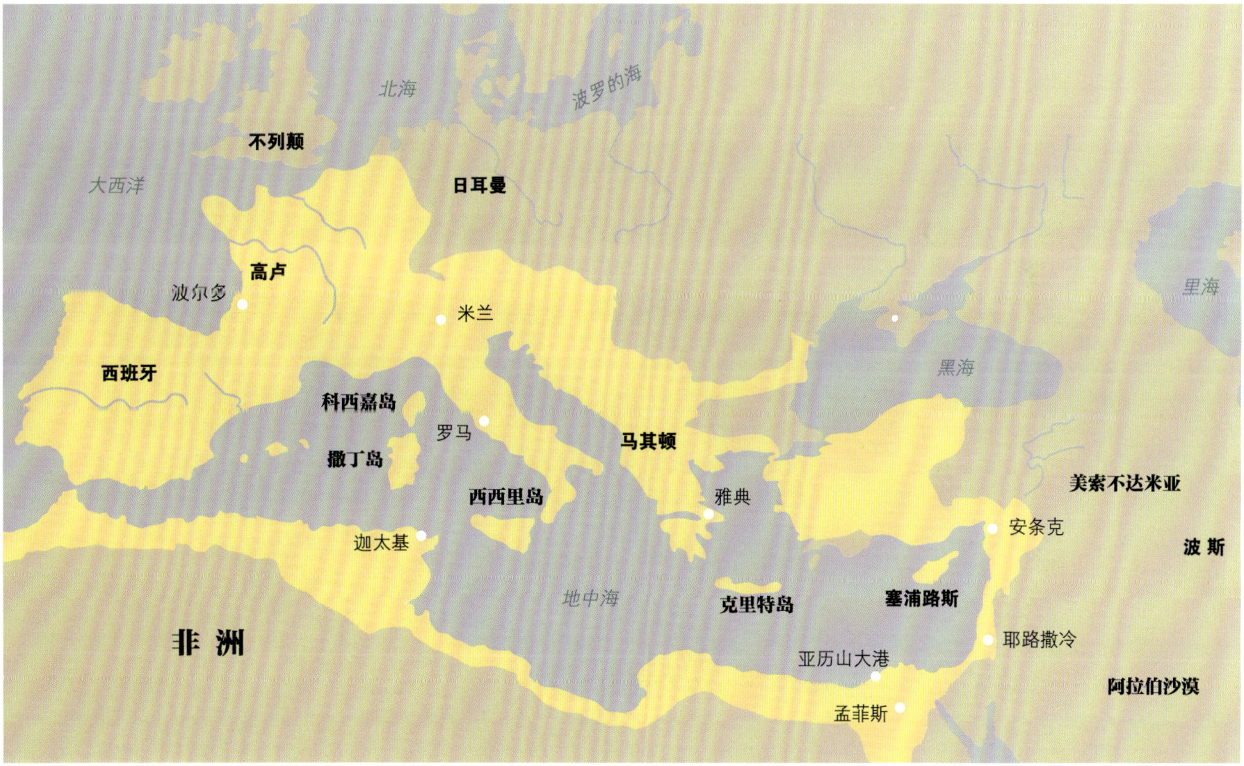

奥古斯都治下的罗马帝国（约公元14年）

罗马商人

一队罗马商人驾船经由马来西亚抵达越南。他们试图通过中间人与汉王朝沟通，但经过几个月的等待，商人们开始对此行失去了信心。一些人提出应该及时止损，带着从东南亚其他港口购得的货物返回罗马。当桓帝的使者最终到来并让他们加入准备前往帝都洛阳皇宫的队伍时，罗马人既很高兴，又感到惴惴不安。他们听说，面见皇帝时需要奉上昂贵的外交礼物。罗马人没有准备这样的礼物，经过一阵手忙脚乱，他们最终决定奉上象牙、犀角和玳瑁等沿途购得的货物。

在皇家卫队的护送下，他们经陆路前往汉朝帝都，旅程持续了好多天。由于罗马人对将要走过的地方或距离全无概念，所以沿途的风景对他们而言只是奇异而壮丽。一到洛阳，商人们就坐着马车穿过熙熙攘攘的街道。中国奇特的建筑及路边商贩和店铺销售的商品令他们惊讶，包括各种颜色的精美丝绸，还有从未见过或品尝过的异域农产品。

罗马商人被带到皇宫面圣，世界上两个最强帝国的人第一次面对面地处在了同一空间里。罗马人距离皇帝仅几英尺，他们被命令谦卑地拜伏在石头地面上进献礼物。他们照做了，但觉得很不舒服。皇帝接受了罗马人的礼物，表面上没有流露出失望之情。事实上，桓帝觉得商人们的礼物过于寒酸，与传闻中他们所代表的那个大帝国的财富与力量全不相称。但他并不怀疑中间人的话，后者将这些人描绘成罗马的官方代表。皇帝知道，与罗马建立友好关系是明智的。因此，他对脚下的那堆不值钱的东西表示感谢，仿佛那是罗马的金币、玉石和琥珀——在当天离开皇宫时，来访的商人自己也是一头雾水。

罗马商船满载最好的中国丝绸和香料离开了汉朝，此行是全球贸易和外交的一次历史性突破。但即便如此，鉴于从罗马到汉朝需要经过 5000 英里艰难的陆地或海上旅程，在可预见的未来，联系东西方贸易的游牧民族中间人将不会消失。

安息人

安息人（Parthians）的作战方式与罗马军团遇到过的任何敌人都不相同。与他们的波斯祖先一样，安息人的军队大多是骑兵，既包括身着重甲（中世纪盔甲的原型）的重骑兵，也包括更重要的轻骑兵弓箭手。轻骑兵弓箭手以闪击战术闻名，被称为“安息回马箭”——他们快速冲向敌人，射击后立刻掉头撤退。

上：这块墓砖上描绘了一位勇士正在射出“安息回马箭”

下：贸易广告卡片上描绘的“安息回马箭”

事实上，连接中国及其近东和西方贸易伙伴的丝绸之路从来就不是单一的。商人们通过多条路线穿过中亚的各个小王国。其中一条路线从中亚的绿洲出发，经过阿富汗到达克什米尔和印度北部。其他路线翻越高加索山脉前往欧亚大草原，穿过伊朗高原或叙利亚沙漠后抵达地中海。从苏萨到萨第斯的大流士皇家驿道成了穿越安纳托利亚前往美索不达米亚富饶城市的主要贸易路线。

安息人与他们的继承者——萨珊人（Sassanians）和中亚的伊斯兰王国——事实上封锁了中国和西方的直接贸易。中国和罗马人可能会抱怨说，安息人不允许其他王国的商人经过他们控制的那段路线。

公元前 53 年，作为罗马的执政官三巨头之一和新的叙利亚行省的总督，马库斯·克拉苏率领 7 个罗马军团跨过幼发拉底河向安息帝国进军，希望能取得像另外两巨头（庞培和恺撒）那样的军事成就。安息军队在卡雷（Carrhae）城外向克拉苏军发起攻击。安息人展开了刺绣旗帜，普鲁塔克（Plutarch）形容其“闪耀着金子和丝绸的光芒”。第一次看到丝绸的罗马人感到不知所措，于是纷纷溃逃。

无论罗马人是在卡雷还是通过近东的正常贸易渠道初识丝绸，丝绸马上就开始风靡起来。卡雷战败后不到五十年，罗马元老院就通过禁奢令，禁止男性穿着丝绸。但这些法令遭到无视，对丝绸的需求与日俱增。

罗马人愿意用一磅黄金交换一磅未纺过的丝线，但罗马与中国的贸易并不完全是单向的。罗马人从中国进口丝绸、肉桂和漆器，返回东方的商队则把羊毛和棉纺织品、珊瑚、珍珠、琥珀和彩色玻璃带到中国。

罗马的批评家抱怨丝绸对罗马的道德和贸易平衡产生了不利影响。博物学家和哲人老普林尼（Pliny the Elder）估计，罗马每年因丝绸贸易损失 4500 万塞斯特斯（约合 2550 亿美元）。

根据中国传说，蚕丝的发现者是黄帝的妻子西陵氏——黄帝是半神话的中国皇帝，在公元前 3000 年左右统治着中国。一天，在宫中花园散步时，皇后从桑树的叶片上摘下了一个白色蚕茧。她在喝茶时不小心把蚕茧掉进了滚烫的茶水中。等她把它捞出来时，蚕茧已经散开变成了长长的白丝。这个故事大致描绘了蚕丝的加工方式。

蚕是世界上唯一一种被驯化的蛾子“蚕蛾”（Bombyx mori）的幼虫。它最喜欢的食物是白桑树的宽大叶片。时间对丝绸生产至关重要。虫卵被低温保存 6 到 10 个月，直至桑树叶片开始萌发。人们用切得很细的桑叶

连接帝国的是超过 5 万英里的坚实路面，这是罗马最壮观和最持久的成就。道路由专业测绘者划定，并由经过特殊训练的兵团建造。

喂食刚孵出的幼蚕，在35天的时间里，它们每天要吃下相当于自身体重20倍的食物，并蜕皮4次。这个阶段结束时，蚕虫的体重比刚孵化时增加1万倍。

成熟后的蚕被放在竹架子上，开始吐丝作茧。为获得新的蚕卵，要让一些蚕茧羽化成蛾。大部分蚕茧经过熏蒸或被投入沸水，以便杀死蚕蛹和融化黏结蚕茧的黏液。蚕茧软化后，内部连续的长丝就会松开。

在整个亚洲都有人用蚕蛾羽化后的蚕茧上被咬断的短纤维制作野蚕丝。但只有中国人知道如何驯化蚕蛾，并将蚕茧纤维纺成丝线。他们严守着如何驯蚕和从蚕茧获得长纤维的秘密。出口蚕虫、蚕卵或桑树种子都是死罪。出口成品比输出生产方法的利润更高。

需要多少蚕虫？

一只蚕茧可以拉出近1英里的连续蚕丝。

需要9根这样的蚕丝才能纺成1根14旦尼尔的丝线，每3万英尺重半盎司。

生产半磅重的蚕丝需要60棵桑树和2000到3000条蚕。

蚕丝柔软而光滑，但也很坚韧。单根蚕丝纤维与同样直径的某些类钢丝具有相同的抗拉强度。制作成丝线后，抗拉强度更高。如果保存得当，丝织品的保存时间几乎可以和金属一样久。

耶稣基督生活前后的那几个世纪是政治帝国的繁荣时期。人们依靠前所未有的军事力量、新技术和东西方国家间的繁荣贸易攫取权力。当这些财富集中到领袖手中时，最高权力就成了他的囊中之物。

当西方文明理解了耶稣基督的审判和死亡的意义时，在他生前统治世界的两大帝国将分崩离析。许多年后，人类还将看到，狂热宗教信仰的力量可以与任何世俗国王相抗衡。但在拿撒勒人耶稣生前，人们并不清楚这些。

基督教的福音书是我们关于耶稣基督生平的最佳素材，根据福音书的描述，耶稣生活在希律大王统治的犹大王国。希律消灭了马卡比家族最后的犹大国王，于公元前37年作为罗马的代理人登上王位。从奥古斯都下令对所有罗马帝国的公民征税到耶稣被钉上十字架而死（这是罗马人处死罪犯、政治煽动者和奴隶的方式），罗马都是耶稣故事中的一股活跃力量。

耶稣在自己死后的岁月里先后改变了罗马帝国和整个世界，当时的罗马官方记录能告诉我们关于他生平的哪些信息呢？什么都没有，只有史学家苏维托尼乌斯（Suetonius）和塔西佗（Tacitus）在多年后提到，一个名叫克雷斯托斯（Chrestus）的人要对犹太社群的骚乱负责。

《圣经》中记述的耶稣基督被逮捕、审判、折磨和钉十字架处决的过程称为“受难”（Passion，源于拉丁语的“受苦”）。每年复活节那周的星期五，这个故事就会在世界各地

的教堂中被讲述，它也出现在受难剧和清唱剧中。十四站苦路（Stations of the Cross）象征了受难过程中经历的十四件事，首先是耶稣作为叛国者被审判时，人群“钉他十字架！”的呼喊。受难表演还重现了罗马犹太行省总督本丢·彼拉多（Pontius Pilate）宣布耶稣有罪和他被判钉十字架的时刻。然后刻画耶稣被戴上荆棘冠冕，受伤后被迫背负着用来钉他的十字架穿过耶路撒冷的街道，沿途见到了母亲玛利亚，并跌倒在地。

《圣经》提到，人群中有人目睹了跌倒在地的耶稣挣扎着爬起来，这位年轻犹太人就是古利奈人西门（Simon of Cyrene）。

西门看见两名妇人跪下，用布擦拭耶稣沾满尘土和鲜血的脸，他认为她们是耶稣的追随者。前方不远处，押送耶稣的罗马士兵喝令妇人退开，要求耶稣必须站起来继续前进。看到耶稣过于虚弱无法自己爬起来后，士兵们把目瞪口呆的西门拖出人群，让他代为背负十字架。

西门和耶稣缓步并肩前行，他注意到了人群中的鲜明反差：嘲笑耶稣的人投来鄙夷的目光，而相信耶稣是救世主的人脸上则现出爱和痛苦，他们相信他是回到大地上帮助选民走出压迫的上帝本人。

耶稣在途中又摔倒了一次，西门必须再次将他扶起，然后继续朝加略山（Mount Calvary）前进。抵达各各他（Golgotha）后，西门被推到一边，见证了耶稣所受的更多羞辱和痛苦。他首先被扒光衣服，然后钉在了他和西门背来的十字架上。士兵们在耶稣头部上方放了一块牌子，上面写着“犹太人的王”，随即把他的十字架树到另外两个钉着普通罪犯的十字架中间。

除那两名妇人之外，旁观者大多离开，而西门却留了下来，目睹罗马士兵走到十字架边检视耶稣是否已死。他们扎他的肋部，确定断气后命人将尸体取下埋葬。

震惊而悲伤的古利奈人西门沿着他和耶稣同来的道路往回而行，走下了加略山。

对现代世界的21亿基督徒而言，上述景象反映了他们的核心信仰，即基督在罗马人和犹太人手中遭受的痛苦为人类赎了罪，无论是在耶稣死去之时还是两千年后的今天。在1世纪的犹太领袖和当地的罗马行省长官看来，耶稣的教义和日益提高的人气对犹大的稳定构成了威胁。

在犹太教还是福音信仰的时代，基督教最初看起来只是另一个犹太教派。新的教派最初在中东和地中海的犹太社群中间传播。公元60年，使徒保罗离开了基督教的犹太根

圣地，圣战

耶稣死后，基督教又在罗马统治下经过了4个世纪的发展，随后开始了与另外两大亚伯拉罕宗教——犹太教和伊斯兰教——长达千年的冲突。到了21世纪初，世界人口的约54%（38亿）自认为是亚伯拉罕宗教的信徒。它们都是一神教，将上帝视为超验的造物主和道德律法的源头。它们的神圣叙事中也有许多共同的历史人物和事件，虽然意义经常有所不同。耶稣死后的两千年人类历史显示，我们都义无反顾地将自己的宗教信仰同它们的诞生地联系起来，这是许多长期冲突的源头——信仰还被政治领袖利用，民众的宗教信仰成了权力的杠杆。

据地，开始在罗马帝国的希腊城市建立新的教会。他利用罗马人的道路网络在城市间往来，并通过帝国邮政体系与先前的教会保持联系。我们对基督教如何传播知之甚少，但显然它很快就吸引了越来越多的热情皈依者。

到了1世纪中叶，罗马本土的基督教社群也开始日益壮大。基督教最初吸引的主要是弱势者，如女性、奴隶和城市贫民。到了公元200年，这种新的信仰开始有了少数富有的信徒，并日渐引起官方的注意，这是教徒们不愿看到的。

罗马人由多民族组成，承认多种神祇和

宗教。罗马公民或者罗马盟邦的公民可以崇拜任何神祇，只要他参与将皇帝尊为神的国家崇拜。基督徒谴责国家崇拜是偶像崇拜，拒绝尊皇帝为神，这种立场被视为叛国。拒绝者被当作国家公敌，并遭到迫害。基督徒被带到罗马法官面前，要求在皇帝雕像面前焚香。接受者将获释，拒绝从命者则经常会遭到折磨和处死。

对基督徒的第一次官方镇压发生在公元64年的大火后，尼禄（Nero）试图把罗马被毁归咎于这些不受欢迎的少数派。此后，关于基督徒习俗的疯狂谣言传遍了整个帝国：他们用婴儿献祭，在仪式上吃人肉，并举行乱伦性质的集体狂欢（反讽的是，基督徒后来将散布一些同样的谣言来污蔑犹太人和被谣传为女巫的女性）。官方迫害一波接一波，在戴克里先（Diocletian）统治的最后岁月达到高潮。

公元203年的迦太基是罗马统治下的一座繁荣城市（位于今天的突尼斯）。当地和帝国其他地方的罗马人都崇拜多位男女神祇，朱庇特（Jupiter）和狄安娜（Diana）是其中最受欢迎的。生活在迦太基的耶稣基督教义的信奉者们不得不对自己的信仰和基督教崇拜仪式保密，以防被逮捕并遭受折磨和死亡。

他们中有一位名叫维比亚·佩蓓图（Vibia Perpetua）的妇人，根据包括她的日记在内的历史记录，她是“一位出身体面、受过良好

《信仰的胜利——尼禄时期（公元65年）的基督教殉道者》，
欧仁·罗曼·提利翁（Eugène Romain Thirion，1839—1910）绘制

佩蓓图与菲莉西达

在和奴隶菲莉西达（Felicity）一起等待自己命运的痛苦日子里，佩蓓图试图理解自己的遭遇。她在日记中写道，自己在梦里顺着梯子登上了天堂。梯子上方是她的兄弟萨图鲁斯（Saturus，在她之前被处决）。抵达天堂时，佩蓓图受到一名白衣人的欢迎，后者向她致意，并奉上了食物。她描绘了所吃之饼的甜美，认为这是自己将为基督教信仰受难的永恒象征。

> 他抬起头看我，并对我说："女儿，欢迎你。"然后他呼唤我，从正在制作的奶酪中掐了一块，仿佛那是一小块饼。我双手捧着接受了它；当我品尝它时，周围的所有人都说了"阿门"。他们的声音把我惊醒，口中仍然留有难以名状的甜蜜。我马上把这告诉了兄弟，我们明白这意味着受难，从此我们对此世再不抱任何希望。

经过了这场梦，佩蓓图继续拒绝家人让她放弃信仰的请求。佩蓓图知道自己将接受审判，并有机会通过放弃信仰来获得自由。在审判前，家人在探监时试图说服她放弃信仰以避免死刑。佩蓓图拒绝了，她说："不。我只能称自己为基督徒。"几天后，佩蓓图和菲莉西达被扔到野牛面前，遭踩踏和牛角戳刺而死。

教育的公民，家中有父母和两位兄弟，其中一位和她一样也是领洗者（指从传教者那里接受了基督教的原则，有受洗意向），还有一个正在哺乳的婴儿”。

佩蓓图在迦太基的一处秘密崇拜所祈祷时被捕，当时她身边还有奴隶菲莉西达（Felicity）和她出生不久的婴儿。佩蓓图在日记中描绘了被带进地牢后的恐惧。在炎热拥挤的监狱中，她最担心的是自己的孩子。

罗马帝国基督徒的最后命运与罗马的政治权力斗争联系在一起。公元312年，作为未来的罗马皇帝，已经掌握了不列颠、高卢和西班牙的君士坦丁（Constantine）率军南下，与马克森提乌斯（Maxentius）争夺意大利和非洲的控制权。根据基督教的传说，君士坦丁在途中看见太阳上出现了十字架形象和“以此为记，汝当获胜”（In hoc signo vinces）的字样。在前往罗马和战场时，他命令军兵在盾牌上刻上十字标记。

虽然敌人的数量至少是己方的两倍，君士坦丁还是在罗马城外的米尔维安桥（Milvian Bridge）赢得了与马克森提乌斯决战的胜利。他把这场胜利归功于十字架的力量。

几个月后，君士坦丁与东部罗马的皇帝李锡尼（Licinius）共同颁布了《米兰敕令》，保证基督徒有权不受迫害地奉行自己的宗教。

直到337年临终时，君士坦丁才正式皈依基督教。他没有把基督教变成罗马帝国的国教（这项决定是由狄奥多西一世 [Theodosius I] 在380年做出的，但经常被归到君士坦丁头上）。但他的确自命为基督教的公开和慷慨的庇护者，这种宗教仅仅几年前还因为官方迫害而几乎转入地下。在君士坦丁的统治期间，罗马建成了宏伟的老圣彼得大教堂。罗马的主教开始向现代教皇转型，得到了大片赠地和一处皇家宫殿作为主教居所。作为新首都的君士坦丁堡是一座基督教特色鲜明的城市。君士坦丁甚至派母亲海伦娜（Helena）前往耶路撒冷恢复该城昔日的荣光。海伦娜拆毁了哈德良（Hadrian）皇帝建在所罗门圣殿遗址之上的哈德良神庙。她还在耶稣生平的各处遗迹建起了圣所和教堂，把耶路撒冷打造成了基督徒的朝觐之地。

罗马和平没能一直持续下去。公元3世纪中叶，罗马帝国自上而下开始崩溃。公元235年到284年间，26位或多或少合法的统治者和40名篡位者先后加冕为罗马皇帝。他们大多无法胜任，除两人外都未能善终。最短命的统治者仅维持了三个月。经常有相互竞争的多个皇帝同时存在。剩下的唯一稳定力量是罗马的军队，在将军们的命令下拥立和废黜皇帝。

在地球的另一端，汉朝仍然留有帝位，但再无立国早期的那些先帝的权势。公元2世纪中叶，一系列娃娃皇帝登上了宝座。每名娃娃皇帝的登基都会引发派系争斗和宫廷阴谋，宦官和外戚为争夺权力展开了角力。220年，最后的汉朝皇帝被废黜，帝国分成了三个独立国家，史称三国。

虽然权力之巅陷入混乱，但丝绸之路仍然通畅。拜占庭和后来的西欧各王国先后取代罗马，成了中国奢侈品的市场。

13 世纪时，随着成吉思汗和蒙古人建立起包括中国、中亚、中东和东欧大片土地在内的庞大帝国，丝绸之路沿线贸易进入了黄金时期。

今天，古代丝绸之路再度投入使用，它是连接中国和中亚的原苏联成员国之间繁忙的贸易走廊的一部分。满载电子产品和成熟蜜瓜的卡车驶过的道路，当年曾经走过携带着丝绸和琥珀的骆驼商队。

在铁器时代，人们看到并实现了驯服一种来自地下深处的金属的可能，用它推翻和建立了伟大的帝国。人民力量的降临未能带来繁荣的民主，而是让少数人掌握了对庞大土地和人口的绝对权力，使得战火在陆地和海洋上蔓延开来。

人类历史上的这个时期还显示，如果人愿意为了理念或信仰而死，历史将会变得更加动荡。发端于铁器时代的分歧和矛盾将势头不减。对于 5 世纪和以后的人来说，随着武器和军队可以控制其所及范围内的一切，旧帝国的毁灭将带来更大更可怕的王朝。当东方开始兴起并进入了一个新的启蒙时代，一场文明的大冲突即将开始。

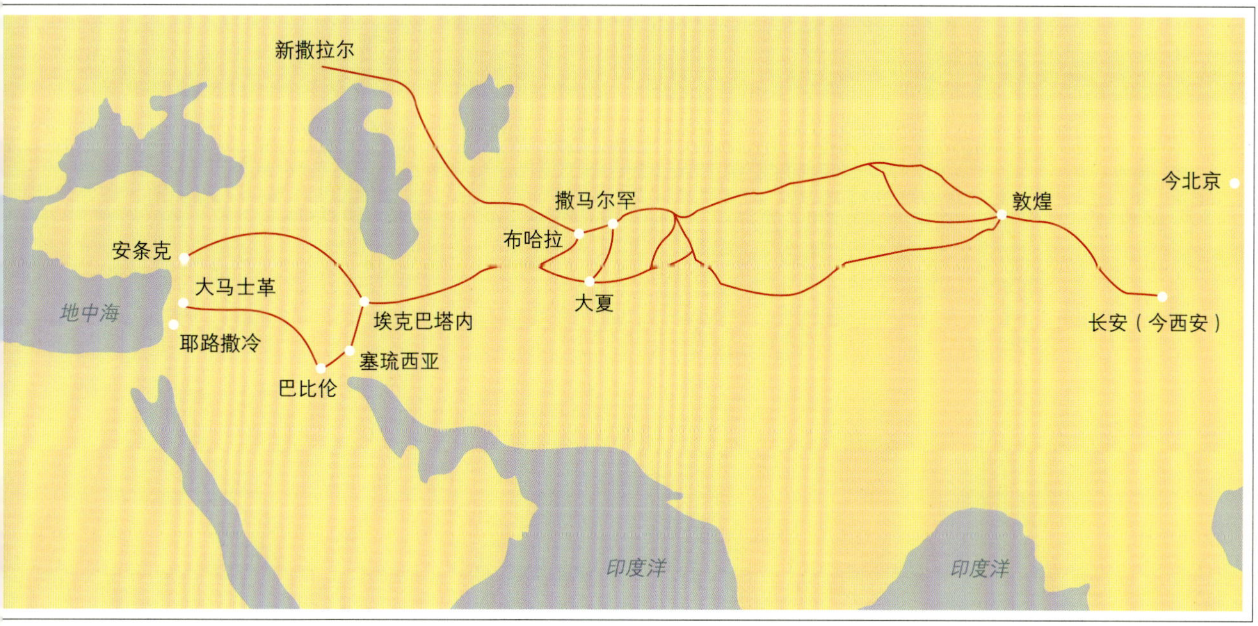

丝绸之路地图

4

东方如何拯救西方

公元455年，在经过几个世纪的衰败以及西哥特人和匈人（Huns）的攻击后，彼时人类文明最伟大的都市罗马遭受了致命一击。

汪达尔人洗劫了城市，他们绑架了皇后，将城中建筑变成废墟——只是得益于汪达尔国王盖塞里克（Gaiseric）和教皇列奥一世（Leo I）达成的协议，罗马最重要的教堂免遭入侵者的涂炭。哲学、历史、科学、管道技术和文学都消失在废墟中，取而代之的是早期罗马教会的应许和诗歌。取代帝国的是数十个小王国，它们围绕大地主和部落首领建立，这些人即便不能保证安全，也能提供防卫。罗马人引以为豪的道路仍然存在，但旅行变得非常危险。这个时期被称为“黑暗时代”。

虽然欧洲陷入了黑暗时代，对东方的土地和人民而言，文明正经历着蓬勃发展。东罗马帝国的首都拜占庭仍然屹立不倒。穆罕默德率领“信徒之军”穿越阿拉伯沙漠，利用皈依和征服相结合的巧妙手法传播伊斯兰教——阿拉伯的金矿对此做出了重要贡献。

在中世纪于13世纪结束前，胸甲上饰有十字的西方骑士军队将与穆斯林军队展开厮杀，把巴勒斯坦变成血腥的战场。他们的交锋既拉开了文明间持续多个世纪的冲突的序幕，也将为东西方的知识和商业交流埋下种子。

左：十字军为财宝和荣耀劫掠巴勒斯坦城市，教皇敕令赦免了他们的罪行

上：匈人、西哥特人和汪达尔人入侵路线图

公元 410 年，西哥特王阿拉里克（Alaric）率军袭击了罗马人。除了本部落，他的军队还吸收了数以千计的其他蛮族部落成员和逃亡奴隶。

罗马士兵军容整齐，穿着胸甲和皮裙，并用织物条保护大腿，西哥特人与之形成了鲜明反差。这些蛮族身上涂有颜料。他们留着长长的头发和胡须，涂上油后编成在罗马人看来非常怪异的形状。他们的腿上包裹着别扭的紧腿短裤（Braccae）。与罗马兵团的有序队列相比，他们全无队列，而是像乌合之众般前进。他们非常肮脏，散发出动物油脂和未清洗皮革的臭味。他们还长相可怖。

阿拉里克和他的蛮族军队此前曾两次包围罗马。罗马的元老院每次都靠赎金让他们撤兵。最近的一次让罗马城付出了 5000 磅黄金、3 万磅白银、4000 件精美的丝袍、3000 块染成绯红色的皮革和 3000 磅来自印度的珍贵香料。这次，元老院同样派出两名使者与对方交涉，用罗马的军力威胁蛮族之王。

阿拉里克耸了耸肩，表示“草越茂密，割起来就更容易”。

使者们并不惊讶。他们必须像以前那样支付赎金。唯一的问题是这次的价码是什么。对方的回答令人难以置信。阿拉里克想要得到城中所有的金银和有价值的东西，包括全部蛮族奴隶。

使者们目瞪口呆，问道：“那我们还剩下什么？”

阿拉里克顿了顿，然后露出了狼一般的笑容。他说：“你们的命。”

罗马是逐步衰亡的。

公元 235 年到 284 年，一系列无能的统治者和篡位军人占据了皇位，面对来自北部和西部的日耳曼部落以及新崛起的波斯萨珊王朝的威胁，他们无力维系帝国的统一。戴克里先将罗马帝国分成了四个半独立的区域，“四帝共治”暂时遏制了衰退之势。但从长期来看，这种做法让情况变得更糟，导致帝国分裂成东西两个部分。以君士坦丁堡为首都的东部帝国拥有全部财富，它的皇帝们将资源集中到东部边界，用以防御强大的萨珊波斯人。在西部，罗马陷入了腐败、管理不利和蛮族部落的泥沼中。

神话般的罗马军队既是抵御蛮族的力量，

蛮族

谁是蛮族？今天，我们用这个词表示“没文化的粗人”——这两个词同样有待定义。古希腊人、中华帝国和罗马人对蛮族的定义要具体得多。

希腊人和中国给所有不说希腊语或汉语的人都贴上了蛮族的标签。对希腊人而言，罗马人也是蛮族，无论罗马贵族雇用多少希腊奴隶作为老师。

罗马人从希腊人那里借用了这个词，将其意义改为所有生活在罗马统治范围之外的人。他们将帝国描绘成世界的中心，周围环绕着蛮族。距离罗马越远，人就越野蛮。

阿拉里克王和西哥特人劫掠罗马（细部）

爱尔兰保留了火种

与英格兰不同，爱尔兰从未成为罗马帝国的一部分。公元 432 年前后，当第一位基督教传教士圣帕特里克从英格兰来到这里后，爱尔兰人接受了基督教，但没有接受罗马天主教的组织框架。他们没有建立以罗马主教为首的主教等级结构，而是效法近东的沙漠圣徒，在荒野和偏远之地设立修道院。

获得了信仰和学问后，爱尔兰基督徒把自己的修道院变成了知识和传教热情的摇篮。他们派出的僧侣先后前往不列颠北部和欧洲大陆，劝导异教徒皈依，并设立修道院。

传教者需要福音书抄本，修道院需要图书馆。于是，从 7 世纪开始，抄写文本成了爱尔兰修道院及其姊妹机构的重要活动。它们最早抄写的是福音书，但很快也开始抄写任何可以找到的文本，包括古罗马文学，可敬的比德（Venerable Bede）和塞维利亚的伊西铎（Isidore of Seville）的作品，以及他们本民族的文学。今天，在爱尔兰的修道院中完成的抄本成了我们最主要的古罗马和不列颠文学素材。

公元 800 年左右，随着查理曼的崛起，欧洲的文化中心从爱尔兰转移到了法兰克，但爱尔兰的地位并未降低。根据查理曼的秘书和传记作者的说法，皇帝“很喜欢这些游方的小僧侣”。不列颠岛的博学僧侣不再需要劝导异教徒统治者皈依基督教，而是帮助促成了“加洛林文艺复兴”（Carolingian Renaissance），迈出离开黑暗时代的第一步。

也是皇帝的潜在威胁。从公元 1 世纪的维斯帕先（Vespasian）时代开始，新皇帝一直来自军方，他们曾受军队的拥戴，但最终又被军队推翻。军队像半驯化的野兽一样需要喂食。按时满足军队的需要成了政府的动力。

当蛮族开始越过罗马边境时，他们被视作麻烦而非威胁。罗马人将其看成全副武装的迁徙部落，而不是有组织的入侵。蛮族的涓涓细流逐渐渗透到了罗马社会的肌理中。他们是到罗马城市寻找工作的工匠，应征加入罗马兵团的战士，以及接受了罗马生活方式的部落首领。到了公元 4 世纪中叶，许多罗马将军都来自日耳曼部落。东哥特王狄奥多里克（Theodoric）如此总结这个过程：“有才干的哥特人希望像罗马人那样；只有贫穷的罗马人才想要像哥特人那样。”

410 年，西哥特人劫掠了罗马，帝国的生活从此变得越来越不稳定。452 年，阿提拉（Attila）率领的匈人几乎未遇抵抗地横扫了意大利半岛，最终击退他们的是不是罗马兵团，而是疟疾和饥荒。

三年后，汪达尔完成对罗马的毁灭，造成了比西哥特人更大的破坏。

罗马沦亡于汪达尔人之手后，大地主们开始无视皇帝的敕令，将罗马曾经引以为豪的大型公共建筑变成了教堂和私人堡垒的采石场。曾经连接帝国两端的坚实道路上经常有土匪出没。负责边境保卫和公路巡逻的皇家纠察开始向旅行者索要保护费。大量自由人被蛮族俘虏并沦为奴隶，在被大地主赎身

罗马陷落

《汪达尔人劫掠罗马》，根据 1865 年海因里希·罗伊特曼（Heinrich Leutemann）的绘画刻制

汪达尔人的舰队像预料中的那样抵达了台伯河口，消息传来，佩特罗尼乌斯·马克西姆斯（Petronius Maximus）皇帝的宫殿内外都陷入了恐慌。在皇后李锡尼娅·欧多克西娅（Licinia Eudoxia）看来，丈夫的逃跑企图反映了他一贯的怯懦。目睹他在宫门外被一群愤怒的同胞用石头砸死并未令皇后感到悲伤。欧多克西娅站在窗口，麻木地看着丈夫的头颅和身体其他部分被割下。然后，在街上传来的罗马人

的怒吼声中，她快步回到了内室。

皇后意识到自己没有多少选择，越发担心自己以及两个女儿欧多基娅（Eudocia）和普拉基蒂娅（Placidia）的安危。她曾写信给汪达尔王盖塞里克，请他帮助推翻佩特罗尼乌斯皇帝——这个人杀害了先皇，并强娶了她。现在，她开始后悔试图与盖塞里克结盟。

皇后把女儿们召集到身边，在乔装打扮后，三人带着两名宫廷侍卫，乘坐简陋的马车离开皇宫。欧多克西娅希望找到等候的船只，离开罗马逃往北方。经过伪装的皇室成员成功骗过了罗马暴徒，抵达了码头。但他们没能逃出汪达尔王的掌心，后者的舰队此时已经包围了这座城市。汪达尔士兵正在穿过街道，抢夺任何他们中意的人和物品。

当欧多克西娅同样落入盖塞里克之手时，她不得不无助地看着汪达尔人的军队对罗马展开劫掠，他们推倒建筑，抢走城中的金币，还剥下了雕塑、教堂祭坛和天花板上装饰的黄金。当盖塞里克的船再也装不下更多的罗马财宝后，他扬帆起航，带着皇后和公主们返回迦太基。他娶皇后为妻，把大公主欧多基娅嫁给了儿子和继承者胡内里克（Huneric）。

实现了长久以来与罗马皇室联姻的愿望后，盖塞里克自封为欧洲和非洲的统治者。他的继承者将统治北非直到 534 年，这在那个动荡的时代算得上长命王朝了。

后又成为其庄园里的奴隶。罗马城本身先后被皇帝和任何有能力离开的人抛弃，遭到了蛮族甚至罗马公民自己的洗劫。

这场暴力几乎摧毁了西方文明的基础，但在东方，它并未延缓人类走向现代的步伐。凭借着金矿和银矿带来的财富，阿拉伯和美索不达米亚的民族正在建立而非摧毁文明，他们的科学和数学成就将引领人类进入未来。

公元 762 年 7 月 30 日，阿拔斯王朝的第二任哈里发阿尔-曼苏尔（al-Mansur）站在幼发拉底河畔，看着正在建设中的新首都——巴格达。

哈里发对细节和成本都斤斤计较。阿尔-曼苏尔的臣民们因为习惯了刚被推翻的倭马亚王朝的挥金如土，有时会称曼苏尔为“零钱之父”，因为他会清点所有的零钱。这对他而言很正常。他出身贫寒，知道清点零钱的人才有钱完成重要工程。他的重要工程就是新首都。

阿尔-曼苏尔决定，自己的新都将与世界上的任何其他城市都不同。他寻觅了将近十年才找到新都的理想选址，也就是底格里斯河与幼发拉底河非常接近地方，城市将位于两河间的空隙中。

与 19 世纪 90 年代的巴黎类似，巴格达是一块文化磁石。文明世界各地的科学家、诗人、学者和艺术家纷纷来到阿拔斯王朝的“团城”定居。最重要的是，巴格达拥有图书馆。在支持学术的官方政策的鼓励下，巴格达的学者们开始收集来自帝国各个角落的文学、哲学和科学作品（据说，作为与拜占庭和约的一部分，阿尔-曼苏尔的一位继承者要求获得一份托勒密《天文学大成》[*Hè Megalè Syntaxis*] 的抄本）。

收集和翻译伊斯兰世界各地的抄本需要工作间、抄写员和储存空间。在哈里发们的财政支持下，大量学者加入了翻译局、皇家图书馆、藏书处和观测台——统称为“智慧宫”（the House of Wisdom）。赞助学术成了政治晋升的途径。野心勃勃的贵族创建了自己的图书馆，许多还对公众开放。到了 9 世纪，“文具商街”上已经开设了一百多家书店和纸店。

围绕着智慧宫出现了一批学者和他们的学生。8 世纪到 10 世纪的阿拔斯王朝学者在鼓励知识的文化氛围中工作，他们不仅抄录和翻译了希腊、波斯和印度的古典学术作品，还对其加以改造，推动了数学、地理、天文和医学知识的发展。

阿拉伯科学的核心科目是天文、地理和数学，这些都与伊斯兰教的礼拜要求息息相关。为了精确计算每天的五次祈祷和斋月的时间，穆斯林学者创造了越来越复杂的天文观测方法。利用来自天文学和数学等新学科的工具，他们

这场暴力几乎摧毁了西方文明的基础，但在东方，它并未延缓人类走向现代的步伐。

巴格达的诞生

阿拉伯哈里发阿尔-曼苏尔向宫廷中三位最好的占星术士（分别是阿拉伯人、波斯人和犹太人）请教，让他们占算出团城的最佳开工日期。他决心以团城为首都，这就是后来的巴格达。现在，工程即将开始。

在阿尔-曼苏尔的要求下，建造者使用欧几里得（哈里发最喜欢的希腊几何学家）的方法，将城墙设计成完美的圆形。他们首先用灰标出圆圈，然后放上浸过石脑油的棉籽。棉籽被点燃后，火焰在地上烧出了团城的轮廓。旁观的哈里发感叹道："真主啊！我要一辈子住在里面，它还将成为我后代们的家。它无疑会成为世界上最繁荣的城市。"

阿尔-曼苏尔的新都俗称团城，建造历时五年：庞大的宫殿建筑群被1英里长的砖墙包围，墙高95英尺，厚145英尺。建成二十年后，它已经是世界上最大的城市，人口超过100万，包括阿拉伯穆斯林和基督徒、非阿拉伯穆斯林、犹太人、琐罗亚斯德教徒和萨比教徒，偶尔还有来自印度的印度教徒。来自帝国各个角落（从西班牙到撒马尔罕）的人流和商品纷纷涌入城中。环绕着内城的完美圆周出现了日益混乱的商人和工匠聚居区。各行各业都有自己的街道，如布料商人、水果贩子、皮匠、香水加工者、面包师甚至书商。当时的一位阿拉伯地理学家宣称，城中有6000条街道，3万座清真寺和1万间澡堂。

可以在帝国内的任何地方确定麦加的方位。

伊斯兰黄金时代的穆斯林学者达到了远远超过伊斯兰教祈祷实际需要的成就。9 世纪时，巴格达的学者可以根据天文数据测量地球，精确度在 20 世纪前一直无与伦比。他们还开始研究如何在二维地图上呈现地球球形表面的难题。穆斯林炼金术士发展和优化的炼制过程是近代化学的基础，包括蒸馏、结晶、还原和过滤。穆斯林医生准确地描绘了视觉机制和眼睛的解剖结构，发现了血液在体内循环的方式，发明了有效去除白内障的外科手术技巧。他们确立的测试新药物疗效的规则成了今天临床试验的基础，他们的医学著作直到 17 世纪仍是欧洲的标准教材。

这是几个繁忙的世纪。

伊斯兰黄金时代创造了新的国家、城市和学术科目。伊斯兰文艺复兴的基础是数以千计的奴隶、仆役和囚徒，他们作为矿工从中东沙漠地下的庞大贵金属矿藏中挖出了金、银、铜和铅。这些矿物最初是由流星从外太空带到地球的。7 世纪时，在缺乏可观农业或工业资源的情况下，采矿和金块出口让伊斯兰帝国可以与世界其他地方展开贸易，并为铸造新的伊斯兰货币提供了材料。

挖掘黄金是危险而艰苦的工作。

阿拉伯的金矿迈赫迪宰海卜（Mahd al-Thahab，黄金摇篮）位于麦地那东南 155 英里和麦加东北 170 英里，它们是伊斯兰世界的两大宗教中心。这个金矿至今仍在运转，累计从超过 100 万吨的矿石中提炼了 150 万盎司的黄金。

阿尔-花拉子密 + 算法 = 代数

今天很少有人知道“算法”（algorithm）一词的古老词根，尽管从谷歌搜索引擎到美国航空航天局（NASA）飞船背后的神奇方程都需要用它来描绘。

这个谜解开了。

穆罕默德·伊本·穆萨·阿尔-花拉子密（Muḥammad ibn Mūsā al-Khwārizmī）是现代数学之父。他名字的错误拼法被留在了英语中，那就是“算法”。

我们对阿尔-花拉子密的生平知之甚少。他的名字暗示此人出生在花剌子模（Khwarazm）地区，如今这里是乌兹别克斯坦。有线索表明，他是琐罗亚斯德教信徒，后来可能皈依了伊斯兰教。

花拉子密曾作为学者生活在曼苏尔的巴格达宫廷中，我们对他在此期间的作品非常了解。他把当时所谓的“印度数字”介绍给了伊斯兰世界。他还绘制了一张重要的天文图，让计算太阳、月亮和主要行星的位置成为可能，并可以根据对星辰和太阳的观测确定时间。

阿尔-花拉子密对科学最重要的贡献是一份开创性的数学论著：《还原与对消计算概论》（*al-Kitab al-Mukhtasar fi hisab al-jabr wa'l-muqabala*），通称《代数》（*al-jabr*）。他的论文结合了数学理论与实务，如继承、财产分割、土地测量和运河挖掘。他还是四次方程和数学字谜的发明者。他的一些字谜成了经典，这意味着它们在几个世纪后仍在给学生造成痛苦。

阿拉伯的矿井

贾马尔（Jamal）是北非一位年近 30 岁的奴隶，晨号声把他从矿工营房的睡垫上惊醒。他快速梳洗完毕，跪下做起了晨祷。吃过简单的早饭，他拿起灯笼和镐，与其他矿工一同前往距离营房 200 码之外的矿井。在矿道的入口，人们排成一列。和过去十年间的每个早晨一样，在准备进入迈赫迪宰海卜矿井前，贾马尔点燃灯笼，检查灯油是否充足。他将在矿井下一直待到太阳下山。

在矿井口，贾马尔看见了矿主，这是当地夸拉西（Quarashi）部落的一位头面人物，人称阿尔-哈贾吉（al-Hajjaj）。当阿尔-哈贾吉命令工人们加快速度，并指向了两条矿道中更新那条的入口时，贾马尔把目光转向了另一边。他感到背上升起了一阵寒意，心想："好像我们不知道要进哪条矿道似的。"对矿工而言，新矿道更加危险，因为首先要敲碎岩石和清理碎石，然后才能用镐开凿新的矿脉，看看能否找到金块。

贾马尔率领队伍来到了地下 50 米处，这是他们昨天停下的位置。

他举起镐，试图凿松前方低矮矿道顶部的一块岩石，他对同一条缝隙敲凿几个小时，将松脱的石块交给身后的人，后者再交给另一人，经过层层传递最终装上队伍末尾的马车。石块传上地面后，会有人检查里面是否含有黄金。

突然，贾马尔听见身后传来岩石塌方的可怕声音，然后是被闷住的惊呼。他的镐挥出一半就僵住了。随着更多的石块落下，贾马尔趴在了地上，双手抱头，祈祷塌方结束，或者死亡早点到来。坠石扬起的尘土开始散去，矿道里再次安静下来，贾马尔意识到自己还活着，孤零零地被塌陷的碎石困在了矿道内侧。他叫了几声，但没有回应。

贾马尔开始艰难地搬走将自己和矿道唯一出口隔开的石块，他不知道有多少石块落下。他不清楚自己是不是塌方的唯一幸存者，或者唯一的受害者。贾马尔告诉自己不要多想，集中精神搬动石块，并庆幸还有灯笼可用。他从最不危险的石块开始，将它们一一搬开，缓慢而细致地工作着。

当足够多的松动石块被清理后，贾马尔挺着腰抬起了一块人脑袋大小的石头，发现它比其他的更重。贾马尔扭过身子准备把它扔到背后，他把石头翻了个个儿，正要放到地上，突然有了把它拿到眼前细看的想法。一开始还不相信，但把灯笼挪近些后，他吃惊地发现碎开

的矿石深处埋着闪亮的金块。还不是高兴的时候，贾马尔想到自己可能无法活着庆祝这个重要发现了——这是新矿道找到的第一块较大的黄金。他再次呼喊求救，希望能有人听到。但回应他的仍是沉寂。贾马尔没了精神。疲劳而绝望的他躺在了矿井的地上，灯油耗尽，他陷入了彻底的黑暗中。

在塌方矿道的另一边，其他矿工正忙着搬走部分被埋工友脚上和身上的石块。掉下的石块和被埋的人如此之多，贾马尔的情况看起来不妙。

日光下，矿井口聚集了一大群观望和等待被困矿工消息的人。矿主阿尔-哈贾吉指挥救援队将矿工一一从井下抬出，有痛苦挣扎的活人，也有担架上的死者。

终于，最后一名矿工被救援者抬到了地面上。这是贾马尔，他全身都是灰尘和汗水，但微笑着举起了藏有金块的矿石。人群中的其他矿工发出了呐喊和欢呼。

第二天破晓，另一位矿工用骆驼载着贾马尔发现的金块前往迈赫迪宰海卜的炼金场。贾马尔对自己的发现感到骄傲，再一次站到矿工队伍的最前端，准备重新进入昨天他被救出的那条矿道。

公元750年，经过一系列血腥的战斗，阿布·阿尔-阿拔斯（Abu al-Abbas）的军队击败了倭马亚王朝最后的哈里发。一位新的哈里发和一个新的王朝占据了大马士革的宝座。

与阿尔-阿拔斯处境相同的某些人可能会对老王朝的余党展开追杀，保证没有继承者威胁王位。但新的哈里发却邀请倭马亚王朝的残存成员赴宴。在阿拔斯家族位于大马士革的宫殿里，客人们起初紧张地坐在铺着靠垫的长椅上。仆人们在房间里穿梭，献上香料烹制的精美肉食、蜜饯椰枣和新鲜的柑橘。他们还不顾先知的禁令，为客人斟上葡萄酒。技艺高超的奴隶们在旁边演奏弹布尔（tambur）为宴会助兴。倭马亚族人慢慢放松下来，开始享受阿拔斯的热情款待。他们没有注意到有人偷偷发出了信号。

突然，仆人们脱去长袍，露出了里面的甲胄。有人发出尖叫。倭马亚人跳了起来。一些人向门口逃去，但门被堵住了。另一些人竭尽全力地抵抗，但手无寸铁的他们面对的是身着盔甲的士兵。

一位还不满20岁的年轻倭马亚王子阿卜杜·阿尔-拉赫曼（Abd al-Rahman）在屠杀中幸免于难。他穿过北非沙漠，逃往今天的西班牙——那里是伊斯兰帝国最新、最遥远和最不受重视的省份。五年后，阿尔-拉赫曼终于实现了目标，以倭马亚王朝的名义推翻了当地总督。

阿卜杜·阿尔-拉赫曼逃出大马士革

阿卜杜·阿尔-拉赫曼和他的弟弟一起逃脱了阿拔斯的屠杀。阿尔-拉赫曼后来回忆道：

> 我们和原奴隶巴德尔（Badr）一起来到幼发拉底河畔，遇到了一个承诺把马和其他必需品卖给我们的人；但在我们等待的时候，他却派奴隶去给阿拔斯的军官送信。然后，我们听到有军队逼近农舍；我们赶紧离开，躲进了幼发拉底河畔的花园里，但他们步步紧逼。我们先一步跳进了幼发拉底河。他们赶到河边后开始高喊："回来吧！你们不要害怕。"但我和弟弟越游越远。

阿尔-拉赫曼游过了河。他的弟弟被抓住并杀害。

西班牙在40年前就成了伊斯兰帝国的一部分，北非的穆斯林入侵者击败了当地最后的西哥特人统治者。公元720年，穆斯林已经征服了伊比利亚半岛的大部分地区。只有东北部狭窄的荒凉乡野还掌握在一些基督教小王国的手中，那里非常蛮荒，连罗马人都不曾将其完全降服。穆斯林征服者称自己占领的地区为安达卢斯（al-Andalus），意为汪达尔人的土地，并定都罗马古城科尔多瓦（Córdoba）。按照大马士革的倭马亚家族哈里发统治下的庞大伊斯兰帝国的标准，这个新省是贫穷、落后和没有吸引力的，就像中世纪欧洲的其他地方。

阿卜杜·阿尔-拉赫曼和他的倭马亚家族继承者把伊斯兰世界的先进技术、文化和商业带到了安达卢斯。这片昔日的贫穷土地在他们的统治下开始繁荣起来。阿拉伯人可以最大程度地利用沙漠中稀缺的资源，这种技术被穆斯林引入了半干旱的伊比利亚半岛。堤坝和灌溉体系并非唯一的改变。穆斯林带来的新作物将改变欧洲人的食谱，包括大米、蔗糖、柑橘、柠檬、菠菜、甜瓜和茄子。到了10世纪，阿拉伯人的农业革命已经将西班牙变成了欧洲最富有和食品最丰富的地区。

更高产的土地让更多的工人搬到城市，成为专业工匠。很快，西班牙的奢侈品开始销往整个伊斯兰世界，包括塞维利亚的乐器、科尔多瓦的皮革制品和托莱多的钢制武器。随着穆斯林西班牙变得日益繁荣，当地城市也成了奢华、财富、宽容和知识的绿洲。

阿卜杜·阿尔-拉赫曼的继承者们有意创造一座在对艺术和科学的追求上能与巴格达媲美的城市。他们积极地雇用学者、诗人、音乐家和画家，用诱人的酬劳吸引他们离开阿拔斯王朝舒适的大都市，前往蛮荒的西部省份西班牙。他们派代理人前往伊斯兰世界的古城，购买重要书籍的抄本。他们还资助图书馆、医院和研究机构。仅皇家图书馆就拥有40万册藏书，而同时期基督教欧洲最大图书馆的目录上只列有640本藏书。到了10世纪阿卜杜·阿

世界上最早的飞行家

公元875年。65岁的科学家阿巴斯·伊本·费纳斯（Abbas Ibn Firnas）坐在贴有羽毛的木头框架里从科尔多瓦的鲁萨法（Rusafa）宫屋顶一跃而下。他花费许多个小时观察飞行中的鸟，然后设计了悬挂式滑翔机。他依靠气流滑翔了几分钟，成功地调节了高度并把方向对准了着陆目的地。滑翔非常成功，但降落却很糟糕。伊本·费纳斯砰然落地，身受重伤。被人从滑翔机残骸中拖出来后，他表示自己对鸟类使用尾羽的方式观察不够细致；如果给滑翔机加上类似尾巴的部件，他本可以平安无事。

阿巴斯·伊本·费纳斯在西方不太知名，但在阿拉伯语世界被尊为最早的飞行家。一座月球上的环形山和巴格达的机场都以他命名。

尔-拉赫曼三世统治时期，本笃会修女罗西塔（Rosita）将该地区的首府科尔多瓦描述为“世界的珍宝……富饶而著名，以享乐闻名，一切都光芒四射，特别是七条智慧之河”。

就像1999年所展现的，千禧年的来临会让人们变得非常紧张。公元999年，许多欧洲基督徒相信，世界将在几个月后灭亡。欧洲各地都有末日预兆的报告，比如日食、血雨和维京人的袭击。在这片恐慌中，即将成为教皇思维二世（Sylvester II）的拉文纳（Ravenna）大主教欧里亚克的格尔伯特（Gerbert d'Aurillac）正坐在书桌旁，写信回复朋友——乌德勒支主教阿达尔博尔德（Adalbold）的紧急请求：“在我寄给你的这些几何图形中有一个等边三角形，每边长30英尺，高26英尺，根据底边乘高，它的面积是390平方英尺。”

教皇思维二世

世界末日可以先等等，如何计算三角形的面积更重要——也更困难。

10世纪中叶，好奇的欧洲人开始获悉“阿拉伯学术”（Studia Arabum）的传言。

但从对象和内容来看，教育仍然非常有限。查理曼改革创造的修道院和主教座堂学校旨在培养青少年为教会服务，管理大型庄园，或者为教会管理大型庄园。在这个甚至连许多贵族都是文盲的时代，阅读、数学和用罗马数字就能完成的简短算术被视作高不可攀的学术成就。在理论上，高年级学生将学习古典世界的博雅七艺，即语法、修辞和逻辑学组成的“前三艺”以及算术、几何、天文和音乐组成的“后四艺”。但事实上，当格尔伯特在公元967年想要继续学业时，法国无人有资格教授后四艺。如果想要学习更多的东西，他只能前往“七条智慧之河”自由流淌的西班牙。

为数不多的欧洲学者前往西班牙和西西里学习数学和天文学等“黑魔法”，后来被称为“科学家教皇”的格尔伯特是其中最早和最著名的。和巴格达人一样，他最初感兴趣的也是这两个学科。格尔伯特试图将阿拉伯数字和代数带回欧洲（他的努力却被指责为施行“萨拉森人的魔法”）。一百年后，巴思的安德拉德（Adelard of Bath）继承了他的事业，将欧几里得的《几何原本》译成拉丁语，还撰写论文介绍如何使用星盘和伊本·费纳斯版本的阿尔-花拉子密天文图表。

欧洲人尝试研究“阿拉伯学术”的最初努力受到了挫折。格尔伯特和他的朋友们受困于最简单的几何问题。安德拉德翻译的《几何原本》使用了70多处阿拉伯文转写，因为拉丁语中没有词汇可用来表示这些概念。直到1085年，随着基督教君主阿方索六世（Alfonso VI）从穆斯林手中夺回了托莱多（Toledo），欧洲人才真正开始了解阿拉伯的学术。在“智者阿方索”的统治下，该城成了一所非正式翻译学校的中心，类似9世纪的巴格达。到了13世纪，从希腊语和阿拉伯语翻译成拉丁语的作品开始进入牛津和巴黎的新大学。

英国哲人和数学家罗杰·培根（Roger Bacon）总结了东方人在欧洲黑暗时代延续文明火种的贡献，他写道：“哲学来自穆斯林。”

公元793年6月8日。在过去的一百多年里，圣库特伯特（Saint Cuthbert）修道院一直是知识的圣地。这里也是宝库。华丽的尖顶小教堂中陈列着闪闪发光的黄金十字和主教杖。图书馆中满是泥金抄本。墙上装饰着挂毯。

修道院位于英格兰东海岸附近的沉积岛林迪斯法恩（Lindisfarne），那里的居民没有像不列颠岛其他地方一样时常卷入地方首领的争斗。当三艘奇怪的船只直接在海滩登陆时，人们只是感到好奇。突然，船上涌出了成群的武士，暴力开始了。僧侣和村民试图守住定居点，但被入侵者击退。入侵者劫掠了民宅和宗教建筑，对食物和财宝都不放过。他们抢走了牲畜，还俘虏人口，以便索取赎金或将其贩卖为奴。英国教士阿尔昆（Alcuin）表示，维京人“让圣库特伯特的教堂洒满了上帝的神父的鲜血，并夺走了教堂所有的装饰品”。劫掠者的离去和到来一样迅速，让岛上剩余的居民陷入了惊恐。

黑暗时代不再那么黑暗……伊斯兰教带领西方走上了文艺复兴的道路，促成了近代科学的兴起。

对林迪斯法恩的袭击拉开了“维京时代”的序幕。8世纪的某个时候，斯堪的纳维亚的诺斯人（Norse）开始制造轻便快捷的船只，这些船只使用帆或桨驱动，既能在开阔海面上航行，也能沿河流进入内陆。很快，维京海盗开始骚扰欧洲沿海地区。他们首先打劫的是沿海或通航河流入海口附近无保护的定居点。

大多数诺斯人是农民、工匠和商人，但每年春天，其中的一部分人会变成海盗，他们劫掠修道院，焚烧村子，杀死男人，俘虏女子，亵渎教堂。不列颠岛上的富有修道院是理想的目标。当地的基督教祷文中加入了特别的祈祷："主啊，求你救我们脱离北欧人的愤怒。"但无济于事。

出其不意是诺斯人劫掠的关键。凭借着船只的速度和灵活性，他们的袭击难以阻挡。《乌尔斯特编年史》(*Annals of Ulster*) 的匿名作者将袭击比喻成大西洋上的风暴："大海朝爱尔兰喷出了如潮的外邦人，所有的港口、码头、要塞、堡垒和城堡都消失了，淹没在维京人和海盗的波涛下。"

9 世纪 30 年代，维京人的劫掠发生了改变。他们不再袭击孤立的修道院，而是展开更大规模的远征，并建立了名为"船营"的驻营地，作为发动更多袭击的基地。这些驻营地后来发展成了定居点。海盗和当地的国王联姻，参与当地的政治斗争，逐渐从维京人变成了希伯诺-诺斯人（Hiberno-Norse）、诺曼人（Normans）和罗斯人（Rus'）。

挪威的维京人在爱尔兰安全的东海岸建立了港口要塞：先是都柏林，然后是安纳格森（Annagassan）、维克斯福德（Wexford）、沃特福德（Waterford）和科克（Cork）。它们最初只是诺斯人冬天的驻营地，整顿船只以便来年再次进犯英格兰和法兰克。后来，这些港口要塞成了手工业者和工业的永久贸易中心。843—862 年间，从爱尔兰出发的挪威人劫掠了法国港口南特（Nantes），并沿卢瓦尔河谷（Loire Valley）而上，于 9 世纪 50 年代来到西班牙。他们最远抵达北非，绑架了两名皇族女子，并成功获得大笔赎金。

丹麦人把注意力集中在英格兰。从 835 年开始，他们在泰晤士河沿岸建立了一系列要塞基地。在随后的 30 年间，他们从那里发动了更为猛烈的陆上攻势。到了 9 世纪末，从约克郡北部到泰晤士河的英格兰人都已经生活在丹麦人的统治之下。和挪威人一样，丹麦人也把劫掠活动扩大到了英吉利海峡对岸，开始在塞纳河下游定居。911 年，丹麦人的首领罗洛（Rollo）与法兰克国王傻瓜查理（Charles the Simple）签订条约。罗洛成为查理的封臣，作为交换，他得到了诺斯特里亚公国（Neustria，今天的诺曼底）。罗洛皈依基督教，受洗后改名罗伯特（Robert）。他的维京勇士成了诺曼人，后来在 1066 年的黑斯廷斯（Hastings）战役中击败了英格兰的丹麦统治者。

瑞典人则选择东进，他们先是在波罗的海经商，然后征服了俄罗斯。858 年，一位名叫鲁里克（Rurik）的酋长建立了新的俄罗斯邦国，定都基辅。鲁里克率领的维京人被称为罗斯人，第聂伯河（River Dnieper）成了他们前往拜占庭的贸易路径（从 860 年开始，他们还顺着该河定期向君士坦丁堡发动进攻，但以失败告终）。经由伏尔加河，他们还抵达了里海，从而成为东西方贸易网络的一部分，出售毛皮和奴隶并购入中国的丝绸。

一位名叫艾哈迈德·伊本·法德兰（Ahmad Ibn Fadlan）的人留下了与 10 世纪的罗斯人接触的记录。从巴格达前往喀山（Kazan，位于今天的俄罗斯）的途中，他所在的伊斯兰使团巧遇了维京人。

维京人的葬礼

为了寻找庇护所和给养，包括伊本·法德兰在内的一队虔诚而有教养的阿拉伯人来到了伏尔加河畔的维京人定居点。语言不通的他们竭尽全力介绍自己，表示愿意用阿拉伯钱币交易一些维京人的毛皮。

交易完成后，维京人允许访客在定居点待到暴雪结束。虔诚的穆斯林接受了主人提供的食物，但他们很快对维京人的生活方式产生了反感，认为这些人过于堕落和肮脏，在公共场合也不避讳粗俗的性行为。

最令阿拉伯人震惊的是他们在一位维京酋长葬礼上目睹的奇特仪式——沙漠地区的习俗是在二十四小时内将死者裹上白布下葬，维京人的做法与此截然不同。客人们出于尊重参加了葬礼，他们吃惊地发现，主持仪式的是一名被维京人称作“死亡天使”的女子。

葬礼开始后，女子宣布一名女奴隶自愿为曾经效劳过的酋长殉葬。但在最后的环节到来前，酋长的家人先在地上挖了个浅坑，然后将死者放入坑中并在上面盖了间小木屋，尸体将在那里安放十天。维京人还把各种给养放在酋长的尸体旁，包括烈酒、果实和竖琴。

在随后的十天里，部落瓜分了死者的财产，并缝制了供其火化时穿着的精美服装。伊本·法德兰描绘了完工后的服装。他写道，酋长发黑的尸体“被套上短裤、裹腿和靴子，穿上钉着金纽扣、用金色布料制成的袍子和长袖外套，戴上镶着貂皮边的帽子”。然后，死者被搬上他自己的长舟，靠着甲板上的一堆垫子直立摆放。人们还在旁边摆上死者的武器和动物尸体。

在伊本·法德兰的注视下，女奴隶做好了殉葬准备（他后来对仪式中生动而可怕的细节做了记录）。她首先褪下两只手镯，把它们交给了“死亡天使”。后者抓住她的头，将其拖进了船上支起的帐篷内。六名男性随后进入帐篷，与她发生了性关系，其他维京人则用木条敲打着盾牌。不久，“死亡天使”捆住奴隶的手脚，然后把她刺死。女孩的尸体被放在酋长身边，其他维京人聚集到岸边。酋长的船被点燃并推入伏尔加河。

罗马陷落后，罗马帝国的西半部分堕入了黑暗时代。帝国的东半部分一直延续到 15 世纪中叶。

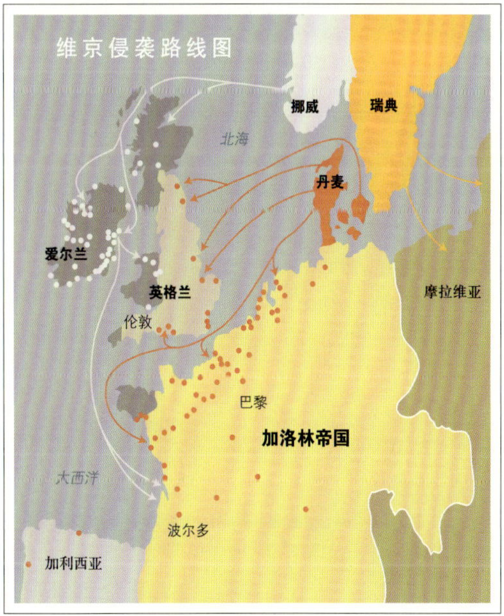

5 世纪时，在芝诺（Zeno）皇帝的统治下，君士坦丁堡接过了罗马作为“世界中心”的衣钵。它保留了罗马的行政结构，但希腊语

龙船

维京人可怕的“龙船”是一种船体狭窄的快船，拥有真正的龙骨，而且吃水较浅。翘起的两端雕刻成恐怖的龙头，“龙船”因此得名。它们可以使用桨或帆在宽阔海面上进行长距离航行。与船体更宽和更深的西欧船只不同，它们可以直接将人员卸载到河口或小岛的沙滩上。“龙船”采用对称设计，船头和船尾完全相同，桅杆位于正中间。这意味着它们可以向任一方向航行，不必转向就能从岸边撤退，离开与登陆一样迅捷，这让维京人的袭击更具闪电战的味道。

波利尼西亚人

波利尼西亚人（Polynesians）在航海技术上与维京人并驾齐驱，甚至可能更为出色。

作为迁徙的第一阶段，波利尼西亚人从新几内亚北岸诸岛出发进入了西太平洋，于公元前 800 年左右抵达汤加和萨摩亚群岛。

公元 1100 年前后，他们再次出发，在远洋上航行了数千英里。他们乘坐一种大型的双体轻舟，大约比维京人的船短 20 英尺。公元 1200 年，他们事实上已经踏上过东太平洋每个可居住的岛屿，包括库克群岛、夏威夷、澳大利亚、拉帕努伊岛（Rapa Nui，即复活节岛）、新西兰和南极附近的岛屿。

拉帕努伊岛（1722 年去到那里的欧洲人称其为复活节岛）的开发和历史留下了许多谜团。复活节岛上残存的少量口述历史和屹立至今的数百座石像（平均高 4.05 米，重 12.5 吨）让它显得更加扑朔迷离。为什么有人建造了这些雕像？在这个没有金属的岛上，它们是如何被开凿和搬运的？考古学家和人类学家倾尽所能回答这些问题，他们的推测通常包括石制工具、绳索、木楔和轨道。

取代拉丁语成为帝国官方的政府和军队用语。在随后的几个世纪里，位于欧洲和近东十字路口的君士坦丁堡一直是不容小觑的力量。从 8 世纪的第一波伊斯兰教扩张潮起，君士坦丁堡开始不断受到攻击。它的军队需要抵抗阿拉伯人、保加利亚人和马扎尔人（Magyar），到了 9 世纪和 11 世纪，对手中又分别多了罗斯维京人和塞尔柱突厥人。

几个世纪的战斗让君士坦丁堡居民精疲力竭，耗尽了这座都城的财富和防卫力量，再也无力抵抗 14 世纪新崛起的奥斯曼土耳其人。到了 1362 年，奥斯曼人已经征服了东罗马帝国的大部分土地，君士坦丁堡成了孤城。1453 年，它最终被奥斯曼人攻占。穆罕默德二世将其改名为伊斯坦布尔，把它变成了蒸蒸日上的奥斯曼帝国的首都。东罗马帝国灭亡了。

早在末日到来前很久，危难中的君士坦丁堡就成了教皇与骑士们的集结号，为他们寻找财宝和寻求控制圣地提供了借口。

1095 年 11 月 27 日。法国、德国和意大利贵族来到法国克莱蒙（Clermont）的大教堂，聆听教皇乌尔班二世（Urban II）的敕令。过于庞大的人群无法进入教堂，只能忍着 11 月的严寒聚集在城市东门外的空地上。人们用大衣紧紧包裹自己，朝手上呵气取暖，希望教皇的发言能让自己不虚此行。

乌尔班开始了出人意料和激情洋溢的布道。基督教世界正处于危险中。突厥人袭击了拜占庭帝国的首都君士坦丁堡，后者甚至现在仍因恐惧而颤抖。基督教的至圣之地掌握在异教徒手中——不，它们已为异教徒破坏。基督徒朝觐者再也不能安全地前往圣地。最后，他号召基督徒停止自相残杀，拿起武器从突厥人手中夺回耶路撒冷的圣墓。

人群陷入了片刻沉寂，然后爆发出了巨大的吼声，城墙边回荡着“这是上帝的旨意！”（Deus le volt!）。

回声平息后，勒普伊（Le Puy）主教阿德玛尔（Adhemar）走上前跪倒在教皇脚边，第一个“领受十字”，这种十字形红色布片将成为东征者的标识。第一次十字军东征开始了。

从公元 637 年起，穆斯林、犹太人和基督徒便在耶路撒冷友好共处。此前从未有人向基督教世界呼救。11 世纪时出现了什么新情况呢？

与罗马帝国的地中海部分相比，基督教在欧洲其他地方的传播速度较慢。在罗马陷落后的几个世纪里，前往欧洲部落传教是危险而吃力不讨好的工作，既可能赢得皈依者，也可能成为殉道者。直到公元 785 年，基督教在日耳曼王国中的影响仍然非常有限。查理曼为此下令，被征服的萨克森人中，任何拒绝接受洗礼者都将被处以死刑。1095 年，欧洲某些地区仍然信奉异教神祇。斯堪的纳维亚人直到 12 世纪才接受了基督教。东斯拉夫人的皈依甚至更晚。立陶宛人是最顽固的，直到 1386 年才终于皈依。不过，尽管异教仍在偏远地区流行，1095 年时的基督教世界已经实实在在地基督教化——掌握在罗马天主教手中。教皇乌尔班二世比前任们拥有更大的政治和属灵权力。

欧洲各地的领袖和征服者积累了财富和权力，但并非每个人都能成为这场游戏的赢家。

欧洲比罗马陷落以来的任何时候都要繁荣。欧洲农业技术的各种小改进共同推动了类似我们在公元前 9 世纪的近东所看到的机制。农产品的富余催生了长期稳定的市场，并逐渐发展成城镇。一些人脱离农业生产成为工匠。城市中开始形成小规模的中产阶级。到了 11 世纪，长期被易物和互惠取代的货币重新进入经济。最富有和最虔诚的欧洲人几个世纪来第一次拥有了钱币，开始踏上了朝觐之旅，目的地包括坎特伯雷、卢尔德（Lourdes）和罗马，当然最重要的还是圣地。他们带回了关于宗教体验、历险和伊斯兰世界财富的故事。

不幸的是，更大规模朝觐活动的兴起正值近东的权力更迭。1071 年，塞尔柱突厥人控制了巴勒斯坦。与该地区之前的伊斯兰教统治者相比，新近皈依伊斯兰教的塞尔柱人并不那么宽容。基督徒朝觐者发现自己处处受到侮辱，并被征收高昂的费用。回国后，他们开始抱怨在异教徒那里的遭遇。

长子继承制减少了国王去世后的继承权

十字之下

在一个炎热多尘的日子里，名叫坦克雷德（Tancred）的年轻欧洲贵族正率领十字军骑士向耶路撒冷发起第一次冲锋。坦克雷德既虔诚又野心勃勃。对坦克雷德和像他一样在“十字之下”作战的骑士而言，耶路撒冷提供了获得名誉和财富的难得机会。现在，坦克雷德有机会名利双收。穿过城门后，坦克雷德的骑士们马上遇到了抵抗，他们展开巷战，身后留下了一具又一具的尸体。

趁着战斗的间隙，坦克雷德把马拉到一边，看着数以百计的穆斯林男女和儿童逃往阿克萨（al-Aqsa）清真寺顶部。目睹此景，坦克雷德叫停了杀戮，将避难者置于自己的保护之下。

当天晚上，坦克雷德跪地祈祷，感谢白天轻易取得的胜利。在强烈信仰感的驱使下，他相信为基督教而死是值得的，如果有必要，甚至值得为它展开杀戮。

天亮后，坦克雷德回到了阿克萨，憧憬着一种不同的杀戮：他准备用前一天俘虏的人质换取高额赎金。当他来到清真寺时却被眼前的景象惊呆了。到处躺着人质们血淋淋的尸体。士兵们杀死了所有他承诺保护的穆斯林！他们违抗了他的命令。如此大规模的抗命威胁到他的权威，他必须采取行动惩罚肇事者。他从士兵中抓出了元凶，下令把他们绑在柱子上。坦克雷德甚至亲自拿起了皮鞭，他的鞭笞包含了对无法获得赎金的愤怒。

纷争，也使一批较小的儿子成了没有土地的贵族。贵族们相信，无地儿子们的合法职业只能是进入教会高层或征战沙场。到了 11 世纪，抵御入侵蛮族的需要已经不复存在。甚至连维京人也已定居下来成为诺曼人，并有了自己的无地贵族。东方的战争为不安分的年轻人提供了机会，让他们可以追逐荣誉和财富，并可能为自己赢得土地。

教皇乌尔班明白这一切，他相信士兵们会响应拿起武器的号召。事实上，“领十字者”中包含所有社会阶层的男女。1096 年春，第一批十字军开始向东进发。他们并非士兵，而是成群的穷人，被称为“平民十字军”。这些人由隐修士彼得（Peter the Hermit）等人率领，他们装备糟糕而且缺乏训练，但对缝在衣服上的红色十字形布片感到骄傲。刚看到这些衣着褴褛的东征者时，穆斯林统治者甚至都没有把他们当成入侵者。穆斯林军队就像对付盗贼那样把他们消灭了。

第二批十字军则完全不同。1097 年，成群的骑士和弓箭手抵达了巴勒斯坦，指挥他们的是经验丰富的职业军官。十字军无情地横扫巴勒斯坦，先后占领了尼西亚（Nicaea）、埃德萨（Edessa）和安条克（Antioch），在乡间劫掠食物和财富。穆斯林统治者忙于内战，无法团结起来抵抗欧洲入侵者。当十字军兵临迈阿赖（Ma'arra，即今天叙利亚的迈阿赖努阿曼 [Ma'arrat al-Numaan]）时，围城者几乎和被围者一样饥饿。十字军向守城者传话，表示如果对方愿意打开城门投降，没有人会受到伤害。但当该城投降时，十字军却展开了疯狂劫掠。目击者埃克斯的阿尔伯特（Albert of Aix）表示："我们的军队不怕去吃突厥人和萨拉森人，而且连狗都吃！"

迈阿赖暴行的传言让十字军的前进相对未受抵抗。1099 年 6 月初，他们抵达了耶路撒冷。这座城市没有马上不战而降。经过 40 天的围困，十字军向耶路撒冷人开出了和迈阿赖相同的条件：投降后将保证他们的安全。令人吃惊的是，耶路撒冷的居民投降了。十字军再次食言，展开了两天的杀戮和劫掠，将割下的头颅、手脚堆在街道上。城中的穆斯林几乎无一幸免。犹太人躲进了犹太大教堂，相信圣所会保护他们；但十字军堵住大门，将该建筑付之一炬。甚至耶路撒冷的基督徒也没有被放过。由于这些人是各种东方教派的成员，十字军宣布他们是异端，没收了他们的财产并将其驱逐。

耶路撒冷从突厥人手中夺回了，但东征并未停止。在随后的二百年间，继续有十字军前往东方，既是为了十字架而战，也是为了攫取财富。一些人在耶路撒冷附近的四个小王国定居下来，它们是第一次十字军东征者建立的。大部分人在圣地征战几年后回归故土，带着异国珠宝、一点阿拉伯金币和教皇的赦免令。

东征经历对欧洲的影响要超过对伊斯兰世界。穆斯林要塞改变了欧洲城堡的建筑方式。与伊斯兰医疗方法的接触把救济所（hospitalia）变成了医院。骑士们带回了对穆斯林奢侈品的爱好。曾经运送十字军的威尼斯商人在穆斯林城市建立小型聚居区，成了东西方贸易新的参与者。随着时间的推移，威尼斯人进口的将不仅是丝绸和香料，也包括知识，如阿拉伯数字、航海技术以及制造精美纺织品、硬肥皂、纸张、陶器和玻璃的技术。

欧洲基督教征服者和守卫巴勒斯坦的穆斯林长达几个世纪的冲突不仅造成了流血。十字军让欧洲人重新开始接触世界其他地区。许多个世纪以来，东西方之间第一次有了观念传播。其中一些非常重要，如阿拉伯科学、数字、代数和球面几何；另一些较不起眼，如象棋、热水澡和餐叉（象棋是唯一快速流行起来的）。

中世纪时与东方的军事、商业和文化接触永远改变了西方。随着阿拉伯人的知识推动了欧洲的文艺复兴，人类共有的求知欲从一种文化来到另一种文化。十字军还为后来圣地的战争埋下了祸根。

不过，历史很快从中亚草原带来了一位新的陌生征服者。对即将肆虐欧亚大陆各个文明中心的蒙古勇士而言，宗教和知识要让位于武力。在成吉思汗的统治下，人类的才智被用到了征服的工具和方法上，造成了史无前例的动荡。

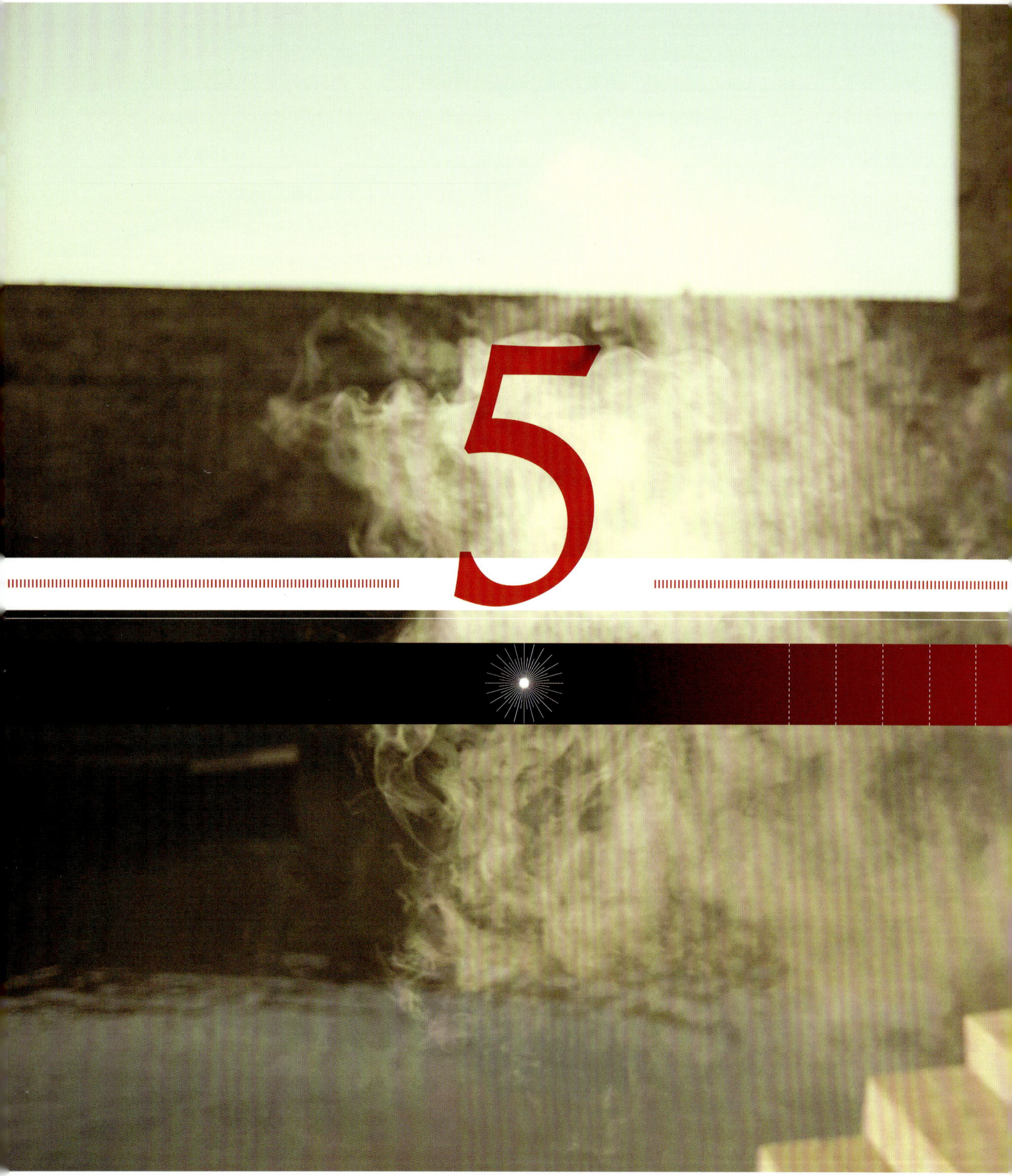

5

瘟疫

12 世纪正在走向尾声。新的世纪的即将来临，东西方的联系比以往的任何时期都要紧密。

思想在各个大洲之间流动，即使是内战和宗教战争也无法阻止欧洲和亚洲间贸易的繁荣。

与此同时，一位非凡的年轻人开始在蒙古社会内部崛起。通过巧妙运思的战略、冷酷无情与个人魅力的结合，他将敌对部落联合起来，创造了武装骑兵的同盟。中亚大草原上出现了“四海之主”。他率领自己的游牧民族军队建立了第一个游牧民族的欧亚帝国。

成吉思汗原名铁木真，他的人生是适者生存法则在人类世界的范例——一位出众的人物战胜不利的自然和人为力量，将人类带进了新时代。作为对地球变暖的回应，成吉思汗率领部族和牲口迁徙东方更葱郁的草地。随后，他将游牧民族的战争技巧和借鉴自定居文化的科技结合起来，创造出一种新的战术，将矮小的蒙古马变成了终极的战争武器。很快，大蒙古国的疆域就涵盖了从中国到地中海的每一寸土地和每一个人。这是有史以来个人征服者缔造的最大帝国，在他死后继续存在了 150 年，而他的后人们建立的各个帝国将再延续 5 个世纪。

左：蒙古统治者成吉思汗，他建立了有史以来个人征服者缔造的最大汗国

上：成吉思汗上台时的蒙古活动范围

在成吉思汗及其继承者的领导下，大蒙古国非常有效地将各片被征服的领土联结了起来。蒙古的和平让东西方的贸易往来获得了新的自由。商品、商人和思想的传播比以往都要自由。不幸的是，老鼠和跳蚤的活动同样如此。

今天，人类相信自己已经主宰了其他所有生物。但对成吉思汗之后的最初几代人而言，这种想法将受到严重动摇：一种几乎看不见的敌人搭上了蒙古人的洲际公路和海上航道的便车，几乎抹去了已知的世界。从亚洲发端的疾病将横扫中东和欧洲，这就是黑死病。它将造成接近一半人口的死亡。人类来到了最黑暗的时刻。

与此同时，远离这场灾难的美洲崛起了新的文明——但手握文明未来钥匙的欧洲对这片大陆尚一无所知。

公元 1206 年。蒙古首领铁木真在鄂嫩河上游扎营，附近是蒙古肯特地区的圣山不儿罕合勒敦。他在那里召开了忽里勒台，意为部落集会。这片没有树木的广袤（半干旱）草原是他的故乡，40 岁的他已经是那里最强大的首领了。他的势力从戈壁延伸到极地苔原，从大兴安岭的森林延伸到阿尔泰山脉。他通过战争获得了权力，为

与成吉思汗的时代相比，蒙古人的毡房几乎没有什么改变

了保住权力还杀死了一位年轻时的结义兄弟。但战场上的胜利不足以让他成为所有“毡房之民”的“大汗”（统治者）。他必须经过忽里勒台的公开选举。各部落将用脚投票。认可他是统治者的部落将应邀前来，拒绝他的统治和保护的部落不会派出代表。

一个又一个部落在铁木真的召唤下赶来了，这是蒙古历史上规模最大的一次忽里勒台。铁木真的营地周围很快出现了一座由毡房组成的临时城市，在各个方向绵延数英里。附近放牧着大量牲畜，以便为人群提供奶和肉。年轻人在白天参加摔跤、赛马和射箭等传统蒙古竞赛，晚上喝得酩酊大醉，他们饮用的是一种由马奶发酵而成的烈酒，“马奶酒”。萨满开始敲鼓，乐手开始吟唱，蒙古人低沉的歌声回荡在夜空中。

经过几天的庆祝，各部落选举铁木真为首领。数十万蒙古人目睹铁木真被引到他的随从们铺设在地的黑色皮毯上。一位部落发言人宣布他成为首领，并授予他新的名号“成吉思汗”，意为“四海之主”。随从们把他和毯子一起抬至王座，然后各部落和氏族的首领开始向他宣誓效忠。

母亲给他取名铁木真。他是弱小的孛儿只斤部酋长的儿子，该氏族依附于更大的泰赤乌部，就像鬣狗仰赖狮子吃剩的食物。铁木真 9 岁时，父亲因为部落间的矛盾被毒死。没有了指挥作战和狩猎的领袖后，大部落认为铁木真的部落失去了利用价值，于是任其自生自灭。在几年时间里，铁木真的兄弟和

成吉思汗与契丹人、女真人交战

母亲只能靠土拨鼠和田鼠等小猎物以及草原严苛环境中所能找到的很少几种植物维生。

与此同时，泰赤乌部酋长害怕铁木真长大后会报复抛弃他的部落。当铁木真不可思

成吉思汗与全球变暖

我们经常忽视了气候对人类历史的影响。

成吉思汗的崛起发生在一个相对较暖的时期最后，史称“中世纪温暖期”。

从约公元 800 年到 1200 年的这几个世纪，欧洲人享受了温暖的冬天、漫长的夏天和良好的收成。获得更为稳定的食物供应后，欧洲人开始走出黑暗时代，先后重建了欧洲内部和通往亚洲的贸易路线。在欧洲的最北端，诺斯人利用有利的冰封条件前往爱尔兰和格陵兰岛，并穿越了北大西洋。

欧洲的温暖世纪给其他地区带来了麻烦。更高的温度和降水模式的变化造成了不可预测的气候波动。更长的干旱期导致新墨西哥的查科大峡谷（Chaco Canyon）文化和今天柬埔寨的吴哥窟文明的灭亡，并削弱了中美洲的玛雅诸邦。在蒙古，中世纪温暖期意味着更加炎热干燥的气候以及蒙古马牧场的缩小，迫使成吉思汗率军东进以征服更肥沃的土地。就这点而言，全球变暖事实上促成了帝国的扩张。

在探讨全球变暖问题时，中世纪温暖期是一个敏感话题。不相信全球变暖是由人类引起的人会以中世纪的经历为例，指出在气温较低的小冰期开始前曾出现过气温的自然上升，并产生了积极影响。事实上，中世纪变暖期要比 1971 年以来有记录的平均气温低好几度。

议地杀死了同父异母的哥哥（也是这个被逐家族的官方首领），泰赤乌部酋长以此为借口逮捕了这名少年。他被带上枷锁，虽然可以走路，但无法使用双手。在一户战俘人家的帮助下，铁木真从狱中逃出。回到家人身边后，他发现这次逃脱使自己在蒙古各部下层成员中成了英雄。

在随后的二十年间，铁木真从几个不同的部落和氏族中吸引了一小群追随者。这些支持者组成了“伪氏族”，维系他们的不是家族关系，而是能力和忠诚。铁木真还赢得了两个重要盟友。他与年轻而野心勃勃的札木合结拜，后者来自与铁木真有远亲关系的蒙古部落，但地位要超过孛儿只斤部。然后，他与一个名叫脱斡邻勒的人结盟，此人曾是铁木真父亲的结拜兄弟，将他视作干儿子。

作为出色的军事指挥，铁木真声名鹊起。伴随着战场上的每一次胜利，更多部落承认他为首领。他开始有条不紊地消灭所有对手，包括脱斡邻勒和札木合。羽翼渐丰后，他将蒙古社会的基本单位从部落改为千人队。到了被各部落拥戴为“四海之主”时，“成吉思汗”铁木真已将部落整合成了所谓的大蒙古国。在他的领导下，蒙古国将发展成大国家。

统一蒙古后，成吉思汗将注意力转向中原，后者与蒙古部落的冲突由来已久。与匈奴等草原部落类似，蒙古人对中原王朝边境的袭击已经持续了几个世纪。从前，中原王朝利用游牧部落内部的矛盾控制它们。现在，蒙古部落已经统一，中原却分裂了。

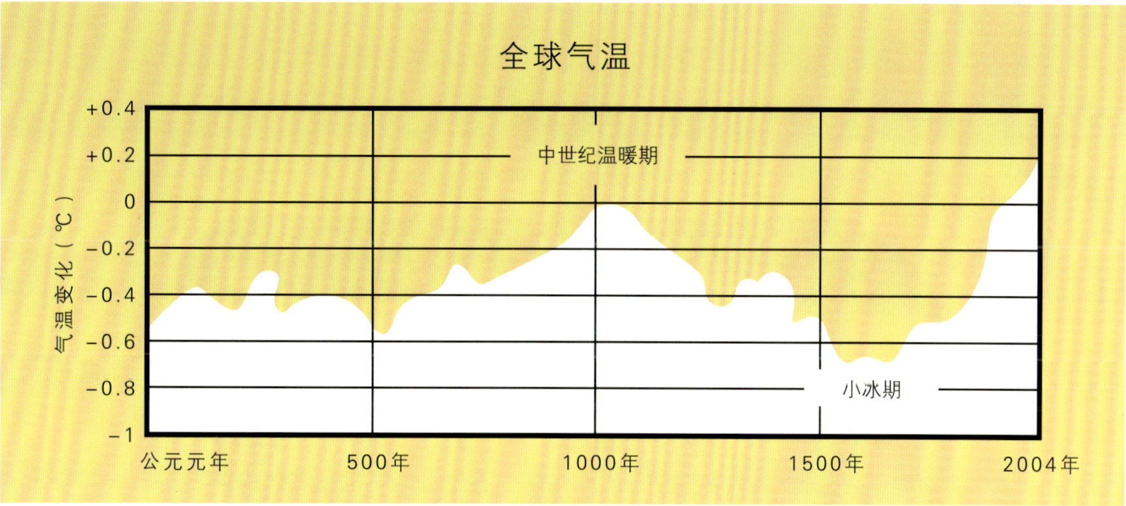

这时，成吉思汗的目光开始落到三个面积最大和最重要的王朝：北方党项人的西夏，女真人的金朝（他们自己也是亚洲游牧部落的后裔）以及南方的宋朝。

1209年，成吉思汗击败了党项人，他允许他们继续占有自己的土地，条件是作为属国向蒙古人纳贡和宣誓效忠。然后他把矛头转向金朝。1215年，蒙古军包围了金朝都城中都（今天的北京）。中都的统治者是被臣民奉为大金皇帝的宣宗，他只坚持了一周就在谋士们的鼓动下不情愿地投降了。成吉思汗向金朝统治者提供了与党项人相同的条件。大金皇帝向蒙古人进献了大量丝绸、黄金和白银，还有3000匹马和500名奴隶。他成了蒙古的封臣，并把一位女儿许配给蒙古人为妻。

蒙古军撤退了，没有侵扰中都周边的郊野。但蒙古人刚走，宣宗就撕毁条约，带着家人、主要将领和大臣向南逃去。

虽然厌倦城市生活喧嚣的成吉思汗希望早日回到广阔的草原，但他还是调转马头，率领5万人的大军杀回金朝。大蒙古国的首领无法容忍被新征服的手下败将背叛，如果他的国家想要继续壮大并成为世界史上最大的国，他就必须这么做。

在成吉思汗新盟友（包括一些留守的金兵）的帮助下，蒙古人最终占领了中都。摆在中都幸存将领面前的投降条件是残酷的。蒙古人将展开二十天的劫掠。作为对士兵的酬劳，蒙古将领允许劫掠被征服的人民。劫掠结束后，他们将城市付之一炬。作为最后的惩罚，蒙古人践踏了周围的田野，将耕地变成牧场。

成吉思汗留下将军们继续征服中原，自己则率领15万战士向西行军1000多英里，进攻撕毁和约的突厥国家花剌子模。在一场即使在那个残酷年代都算得上野蛮的战役中，

蒙古围城

1214年9月一个闷热的日子，中都的35万居民陷入了疯狂的恐慌，他们在街上飞奔，一手抱着小孩子，一手拿着金银瓷器等值钱的东西。消息传来，成吉思汗和他的军队回来了。由于金朝皇帝的背叛，城中居民知道成吉思汗将对他们毫不留情。他们看到金朝士兵正列队前往军营，但这完全无法让他们安心。

哪里才是安全的？不幸的是，面对快速逼近城门的蒙古人，他们根本找不到藏身之所。他们决定，与其在家中等待遭受可怕蒙古人的毒手，还不如逃跑。

一名十多岁的少女冲出了中都街道上四散奔逃的人群，她很清楚自己的目标。她来到一处无人把守的石头城墙边，先停下来环顾四周，然后开始攀爬。爬到墙顶后，她看着城外的地面和环绕18英里长城墙的三条护城河，感到一阵晕眩。

当女孩举目远眺时，她看见了一幕更加不祥的景象：地平线上升起了大片尘云。她确信这是正在赶来的蒙古骑兵。目睹敌人近在咫尺后，女孩更加下定决心完成此行的任务。

距离她蹲伏的地方不远，两名金朝士兵正在瞭望塔上站岗——城墙顶端共有 900 座这样的瞭望塔。士兵们正在准备弓箭迎击蒙古人的进攻，没有注意到女孩站起身挪到了城墙边缘。他们也没有看见她纵

身跳下。直到她的身体撞击地面后，他们才转身往下看。他们指了指女孩，但没有下城去看她是否还活着。他们知道这不会是当天最后一个跳下的金朝女子。

当天有6万名年轻女性从城楼上跳下。与此同时，生活在城外的农民也陷入了同样的恐惧，不得不对蒙古人言听计从。蒙古人强迫他们将撞城车推向中都城门。金朝战俘成了抵挡金朝军队的人肉盾牌，金朝人的箭雨杀死的都是同胞。不过，金朝军队还是在蒙古人的围城和饥荒面前坚守了好多个月，直到1215年6月才投降。

蒙古骑兵摧毁了人数是己方两倍的突厥军，摩诃末国王被迫逃亡。

成吉思汗将花剌子模军赶进阿富汗和波斯，击败了所有抵抗者。蒙古人洗劫了各座城市，将那里杀得鸡犬不留，还焚烧田地，摧毁庄稼。在波斯，他们摧毁了用来灌溉田地的地下运河系统坎儿井，将今天的伊朗西部和阿富汗北部从昔日沃土变成了现在的不毛之地。

在西方，人们对成吉思汗的记忆主要来自他对花剌子模作战时的凶残。在蒙古人中间，他被视作开明的统治者和管理者。他对投降者宽宏大量，但对拒降者格杀勿论。他命令一名书吏为蒙古口语创造书面文字。有了文字后，他编修了名为“大扎撒”的综合性法典。他的法典对征服者和被征服者一视同仁。他重建了征服过程中被摧毁的部分城市，并致力于切实地恢复被征服地区的经济。

成吉思汗最伟大的成就是“蒙古和平”。连通东亚、中亚和西方的贸易路线第一次掌握在了同一个国家手中。成吉思汗和他的继承者们积极推动贸易。和之前的波斯人一样，他们在主要干道沿线每隔 20 到 30 英里建立驿站，作为中转站向蒙古信使提供新的马匹，向旅行的商人提供休息场所。驿站还供应给养，在难行路段提供向导，并为商队提供武装保护。驿站向旅客提供的服务标准与名为“牌子”的等级化通行证系统挂钩。牌子由金、银或木头制成，持有者可以在蒙古人的保护下周游蒙古全境。

随着旅行者获得保护，并拥有了可靠的

交通和住宿设施，亚洲的公路比以往任何时候都更安全。商队的数量增加了。商人们第一次可以顺畅往返于东西方之间。

成吉思汗没能享受到大蒙古国的繁荣。1226 年，64 岁的他再次率军镇压反叛的党项人。在之前的东征中，他从马上摔下，受了严重的内伤。他的医生和将领们请求这位年事已高的统治者停下休息，但日渐虚弱的成吉思汗拒绝撤兵。1227 年 8 月，这位蒙古人的统治者在游牧民族的毡房中去世，就像他出生时那样。

他对儿子和将领们下达的最后命令是秘不发丧，继续对党项人作战。

1241 年 4 月 8 日，新一代的蒙古人正在向欧洲进发。匆忙组织起来的 2.5 万士兵（包括条顿骑士、日耳曼金矿工人、

马和其他战争武器

人类一直用自己的才智发明更致命的作战方式。和其他伟大的征服者一样，成吉思汗突破了当时科技的极限，他创造的骑兵比单独的人或马都更强大。

蒙古人在马背上作战，并使用一种双曲复合弓，这种弓用几种不同的木料、动物的角和筋制成，用鱼鳔熬成的强力胶水黏结。同时期最著名的英国长弓射程可达惊人的750英尺，而蒙古弓的射程更是达到1050英尺。他们的马匹不仅强壮迅捷，而且体型足够小，蒙古战士可以用双脚勾住马背，身体挂在马的一侧，从马肚子下射箭。威尼斯旅行者马可·波罗见证过蒙古军队的作战，他表示："他们训练有素的马匹能够迅捷改变姿势，只要一声令下，马匹就会立即转到需要的方向；这些快速的动作为他们赢得了许多胜利。"

传统的英国长弓

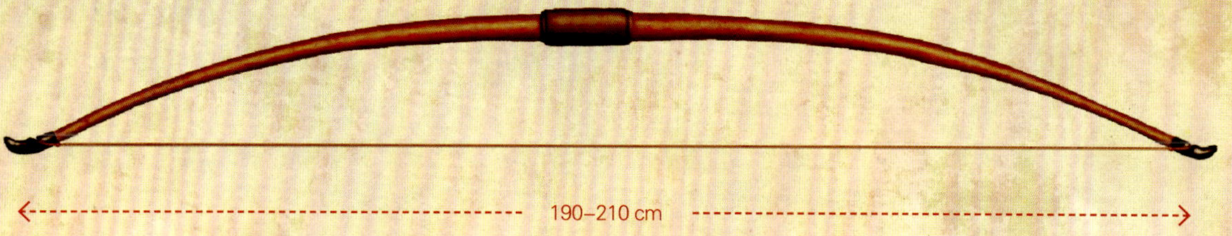

传统的英国长弓由整块木料制成，为欧洲战争带来了革命性的变化。它的最大射程为250米左右。由于它的长度，这种弓只适合步兵使用。

蒙古复合弓

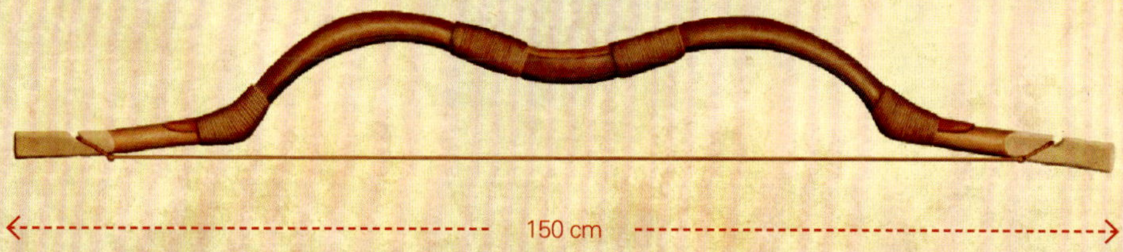

在成吉思汗时期，蒙古人借鉴了与他们有过接触的其他文化的武器，创造出那个时代无人匹敌的灵活武器库。他们并不携带攻城机械，而是使用厉害得多的武器——能够当场制造攻城器械的工匠。除了像许多个世纪以来的围城者那样投掷石块和火焰，蒙古人的攻城器械还投掷燃烧瓶、爆炸物和易燃物。他们创造了安装在轮子上的巨型十字弓和带有伸缩梯子的移动塔楼，可以从上面居高临下向城中的守军射击。面对有护城河的城池时，他们会逼迫战俘向前填满护城河，成为攻城机械的人肉坡道。

冲突经常促成人类新的创新飞跃。二战末期，美国人的新技术同样提高了战争的赌注。通过汇聚世界上顶级物理学家的知识，美国人释放了一种原始元素的能量：地球上的铀自宇宙大爆炸起还一直未发生过改变。科学家用放射性的铀轰开了原子核，由此产生的电磁和动能爆炸将造成无法想象的破坏。驯服原子是我们至今最接近重现大爆炸时的宇宙创生的尝试。

成吉思大帝?

“造成成千上万人死亡的无情征服者。”这句用来描绘亚历山大大帝和拿破仑·波拿巴的话同样可以用在成吉思汗身上。但亚历山大大帝被称为有史以来最伟大的将领。而根据你所在国家的立场，拿破仑·波拿巴既可以是可爱的“小下士”，也可以是“科西嘉魔鬼”，却无疑是个军事天才。然而对成吉思汗的描绘却往往偏于负面。

在审视了细节之后，你会对这三位历史上的大征服者作何评价呢?

亚历山大大帝

（公元前 356—公元前 323 年）

出身：马其顿国王的儿子和继承者

教育：受业于亚里士多德

如何上台：20 岁继承王位

军队规模：3.2 万人

征服面积：200 万平方英里

去世：享年 33 岁，死于饮酒狂欢

遗产：他的儿子们被害，帝国被将军们瓜分

拿破仑·波拿巴

（公元 1769—1821 年）

出身：科西嘉律师之子，据说祖先是托斯卡纳贵族

教育：布里埃纳（Brienne）法兰西军事学院的 5 年训练

如何上台：政变

军队规模：60 万人

征服面积：72 万平方英里

去世：享年 52 岁，死于流放地厄尔巴岛，可能被毒死

遗产：拿破仑的帝国在维也纳会议上被肢解。利用波拿巴的威望，他的侄子成了拿破仑三世皇帝

成吉思汗

（公元 1162—1227 年）

出身：部落酋长的遗孤

教育：文盲

如何上台：经过 20 年的缔约和背盟，被各蒙古部落推举为“四海之主”

军队规模：11 万骑兵

征服面积：1100 到 1200 万平方英里的连绵土地，有史以来个人征服者缔造的最大帝国

去世：享年 65 岁，在征服西夏过程中死去，临终时有家人和士兵环侍

遗产：他的后人继续统治帝国长达 150 年

圣殿骑士、医院骑士以及应募的波兰步兵和骑兵）在今天波兰境内的列格尼茨（Liegnitz）准备迎击他们。欧洲士兵久经战阵，数量也比来犯之敌多出约5000人，但他们仍然在颤抖。过去两个月间，蒙古骑兵洗劫了波兰郊野，他们的速度和狂暴让欧洲士兵瞠目结舌。

蒙古人的统帅是成吉思汗的孙子拔都，他知道波西米亚国王温切斯拉斯（Wenceslas）的援兵一天后就会赶到。但欧洲人的统帅，西里西亚公爵亨利二世对此却一无所知。拔都决定在援兵赶来前发起攻击。

蒙古人纵马向前。在欧洲人看来，与波兰骑士的马匹相比，这些矮小粗壮的马看上去像是供儿童骑乘的。波兰骑兵呐喊着发起冲锋，却被蒙古强弓射出的箭雨逼回。亨利二世公爵认为敌军人数不多，于是命令自己的骑兵和条顿骑士发起进攻。令他们吃惊的是，蒙古人撤退了。在欧洲人的追击下，蒙古人的队列散开，似乎开始溃逃。亨利和其他骑士紧紧追赶，将同样急于消灭可怕对手的步兵甩在了身后。

突然，更多的蒙古骑兵出现了，从侧翼向骑士们发起攻击，将其与步兵隔开。蒙古人的烟罐发出的浓烟让战场变得难以视物。骑士们被两翼的蒙古军夹住后，游牧民族开始向他们射出箭雨。当受伤的骑士们不知所措地冲出浓烟时，蒙古人来到他们的背后，开始袭击步兵。亨利公爵也死于乱战。

这天结束时，战场上遍布士兵的尸体。蒙古人将公爵的首级挑在枪尖上向幸存的敌军示威，这种做法司空见惯。欧洲征服军的将领很可能也会对战死的敌军统帅做同样的事。在颤抖的欧洲人的注视下，蒙古士兵割下了每具敌军尸体的一只耳朵，用这种残忍但有效的方法计算死亡人数。士兵们向拔都呈上了9袋这种可怕的战利品。

成吉思汗去世前选择第三个儿子窝阔台继任大汗。由于蒙古酋长们分散在西亚和中国北部，确认其统治者身份的忽里勒台直到两年后才召开。窝阔台嗜马奶酒，一些酋长对他能否胜任表示怀疑。但当投票的时间到来时，权力交接仍然顺利地完成了。蒙古人部落接受窝阔台为统治者。

成吉思汗去世时，他的统治已经从北京延伸到咸海，是有史以来个人统帅缔造的最大帝国。

窝阔台和他的父亲一样野心勃勃。他相信，蒙古人的主神“长生天”选择蒙古部落为大地的主宰。为了实现命运的安排，他派侄子拔都和名将速不台西征。拔都的军队很快征服了基辅和莫斯科，然后大举进入欧洲东南部，关于蒙古人残暴的传说比他们的军队更早到达那里。一些东欧王公组成联盟共同应对威胁。但身着重甲的欧洲骑士不是灵活的游牧民族的对手。1241年4月8日，蒙古人在列格尼茨消灭了联军。三天后，速不台击败了匈牙利军。通向维也纳的大门打开了。拔都和速不台跨过多瑙河，在12月中旬兵临维也纳。欧洲似乎在劫难逃。

突然，蒙古军队撤退了，甚至都没有派人向城中守将送劝降信。欧洲人以为是奇迹拯救了自己。事实上，蒙古人收到了窝阔台的死讯，将要再次召开忽里勒台选出新的统治者。

与父亲不同，窝阔台没有选定继承人。他死后，成吉思汗的儿子和孙子们为争夺继承权爆发了一系列冲突。1251年，窝阔台去世十年后，成吉思汗的孙子蒙哥成为大汗。

掌权后不久，蒙哥出征南宋，继续窝阔台未完成的工作。他派弟弟旭烈兀巩固蒙古人在波斯的统治，并将蒙古扩张到今天的伊拉克。1258年，旭烈兀军包围了巴格达。该城只坚持了不到一周，阿拔斯王朝就此灭亡。在蒙哥的统治下，大蒙古国的疆域达到了鼎盛，包括中国、俄国大部、中亚、伊朗和伊拉克。

1259年，大汗的去世再次打断了蒙古人的军事行动，并引发了新一轮的继承权之争。蒙古酋长大会无法决定下一任大汗。敌对派

蒙哥时期的蒙古活动范围

神风

1274年秋，忽必烈汗派出4万人的军队和900艘船出征日本。蒙古人于11月登陆，日本武士准备与他们展开单独决斗。不过，单挑并非蒙古人的作战方式。他们采用集团作战，杀死了大量武士。日本人撤到了内陆。蒙古人没有追杀他们，而是退回到船上。晚上刮起了猛烈的暴风，造成许多船只倾覆和超过1/4入侵者的死亡。忽必烈汗的军队撤退了，但并未放弃征服计划。

1281年，忽必烈集合了一支强大得多的军队，包括14万人和超过4000艘船。日本人在一片狭窄的海滩上与入侵者对峙了53天。这时突然有强台风来袭。风暴持续了两天，将蒙古人的舰队撞毁在礁石上。幸免于难的船只寥寥无几，2/3的蒙古士兵丧生。蒙古人再次撤退。

忽必烈没来得及第三次组织起入侵舰队就去世了。

日本人相信是神保佑了自己，于是将救了自己的台风称为“神风”。

直到二战末，日本才被征服。

13世纪，日本僧人日莲召唤的神风摧毁了来犯的蒙古舰队别分别选举了蒙哥的两位兄弟，并拒绝妥协。血腥的内战由此爆发。

直到 1264 年，成吉思汗最有才干的孙子忽必烈才接替兄长蒙哥，成为蒙古的统治者。一些皇室成员拒绝认可他是大汗，另一些只是象征性地承认他。在他的统治时期，大蒙古国各地出现了多个权力中心，成吉思汗的其他孙子开始把自己控制的地区视作半独立的王国。忽必烈本人把重心放在中原，冷落了蒙古的其他部分。他自称中国皇帝，年号中统，意为“中央统治”。他建立的元朝，此后统治中国达 90 年，是自唐朝以来中国的又一次大一统。

忽必烈死后没有大汗承袭他的权势，大蒙古国分裂成了四个独立的汗国：大汗统治的东亚为大元国；中亚的察合台汗国；波斯的伊尔汗国；俄国南部的钦察汗国，西方称之为金帐汗国。

当苏联于 1920 年占领布哈拉（Bukhara）时，那里的统治者仍然是成吉思汗的后人。

13 世纪的世界比过去的几个世纪更加稳定。贸易欣欣向荣，大国蒸蒸日上，科技也取得了进步。

没有人想到，一个看不见的敌人几乎摧毁了欧亚大陆的人类和文明：它的传播途径是人类创造的贸易路线，它造成的破坏超过了任何征服军。

马可·波罗

公元 1271 年，意大利商人尼可洛和马菲奥·波罗（Niccolò and Mafeo Polo）从威尼斯出发，前往忽必烈的中国宫廷。波罗兄弟曾是中国宫廷的座上宾，非常渴望回到那里。尼可洛 17 岁的儿子马可与两人同行，他们的旅程持续四年，穿越了近东和中亚。

年轻的威尼斯人很快成为忽必烈的宠臣。在蒙古宫廷任职期间，马可与外交使团一起出访了波斯、印度和东南亚。他参加过皇帝的议事会，甚至还在扬州城担任了三年的税官。他从未学过汉语，但大汗宫廷中的蒙古人大多也没学过。和他们一样，马可精通蒙古统治阶层的语言，即波斯语和蒙古语。

抵达十七年后，波罗一家离开了中国，护送一位蒙古公主前往波斯成婚。他们经由苏门答腊和南印度驶往波斯，然后从陆路回到君士坦丁堡。1295 年，他们终于回到威尼斯，随身带着大量宝石。

如果不是支援指挥战舰参加威尼斯与热那亚的战争，马可·波罗也许永远不会把他们的旅行记录下来。他在一场小规模冲突中被俘，被热那亚人关押了一年。在此期间，他向狱友讲述自己的旅行故事作为消遣。听众中的一位传奇故事作家要求马可把旅行经历写下来。马可·波罗的游记是 14 世纪的畅销书。

1346年，金帐汗国可汗札尼别率领的蒙古军队包围了热那亚人位于克里米亚的贸易城市卡法（Caffa）。意大利商人建立的这座城市是将俄国奴隶卖到埃及的贸易点。蒙古统治者有时会和意大利奴隶贩子合作，有时则试图禁止贸易并驱逐热那亚人。札尼别试图关闭这个贸易点。但后来蒙古军中爆发鼠疫，死于鼠疫的人数超过了卡法的热那亚守军造成的损失。

经常有数十人同时病死，由于死得太快连尸体都来不及掩埋。蒙古人被迫撤退。但作为最后一击，他们用弹射器将死于鼠疫者的尸体投入城中，希望让意大利人遭受同样的痛苦。

尸体刚被抛进城中就被热那亚人丢进海里，但于事无补。被围城市里的封闭街区为疾病传播提供了完美条件。和蒙古军营里一样，鼠疫在卡法城中同样迅速地传播开来。恐慌的意大利商人放弃了该城，将受感染的老鼠一同带上了船。

黑死病并非始于卡法。这次大鼠疫可能起于东方的草原。疾病沿着贸易路线从那里向外传播，寄生着带病跳蚤的黑鼠藏在粮车和货物堆中与商队同行。

位于今天中国和吉尔吉斯斯坦交界处的伊塞克湖（Issyk Kul）的小小绿洲贸易点是鼠疫前往西方旅途中的一站。旅行者们从这个边哨站向东前往中国，向西前往卡法、巴格达和塔

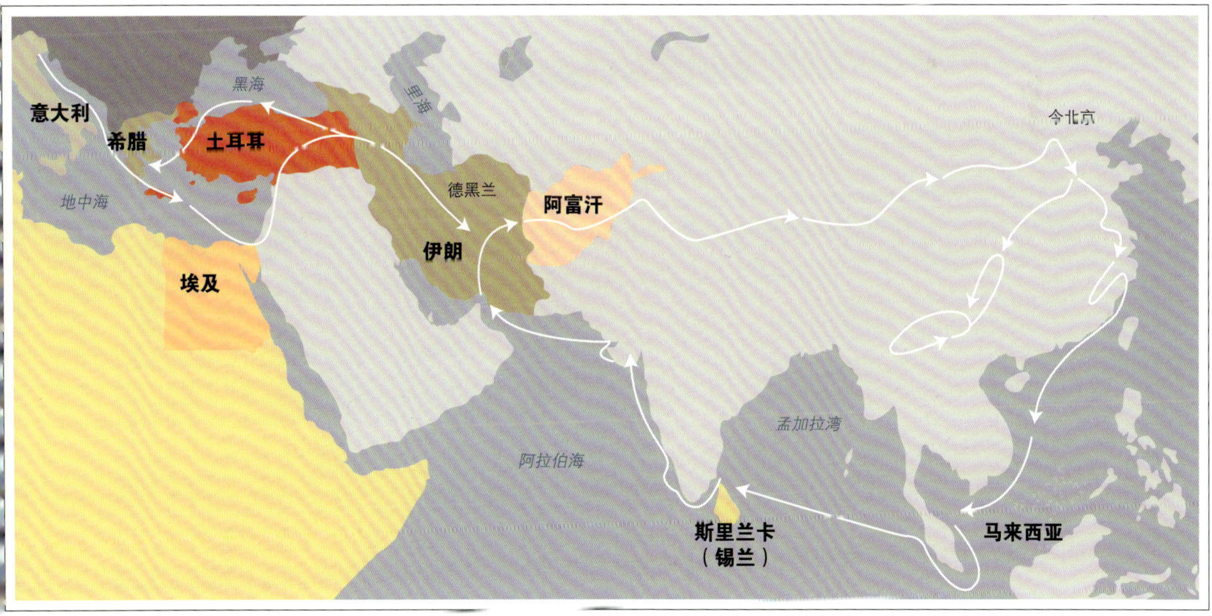

马可波罗的旅行

生物战

14 世纪的蒙古不是唯一对敌人展开生物战的部族。

用致病细菌作为战术或战略武器的做法在人类历史上屡见不鲜。18 世纪时，英国军官试图让阻止他们在北美新领地扩张的土著部落感染天花。日本人在中国抗日战争期间对中国人使用了鼠疫和霍乱菌。有证据表明，纳粹德国和冷战时一些国家也试验或使用过生物武器。

1975 年，美国加入了禁止使用进攻性生物或化学武器国的际公约。今天，根据美国国防部的统计，超过十个国家被怀疑仍拥有进攻性生物武器。第一次海湾战争（1990—1991 年）后，伊拉克的进攻性生物武器被销毁。利比亚于 2003 年销毁和放弃了生物武器。苏联生物武器的命运仍是个谜，包括大量武器化的天花病毒和炭疽菌。

投石机这样的围城器械可以用来向被围的城堡内投掷感染了鼠疫的尸体

美国军事人员为可能发生的生物战展开训练

布里兹（Tabriz）。记录显示，1338 年，伊塞克湖地区有人死于一种神秘的疾病。他的妻子使用了各种民间的治疗方法，但都无济于事。丈夫去世几天后，妻子也死了。第二年，另外 106 名伊塞克湖地区的居民也突然生病死去，比正常年份多了 102 人。从村中墓地的墓碑来看，106 名村民的死因全都相同。

鼠疫（黑死病）将在 1348 年到 1350 年间达到顶峰，造成西方的 9000 万人口死亡了 1/3 到一半。1347 年抵达意大利港口墨西拿的 12 艘热那亚商船将这种疾病带进了欧洲。船员大多已经死去或奄奄一息——鼠疫的传染性很强，以至于同船员说话的人也会被感染。

几个月后，鼠疫又从墨西拿传播到了热那亚和比萨。当年年底，疾病已经肆虐了整个意大利，并通过商船向北扩散到巴黎、低地国家和英格兰。1349 年，鼠疫的流行范围扩大到德国、奥地利和斯堪的纳维亚。1350 年，它穿过北大西洋，抵达冰岛和格陵兰，摧毁了那里日渐没落的维京人定居点。两年后，它又来到了俄国。

欧洲人成功地与黑海另一边的世界重建了联系，这为黑死病在整个欧洲的蔓延创造了条件。在蒙古和平时期，东西方之间的商队往来更加频繁。1291 年后，随着热那亚海军击败了曾经阻断直布罗陀海峡自由通航的摩洛哥舰队，地中海和北欧港口之间的海上贸易也更加繁荣。

疾病造成的死亡非常迅速，经历过佛罗伦萨黑死病爆发的意大利作家乔万尼·薄伽丘（Giovanni Boccaccio）宣称，一些人“与朋友共进午餐，与祖先共进晚餐”。大多数人感染的是腺鼠疫——病人突发高烧，几天后腋下和腹股沟出现苹果大小的痛苦黑死肿块（淋巴结肿块），那是充满病菌的淋巴结。肿块有时会爆裂，释放出血和有毒的脓液。病人的四肢上会布满黑斑，这种疾病因此得名黑死病。随后是抽搐、吐血和神志不清。病人一般在 5 天内就会死亡，幸运的人则用不了 1 天。幸存者寥寥无几。另一种形式是肺鼠疫，虽然较为少见但更加致命，传染性也要强得多。肺鼠疫袭击肺部而非淋巴结，造成病人被血性泡沫憋死。最致命的是罕见的败血型鼠疫，细菌直接侵入血流，在任何可见的症状出现前就会造成死亡。

疾病流行横扫欧洲的速度和造成的死亡人数是惊人的。人口密集的城镇和宗教社群比农村受到的打击更大。一些社群似乎完全躲过了疫情，比如米兰。但许多小村镇被彻底摧毁。北非和亚洲也遭受了类似的损失。

有能力的人逃离了城市。另一些人采用反向隔离，将自己关在屋子里。有人抛弃了患病的家庭成员，害怕自己也染上疾病。薄伽丘还提到有父母抛弃了自己的孩子。有人将鼠疫视作上帝对有罪之人的怒火。成群的鞭笞赎罪者在城市游荡，用顶端带尖刺的皮鞭抽打自己的背部，试图以此洗刷罪行。

虽然人们并不了解疾病的起因，但他们意识到疾病与贸易路线存在联系。一些城市试图禁止外来者进入。惊恐的居民先是指责外国人，后来又把矛头指向了经常参与东方贸易的当地犹太人。瘟疫是犹太人在井中投毒引起的，这一谣言开始到处传播。一些犹太人在自己家中被惊恐的暴徒烧死。另一些人遭到拷打，直至他们承认自己不曾犯过的罪行。1348 年 7 月，教皇克莱芒六世（Clement VI）颁布敕令，将欧洲犹太人置于自己的保护之下，命令基督徒停止对他们使用暴力，于是，数以千计的其他犹太人遭到杀害，或者被各座日耳曼城市驱逐。一些人被要求在皈依天主教和火刑间做出选择。斯特拉斯堡的少数被捕者放弃了犹太教，选择了皈依。包括迈耶尔（Meier）拉比在内的约 2000 人拒绝这样做，于是被处以火刑。

该事件一位目击者报告称：“人群几乎把斯特拉斯堡的犹太人扒得精光，押着他们前往犹太公墓，并将他们赶进一间准

欧洲人成功地与黑海另一边的世界重建了联系，这为黑死病在整个欧洲的蔓延创造了条件。

但无济于事。迫害行为持续升级，在斯特拉斯堡达到高潮。

目击者后来描绘了当天的情形。陷入偏执狂的斯特拉斯堡基督徒押着被捕者前往城中的犹太人公墓，在那里展开了即席法律诉讼，对犹太人在城中水井投毒和传播瘟疫提出指控并做了审判。经过拷问，一些囚徒承认了指控。备实施火刑的房子。在公墓门口，其中几名女性的年轻貌美激起了一些同情，她们得以死里逃生，但又被人掳去，完全违背她们的意愿。在斯特拉斯堡的那个瓦伦丁节，年轻貌美者和皈依者是仅有的看见日落的犹太人。试图逃跑的人被沿街追捕和杀害。”

鼠疫的第一手记录

5月在锡耶纳爆发的瘟疫是可怕而残忍的事件。我不知道从哪里开始描述它的无情和残忍，几乎所有见证过它的人都似乎因悲伤而神志恍惚。人类的舌头不可能重述如此可怕之事，没有目睹过这些恐怖场景的人可以说是有福的。人们几乎在一瞬间死亡，他们的腋窝和腹股沟出现了肿块，在谈话过程中突然倒地身亡。父亲抛弃了子女，妻子离开了丈夫，兄弟相互背弃。所有人都害怕与他人接触，因为这种疾病似乎可以通过呼吸和目光传播。无论用金钱还是友谊都请不到人将死者埋葬。人们尽可能地把死去的家人运到墓坑，没有教士、圣礼和丧钟。锡耶纳的许多地方都挖了又大又深的坑，用来安放大量的死者；日日夜夜都有数百人死去，所有的尸体都被扔进这些坑里，然后盖上几层土，坑满了就再挖新的。

我是人称“胖子”的阿尼奥洛·迪·图拉（Agnolo di Tura del Grasso），我亲手埋葬了自己的五个孩子。有的尸体没有掩埋好，被狗挖了出来，狗拖着它们穿过城市，将其作为食物。没有人为死者哭泣，因为每个人都在等待死亡。死的人太多了，所有人都以为世界末日来临了。

——“胖子”阿尼奥洛·迪·图拉

反犹主义与暴民统治

14 世纪的斯特拉斯堡犹太人大屠杀再次展现了人性的一种缺陷：我们在陷入麻烦时总是习惯于寻找替罪羊，这在历史上屡见不鲜。

庄稼歉收、瘟疫流行和经济危机都让富有感染力的领袖可以很容易地点燃大众歇斯底里的怒火，煽动恐惧的人们对被迫害或受鄙视的少数群体使用暴力。我们看到这种现象以不同的形式在整个历史中不断上演：古罗马受迫害的基督徒，16 世纪欧洲被处以火刑的女巫，19 世纪对俄国与波兰犹太人的大屠杀，20 世纪初对土耳其亚美尼亚人的大屠杀，二战中被纳粹德国谋杀的 600 万犹太人。

种族仇恨、迷信、偏见和无知这些强大的力量造成了社群和国家的分裂，在不同历史时期引发了巨大的痛苦。

左：对现代读者而言，欧仁·贝耶（Eugène Beyer）描绘的斯特拉斯堡犹太人大屠杀的可怕场景似曾相识

右：1945 年的布痕瓦尔德（Buchenwald）集中营

指责犹太人

1349年2月14日，德国斯特拉斯堡。犹太街区外，迈耶尔拉比正带着一包新鲜食物独自赶回家。在距离犹太人聚居区的大门还有一个街区的时候，他听见身后的街道上出现了骚动。他回头看时，只见一群激动的人正在快速走来。他们挥舞着棍棒，朝他的方向发出威胁性的吼声。他不知道这是为什么，但还是明智地跑回了安全地点。

迈耶尔拉比与妻儿围坐在晚餐桌边，带领家人做着祷告。外面突然传来脚步声和呼喊声，迫使他停下来侧耳倾听。一个燃烧物从窗外丢进来，掉在了地板上。火焰开始蔓延，迈耶尔的孩子们尖叫着跑向前门。这时，门被踢开，一群愤怒的人抓住了孩子们和拉比夫妇，把他们从屋中拖到了街上。迈耶尔拉比回头最后看了一眼着火的家，只见一男一女拿着自家的银器，穿过火焰跑出前门。

鼠疫没有随着第一波死亡的结束而消失。继之而来的疾病流行在14世纪六七十年代不定期地袭击欧洲，直到1665年还爆发过伦敦大鼠疫。逃过了第一次流行的社群在以后的流行中遭遇重创。但以后的流行都不像第一次那么有破坏性。被疾病肆虐过的社群死亡率降低，因为经过早先流行病袭击的幸存者获得了免疫力。

欧洲人口差不多用了两百年才恢复到鼠疫来袭前的水平。

鼠疫在4年间杀死了约2亿人，接近欧洲人口的一半。欧洲农村人口锐减，城市和乡间都出现了劳动力短缺。村庄空寂，遭到遗弃。田地荒芜。罗马天主教会的教士死亡比例尤其高，出现了大量岗位空缺，但很难培养出足够的新教士来填补。政府同样难以招募到士兵，被迫提高报酬。

疾病流行离不开城市

流行病被描绘成“人群病”不无道理。它们伴随着永久定居点和城市的发展而出现。

从鼠疫到猪流感，所有的流行病都有几大共同特征：

- 疾病快速而容易地从受感染者传播到周围的健康人；
- 受害者在短时间内死亡或完全康复（我们意味深长地用“受害者”形容得了传染病的人，因为微生物的确是在对人类宿主行凶）；
- 康复者获得抗体，对该疾病免疫。

1763年6月。皮特堡（Fort Pitt）被包围。渥太华（Ottawa）部落酋长庞蒂亚克（Pontiac）将五大湖地区的印第安部落组成联盟，试图将英国人赶回沿海的定居点。尼亚加拉（Niagara）以西的10座英国要塞中有8座已被庞蒂亚克的军队攻陷。

皮特堡的指挥官西梅翁·埃库耶（Simeon Ecuyer）上尉在起义前就收到预警。要塞的食物和弹药储备充足。埃库耶向上级保证，自己能够坚守到援军赶来。与此同时，他正试图用另一种方式解围。要塞内爆发了天花。所有人都知道，印第安人对这种疾病没有抵抗力。当庞蒂亚克的两名酋长来到要塞要求英国人投降时，埃库耶给了他们天花病人用过的两条毯子和一块手帕。他希望这些东西能产生想要的效果。

三周后，英军在北美的总司令杰弗里·阿默斯特（Jeffrey Amherst）爵士有了同样的想法。他在写给解了皮特堡之围的亨利·布凯（Henry Bouquet）上校的信中表示：“能否设法把天花传给那些未受过感染的印第安人部落？当前局势下，我们必须动用一切可能的手段削弱他们。”和埃库耶一样，布凯也认为天花毯子能够达到这个目的。

美洲人幸运地没有遭遇反复席卷欧洲的可怕传染病。天花、麻疹、流感、鼠疫、肺结核、伤寒、霍乱和疟疾从亚洲传播到欧洲，在造成死亡的同时也留下了免疫力。即使没有达到流行的规模，它们也会在欧亚大陆的城市中以地方病形式存在，早期（甚至没那么早期）的城市糟糕的卫生和密集的街道使其保持了活力。最危险疾病的地方病变种让欧亚大陆的大部分人口获得了免疫力。美洲人没有遭受过流行病的肆虐，但因此也没有产生免疫力。

欧亚大陆的“人群病”来自当地驯养的动物。与欧亚人不同，美洲人的家养禽畜很少，只有墨西哥和美国西南部的火鸡，安第斯山区的大羊驼（llama）、小羊驼（alpaca）和豚鼠，南美热带的疣鼻栖鸭，以及遍布南北美洲的狗。

即使某个哥伦布之前的文明出现了流行病，它也无法穿越大洲。亚历山大大帝、罗马人和成吉思汗建立的大帝国都曾把欧亚世界分离的两个部分连接起来。即使中亚分裂为许多敌对的小王国，丝绸之路上的东西方贸易也未被切断，既方便了丝绸、香料与宝石的交易，客观上也帮助了病菌的传播。而安第斯山区、中美洲和美洲东南部的三大美洲文明彼此相距遥远。玉米种植从中美洲传播到了南北美洲各地，但以玉米为中心发展起来的各式文明从未被任何常规贸易联系起来。安第斯山文化从中美洲购买热带鸟类的鲜艳羽毛，尤卡坦半岛的海贝被销往密西西比河流域，但安第斯山区和密西西比河流域之间没有类似丝绸之路的贸易纽带。

据估计，天花仅在 18 世纪就造成了 6000 万欧洲人死亡，包括 5 名在位的欧洲君主。

在欧亚大陆的人口遭受鼠疫重创的同时，美洲的文明人口正在蓬勃发展。在西班牙人征服的前夕，美洲人口差不多达到了 1 亿，大多集中在三大中心文化区周围。

与早期的美索不达米亚类似，中美洲出现了一系列具有共同特征的文化。从公元前 1200 年的奥尔梅克人（Olmecs）开始，新文化都建立在被取代的老文化基础上。在尤卡坦，玛雅文明是城市化和建邦过程的顶峰。

世上最可怕的疾病流行

天花	超过3亿人	公元前1万年到1979年
麻疹	2亿人	公元前7世纪到1963年
西班牙流感	5000万到1亿人	1918—1919年
黑死病	7500万人	1340—1400年
查士丁尼瘟疫	2500万人	公元541—750年
艾滋病	2500万人以上	1981年至今

细菌、DNA与生存

人类由单细胞细菌发展而来，但细菌微生物引起的疾病不断造成人类死亡。

而且细菌无处不在。人体布满了细菌，每平方英寸的皮肤上有60万个细菌。我们的生活离不开细菌。只有当新的菌种出现并感染人类，我们的健康和生命才会受到威胁。

直到500年前肆虐欧亚大陆的那场鼠疫之后，科学家们才发现了致病细菌。又过了一个世纪，人类才知道如何杀死体内的细菌，同时又不杀死身体的"好"细胞。

又过了很久，当科学家完成了解码人类基因组的史诗性工程后，为何有人能够从鼠疫和其他流行病中生存下来的原因才变得清晰。一些经历过鼠疫并幸存下来的人拥有能够抵御艾滋病、埃博拉和其他传染病的基因。没有杀死人类的，使人类更强大。

今天，我们可以治愈鼠疫，研制中的新药有望阻止和延缓艾滋病的发展。但令人不安的是，大肠杆菌、葡萄球菌和链球菌等"超级细菌"正在发生变异，对包括青霉素等经典常备药在内的某些最好的药物产生了抗药性。随着致命细菌开始对合成抗生素产生抗药性，我们用来杀死和控制它们的最好方法将不再奏效，人类与它们的演化斗争还要继续下去。

一个松散的联盟，由约60个城邦和王国组成，维系它们的是共同的文化与连接广大中美洲世界的发达贸易路线。

在墨西哥，军事化邦国米斯特克（Mixtec）、萨波特克（Zapotec）和托尔特克（Toltec）依次经历了兴起、征服、衰落和被征服的过程。所有这些美洲邦国都接入同一片贸易路线，玛雅文明也借此得到物资供给。它们的城市由村镇网络支持，后者在种植作物时利用灌溉技术，并使用一种将土地抬高、名为齐纳帕（chinapa）的耕作方式。

当阿兹特克人的祖先从北方迁入墨西哥谷地时，他们是采集者和小农，在当地主要城邦之间的边缘耕地上定居下来。与4世纪时向罗马渗透的蛮族部落类似，阿兹特克人向往更发达文化的舒适。14世纪时，阿兹特克人像日耳曼部落一样开始成为现有政权的雇佣兵。1428年，他们推翻主人并建立了自己的王朝——这是西班牙人到来前中美洲最为咄咄逼人的帝国。在不到一个世纪的时间里，他们的都城特诺奇蒂特兰（Tenochtitlán，今天的墨西哥城）有了差不多200万人口。

安第斯山区的情况也差不多，尽管当地早前的文化不如中美洲的那么著名。公元500年左右出现了两大城邦：蒂亚瓦纳科（Tiahuanaco，Tiwanaku），位于秘鲁和玻利维亚交界处的的的喀喀湖（Lake Titicaca）附近；瓦里（Wari），位于秘鲁南部。两大城邦都建立在更早的安第斯山文化之上，如普卡拉（Pucará）、瓦尔帕（Huarpa）、莫什（Moche）

中美洲的玛雅遗址，公元 6 世纪到 10 世纪

和纳斯卡（Nazca）。两者都建立了遍及整个地区的发达贸易网络。瓦里还在安第斯山脊上建起了蜿蜒 1000 英里的一系列殖民地。鼎盛时期的蒂亚瓦纳科城中人口接近 10 万，周围郊区的人口达 25 万（巴黎直到 500 年后才达到类似规模）。两大城邦在公元 1000 年后不久双双分崩离析，它们的土地和文化被其他安第斯山文化吸收，直到 15 世纪时印加帝国崛起。

公元 1250 年左右，一个自称印加人（Incas，意为“君王”）的民族进入了库斯科（Cuzco）谷地，在多个世纪前就生活在当地的部落中间定居下来。他们的统

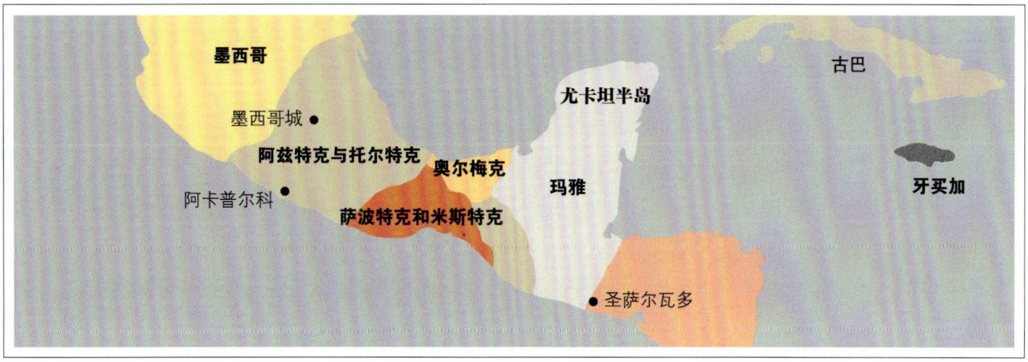

公元前第一个千年的中美洲文化

治者被称为“萨帕印加”（Sapa Inca，意为“唯一的君王”）。在名为“战争酋长”“难忘”和“泣血”等人的领导下，他们先后与其他部落缔盟和决裂，并陆续将其征服。

1438 年，随着整个库斯科谷地都被印加人掌控，第九代“萨帕印加”帕恰库蒂（Pachacuti，意为“地震”或“地覆”）有了更大的野心。他征服了从的的喀喀湖到厄瓜多尔的长条土地，将印加从地方性势力变成了帝国。他的儿子托帕印加（Topa Inca，意为“难忘之王”）继位。托帕印加堪称土著美洲人世

安第斯山文化，公元 1250—1450 年

界的成吉思汗。从前和之后的美洲统治者中没有谁像他这样在如此短的时间里征服了那么多土地。1471—1483 年间，他把印加帝国的疆域从秘鲁扩张到了今天的玻利维亚、智利和阿根廷，然后向北征服了沿海的厄瓜多尔和高原王国基多（Quito）。

托帕印加对投降者并不总是表现出仁慈。有一次，他向沿海城市瓦尔科（Huarco）的居民许诺，如果投降将得到优待。但当他们走出城墙的庇护时，印加人却发动了攻击。数千人被杀。在随后几代人的时间里，都可以看到他们发白的骨头散落在城市周围。

托帕印加的继承者瓦伊纳卡帕克（Huayna Capac，意为“富有美德的年轻人”）是从他的60多个儿子中挑选出来的。作为最后一位伟大的印加统治者，他进一步扩张了帝国的疆域，完成了对厄瓜多尔的征服，势力范围到达今天的哥伦比亚南部。1527 年去世时，他的印加帝国南北接近 3000 英里，从西部的“大海母亲”延伸到东部的亚马孙丛林。印加人称自己的帝国为“塔万廷苏育”（Tawantinsuyu），意为“四域之国”。

在库斯科城的尚武君主帕恰库蒂的率领下，印加人在闭塞中建立了自己的帝国——这既是他们成功的关键，也是他们最终衰亡的原因。

鼎盛时期的印加联盟包括今天秘鲁、智利、玻利维亚和阿根廷的土地与部族。作为专业农民，他们种植三种高能量的超级食物：土豆、玉米和花生。

基普

印加人没有书面语言，但他们发展出了一种用绳结记事的复杂体系，称为“基普”（quipu）。

基普是一条悬挂着各种彩索的绳子，长度从 2 英寸到 10 英尺不等。每种颜色表示不同的意思，如黄色代表金子，白色代表白银，绿色代表可可，红色代表士兵等等。记录信息的方式是每根彩索上的复杂绳结，那是一种类似现代计算机语言的二进制编码。每个街区、地区和省份的基普制作者受命详细记录帝国各个层面的生活。每条基普都是帝国、宗教或村落在某个时刻的快照。基普可以告诉皇帝某村落一年的死亡和出生人数。不同的彩索可以告诉他村民的年龄、每种职业的人数和藜麦的产量，还有最重要的，战时可征调人数。

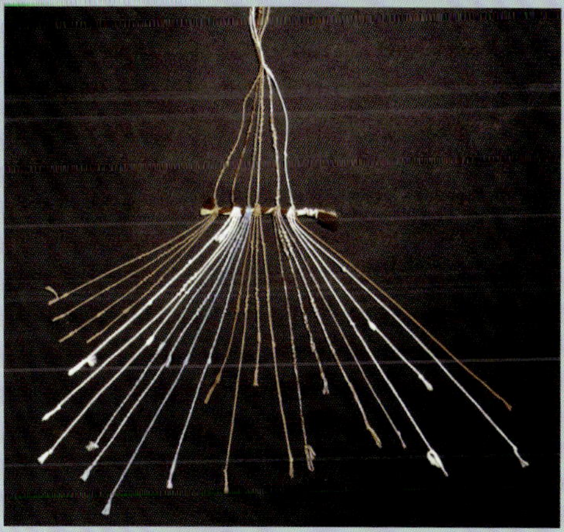

印加计数工具基普

早期的镇痛剂

早在印加人崛起之前，安第斯山区的土著美洲人就发现了咀嚼古柯叶产生的效果。一口古柯叶可以让人忘记饥饿和疲惫，并缓解伤者的疼痛。

在印加时期，古柯叶的生产被王室垄断，使用古柯叶成了王室特权。所有的种植园都属于萨帕印加，只有王室宠儿才获准咀嚼古柯叶。接受从萨帕印加腰间镶宝石的袋子里拿出的一口古柯叶是巨大的荣耀。

为了满足银矿工人的需要，西班牙人控制秘鲁后建立了商业古柯种植园。

他们没有文字，口述历史成了其多元文化和宗教最重要的黏合剂。他们也没有铁，大多数印加工具是石制的。最令人吃惊的是，虽然取得了如此规模的工程成就，印加人竟然没有大型的役畜。依靠人力和先进的建筑设计，他们在世界上最神奇的人造建筑成就中永远占据一席之地。

印加人如何在崎岖的安第斯山间建成了连接帝国各地的2.5万英里道路？

没人知道。

更为费解的是，他们如何实现了马丘比丘（Machu Picchu）这样伟大的前哥伦布时期的工程成就？我们同样没有答案。

马丘比丘由140座楼宇、600座露台和超过100架石制楼梯组成，据估计需要5000名劳动力才能建成。每块花岗岩重50吨，堆叠的石块间没有使用任何黏合剂。此外，这些石块契合得非常紧密，连一把小刀都插不进去。甚至地震（那里地震频发）也无法将其从原来的地方挪开。

一些人类学家相信，印加人建造马丘比丘是对潜在入侵者的一种心理战。它的规模也许会吓退任何人类劫掠者。但随着新旧世界结束分离，开始致命的接触，马丘比丘不到百年就遭废弃。

尽管地处闭塞（也可能正因为闭塞），印加人还是建立了世界上最伟大的奇迹之一。同样因为闭塞，印加人对欧洲火药和生物战等更强大的科技和武器全无准备。

13世纪到15世纪的美洲文化如此人丁兴旺和生机勃勃，以至于西班牙改革者巴托洛梅·拉斯·卡萨斯（Bartolomé Las Casas）在1542年将其描述为“住满人的蜂窝”。但当拉斯·卡萨斯撰写阿兹特克人的历史时，欧亚大陆的疾病已经让这个蜂窝空空如也。

对于足够勇敢或绝望，愿意穿越大西洋的旧世界殖民者而言，新发现的美洲大陆未受鼠疫侵扰，并拥有可供人类利用的大量新资源，实在提供了无法想象的机会。

在地平线上，拥有唾手可得的庞大黄金资源的非洲发出了召唤。随着非洲成为欧洲和亚洲的贸易伙伴，思想和商品开始交换，人类的知识也得到了丰富。对另一种宝贵矿物——盐——的追求成了打造全球联系的动力；和黄金一样，盐开辟了新的贸易路线，建立了新的城市和国家，也摧毁了一些旧有的。

当人类文明变得更加复杂，拥有了新的食物、思想和武器，人们再一次站到了悬崖边。摆在他们面前的是现代文明。只有倒退回混乱和无节制暴力的念头才能够阻止他们完成下一次的人类大飞跃。

马丘比丘，印加文化的中心，建于15世纪

6

新时代

人类开始从鼠疫肆虐后的欧洲废墟中恢复，他们重新站稳脚跟，并再次开始了旅行。这是一个游历、重建和重生的时代。

为了寻找丝绸和香料，意大利人和葡萄牙人绕过“非洲之角”进入印度洋。为了交易黄金和盐，骆驼商队不顾令人窒息的酷热和沙尘暴穿越撒哈拉沙漠。新思想沿着同样的路线传播：印度数学和希腊哲学在经过伊斯兰世界的熔冶后被重新诠释。12 世纪时曾被怀疑有害的思想开始在西方得到接受，引领欧洲走向重生。

当欧洲人开始接受新思想时，中国人却走向了封闭，一位拥有世界上最早枪炮的领袖建立了明王朝。通过打造新的全球联系，人类从悬崖边走回，登上了新高峰。银行业诞生了，印刷机发明了，地图绘制成为了独立行业。这个新时代有赢家和输家，征服者和被征服者。有人获利丰厚，也有人损失惨重。

是什么驱动了人类的进步？人类不知疲倦地寻找着大约 40 亿年前一场流星雨中从天而降的金块。但各个部落和国家的人很快发现，黄金会改变权力中心——这让他们有更多理由伤害邻邦。

左：位于北京中心的紫禁城是明清两代的皇宫

上：商队穿越沙漠

无声贸易

作为真正的历史奇闻，“无声贸易”是14世纪西非的商人间展开的无言交易。非洲矿工用黄金交换盐和其他商品，但既不与贸易伙伴见面，也不和他们说话。这样的景象经常上演。外国商人抵达市场后把货物放在地上，用鼓声宣布自己的到来，接着就离开了。听到鼓声后，当地的金矿矿工赶到市场。他们检验完货物后，会在每堆货物边倒上一定量的金砂，并用鼓声表示交易已经开始，然后也离开了。接下去又轮到了商人。如果觉得金砂数量可以接受，他们就将其收集起来走人；如果不接受，他们会再次敲鼓，让矿工们回来重新出价。双方你来我往，直到交易最终达成或告吹。当地人拒绝透露黄金的来源地。通过这种没有人员接触的交易方式，他们确保了没有人会说漏嘴。

公元1324年。马里国王曼萨·穆萨（Mansa Musa）离开都城尼亚尼（Niani）前往麦加朝觐，就像所有虔诚穆斯林应该做的那样。他带着盛大的队伍出发，同行的有6万名臣民，包括士兵和显赫的王公。500名奴隶在他的马前开道，每人手持用4磅纯金打造的权杖。在一位图阿雷格人（Tuareg）向导的引领下，他的队伍穿越撒哈拉沙漠中无形的贸易路线，经过采盐城市瓦拉塔（Walata），来到了北方的绿洲图阿尔（Tuar）。许多随从因为脚部的伤痛留在了图阿尔，曼萨·穆萨则继续朝觐之旅。

8个月后，他抵达了开罗。该城的穆斯林编年史家记录了他的来访，并试图猜出这位非洲最富有的国王随身带了多少黄金。他们给出的数字一个比一个夸张：100头驮着黄金的骆驼；300头骆驼，每头驮着300磅黄金。1000头骆驼，每头驮着100磅黄金。无论如何，这么多黄金让他所到之处的贵金属都出现了贬值。开罗的黄金市场直到他来访12年后才恢复正常。

曼萨·穆萨挥金如土。他在每周五停留下来做礼拜的地方都建起了清真寺。他用黄金支付一切服务，还送给主人丰厚的礼物。他经过的街道两旁聚满了乞丐，希望能得到金块，从此不必再乞讨。慷慨和帝王式炫富让他在返回马里的路上就囊中羞涩，不得不在开罗借钱。商人们争先恐后地借钱给他，因为他的土地上出产数量如此惊人的黄金。

朝觐归来后，曼萨·穆萨在廷巴克图

（Timbuktu）新建了一座清真寺，设计者是著名的安达卢西亚诗人和建筑师阿布·伊沙克·阿斯-萨赫里·阿尔-图阿金·阿尔-格拉纳达（Abu Ishaq as-Sahéli al-Tuadjin al-Granata）。这是该城第一座砖石结构的建筑，除了祈祷，它还是学习场所，为学生和书籍准备了房间。

在曼萨·穆萨前往麦加时，廷巴克图已经是一座知识之城。城中 1/4 的人口是来自伊斯兰世界各个角落的学生。廷巴克图的学者撰写的《古兰经》注疏在开罗也拥有读者。有位学者和曼萨·穆萨一起从开罗回到廷巴克图，想在当地谋得教职。但他发现那里的学术标准很高，如果想在廷巴图克教书，他必须先回到北非继续深造。

曼萨·穆萨的豪奢把欧洲人的注意力第一次吸引到了西非。亚历山大的威尼斯和热那亚商人把关于马里国王及其庞大财富的消息传回家乡。很快，来自格拉纳达、热那亚、威尼斯和北方弗莱芒市场的贸易公司派人在马拉喀什（Marrakech）和菲斯（Fez）等马格里布地区

从金砂到达克特

黄金抵达马里时是金砂。北非商人将其装上骆驼，从廷巴克图出发，穿过撒哈拉沙漠抵达亚历山大，然后装上船运往威尼斯。

13 世纪时，威尼斯城控制了黄金贸易，并将在随后的 400 年里一直扮演这种角色。市场受到严格监管。所有进口的黄金首先都要在里亚尔托（Rialto，这里是威尼斯的经济和贸易中心）的官方检验处登记，在精炼到至少 23K 前不得出口。从 1266 年开始，黄金检验处的官员至少每月一次对所有钱商的秤和砝码进行检查。

1273 年，精炼进口黄金的工作被委托给两家由检验处选出和支付费用的金匠铺。里亚尔托每天会公布官方确定的黄金价格。与今天的金融市场不同，威尼斯没有刊登报价的报纸。里亚尔托是唯一能获得黄金信息的地方，而且经常要靠偷听。内幕信息很受重视。

1284 年，威尼斯开设金币铸造厂，并于次年生产出了首批重 3.55 克的达克特（ducat）。达克特很快成为欧洲首屈一指的货币，也是自罗马的索里都斯（solidus）之后最广为接受的金币。

到了 1380 年，管理世界黄金贸易的官员已经不再是钱商。当他们开始正式接受存款时，威尼斯人成了最早的现代意义上的银行家。

到了 1490 年，每 30 名威尼斯人中就有 1 人开设了银行账户。

左：14 世纪威尼斯人贸易路线图

非洲黄金

早在人类甚至恐龙在地球上漫游前，来自外太空的数百万吨岩石以每小时 1 万英里的速度撞击地球，将大量黄金深深埋进了地幔。在随后的几十亿年里，火山爆发将这些黄金从地幔带到了地球表面。

由于黄金是地下所能找到的金属中唯一以纯净形式存在的，许多科学家相信它是早期智人发现的第一种金属。

在世界上的大部分地区，黄金必须从很深的地下矿井中挖出，需要数以千计的劳动者付出艰辛的劳动。但在西非，尼日尔河完成了费力的工作，它把黄金从基岩中冲出，使其以金砂形式藏在冲积平原各处。当地的黄金如此丰富，以至于人们可以从水中或表层土壤里找到。

盐

生命源于地球原始水体中的化学过程。今天，我们血液中聚集的钠、钾和氯模拟了生命诞生时海水的状况。事实上，人类血液的含盐百分比与大洋中的大致相当。

由钠和氯组成的化合物“石盐”就是我们所知的“普通”食盐。但它其实一点都不普通。对生命来说，盐和水一样不可或缺。没有生物不需要盐就能生存。没有盐，我们的身体将无法消化食物、传递神经刺激或使肌肉运动，包括心脏。

在我们还是狩猎-采集者的时代，人体所需的盐来自猎物。但随着人类开始定居并改变了食谱，我们不得不从其他渠道获取盐。

盐在地球上到处都是。但在近代工业采盐和制盐方法出现前，盐经常来之不易。因此，对盐的需求成了文明的驱动力之一。在寻找盐的过程中，人类开辟了新的贸易路线，穿越地球上环境最恶劣的地区——由多达4万头骆驼组成的商队驮着盐穿梭于撒哈拉沙漠中。

许多运盐路线可以追溯到青铜时代，比如意大利的“萨拉利亚路”（Via Salaria）。今天，通过蒸发海水或开挖盐矿，获取盐变得不再困难。我们把盐瓶看得稀松平常。但在很久以前不是这样，城市和国家的兴衰与能否获得盐息息相关。

白色金子

在缺乏其他货币的古代，盐非常珍贵，罗马士兵的薪俸也用盐支付。于是，对表现出色的士兵，人们会说“配得上他的盐”。

杰内的大清真寺

运送盐和黄金的沙漠商队也把伊斯兰教带到了撒哈拉沙漠以南。

1240 年，杰内（Djenné）的第 26 代统治者科伊·昆博罗（Koy Kunboro）皈依了伊斯兰教。作为表现其虔诚的壮举，他拆掉宫殿，在原址兴建了一座清真寺。按照当地的传说，沙漠精灵参与了营建过程，它们头顶着一筐筐黏土穿越沙漠，好让杰内的著名石匠加快进度。科伊·昆博罗的清真寺用可乐罐大小的晒干泥砖建成，然后涂上一层泥浆。这座奇迹般的建筑矗立了将近 600 年。

1819 年，当地部族领导人塞库·阿玛杜（Seku Amadu）宣布对杰内发动圣战，誓言将让这座城市回归更纯粹的伊斯兰教。经过 19 个月的围困，他最终占领了杰内。作为净化城市的第一步，他关闭了大清真寺，并另建了一座新的清真寺。伊斯兰法律禁止穆斯林拆毁清真寺，但泥土建筑非常脆弱。在没有日常维护的情况下，阿玛杜相信每年的降雨会代为摧毁这座建筑，特别是他还下令堵住了排水沟。1898 年法国人占领杰内时，大清真寺已经沦为废墟。

1907 年，仍然擅长传统泥土建筑方法的当地工匠重建了大清真寺。今天，杰内的大清真寺是世界上最大的泥土建筑。

这座城市再也不会因为雨水而失去自己的大清真寺了。重新为它涂上泥浆是每年斋月庆祝的一部分，整个社群都会参与这场泥泞的盛会。

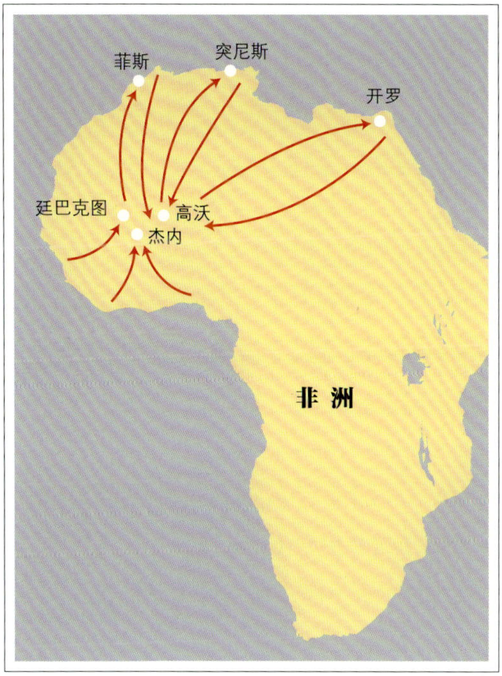

14 世纪西非贸易路线图

（Maghreb）的城市建立了新的贸易点，用制造品换取黄金。廷巴图克成了传奇和目标。

黄金是加纳、马里和桑海（Songhay）等西非王国的支柱。四个世纪来，当地商人的生财之道是用黄金、奴隶和象牙交换来自北非的马和布，来自更广大伊斯兰世界的书籍和其他珍宝，来自撒哈拉沙漠的盐（那里是干涸的古代盐海）。而为了寻找非洲的黄金，北非的摩尔人、阿拉伯人和柏柏尔人组成数万头骆驼的商队，从丹吉尔（Tangier）、突尼斯和的黎波里（Tripoli）出发穿越撒哈拉沙漠。

14 世纪时，马里的廷巴克图是西非的商业中心。那里集中了全世界 2/3 的黄金贸易量。该城的居民约为 5 万人，但随着北方商队的来临，人口或许扩大了两倍。贸易创造了财富。财富吸引了各地的学者和贤人前来，包括整个北非和中东，如马拉喀什、巴格达、亚历山大和麦加。

从公元 6 世纪诞生开始，贸易就是威尼斯的立邦之本。这座城市建在疟疾横行的沼泽中，地基只是打在淤泥中的橡木桩。当地没有淡水，没有周边土地的支持，没有自然资源，也没有农业和工业。它的存在取决于船只的质量和水手的技能，以及商人们将商品从产地运往市场的能力。统治当时欧洲大部分地区的是封建领主，他们的收入来自战争和土地，威尼斯贵族堪称那个时代的商人君主。

早年的威尼斯事实上处于拜占庭的统治下，那里的商人面向东方，建立了将西方基督教世界与拜占庭和伊斯兰世界联系起来的海上航线。他们向穆斯林出售木材和奴隶（东欧的斯拉夫人），然后用赚得的金子购买丝绸、珠宝和圣徒遗物，将其卖给法兰克国王、意大利城邦的王宫和喜欢奢侈品的主教。因为把战争物资卖给穆斯林统治的埃及，他们总是遇到麻烦，先后与拜占庭统治者和罗马教皇发生矛盾。由于违反不得与穆斯林“异教徒”开展贸易的教皇禁令，整个威尼斯城一度被革出教门。

直到 11 世纪，威尼斯在规模和重要性上都不起眼。十字军东征使其获得了显赫地位。

威尼斯的司法

卫队的两名非贵族出身的队长正在巡视银行街。每人带着多达 20 人的队伍在里亚尔托日夜巡逻。他们负责常年监管刚从埃及而来的威尼斯商船，上面装着非洲的黄金。他们还负责“板凳”（bancos）的治安，那里是银行家开展业务的地方。

皮埃特罗・维尼尔（Pietro Venier）受雇于普鲁伊利（Pruili）银行，这是里亚尔托的一家大型金融企业。和其他银行家一样，他的板凳上罗列着金币。

这时出现了一个名叫克里斯托弗・恩里科（Cristofo Enrico）的小毛贼。他跑上前，还没等维尼尔反应过来就把一碗金币扫进了袋子里。

失去那么多钱会让维尼尔丢掉工作，甚至意味着普鲁伊利银行将就此关门。幸运的是，恩里科被人赃俱获。抢劫者很快受到审判，并被砍去左手。然后，恩里科被绑在一艘大驳船的桅杆上，在威尼斯的各条运河示众。作为对旁观民众的最后警示，恩里科在里亚尔托被处以绞刑（快速升高的犯罪率是该城经济成就的标志）。

像维尼尔这样的银行家资助公共艺术和建筑，为城市美化做出了贡献。他们共同建造了圣马可广场、总督府和里亚尔托交易所，并迎来了知识和艺术的新时代：文艺复兴。

来自北方的骑士抵达威尼斯，愿意为前往圣地的航程付钱。返程时的十字军则带回了对穆斯林奢侈品的喜好。运送十字军往返圣地的船只也把穆斯林集市上的各种阿拉伯香料，还有玻璃、丝绸、肥皂、香水、纸张和非洲的黄金带回了欧洲。到了 13 世纪，威尼斯已经成为连接欧洲和东方的枢纽。它的财富使其成为欧洲的银行。每位欧洲国王都向威尼斯的商人和银行家借贷。

威尼斯人在 14 世纪遭遇了接二连三的危机。和欧洲其他地方一样，鼠疫也重创了这座城市。当地超过一半的人口在短短两年间死亡。更糟糕的是，欧洲各地的高死亡率从另一个方面打击了威尼斯。人口减少意味着商品生产和需求同时下降。随着贸易规模的减小，威尼斯不得不与长期以来的海上对手热那亚展开竞争，以便控制缩水的市场。1350 年和 1378 年，两大城邦的长期矛盾升级成了战争。后一次，威尼斯和热那亚陷入了长达两年的全面战争。所有的贸易都终止了。威尼斯的舰队被摧毁，国库也空空如也。1380 年 6 月，威尼斯在基奥贾（Chioggia）战役中取得了最终的胜利，但它的经济和外贸已经崩溃。

不过，这座城市还是再次兴起，变得比过去更加繁荣。威尼斯人在战后重建了自己的舰队。为了巩固作为东西方贸易中心的地位和加强贵族统治，他们还把 13 个在对热那亚战争中做出重要贡献的家族封为贵族。新鲜血液让寡头统治获得生机，威尼斯开始了大规模的殖民地扩张，在前往黎凡特（Levant）

人造雷

10 世纪时，中国道教炼丹家没能找到长生不死药，但发现了一种制造爆炸的非常有效的新方法。这种硝石（硝酸钾）、硫黄和木炭的混合物就是火药。最初，火药被用作皇帝宫廷中的消遣——相当于今天的烟花。发明 400 年后，它开始改变历史的进程：一位名叫焦玉的人用手持的铁管射出铅弹，速度可达每秒 300 米。

火药被点燃后，其中的三种成分会经历剧烈的化学反应。硫黄是触发剂（很像导火索），可以点燃木炭。他们共同制造出大量炽热和不断膨胀的气体。硝石（硝酸钾）提供的氧气大大加快了燃烧过程，最终引起爆炸。混合物中的硝石越多，爆炸就越大。

如果在空旷处点燃，火药燃烧时会发出爆破声和猛烈的火焰。如果将其封闭在容器内，产生的气体会产生足够的压力将容器撑破。容器越坚固，爆炸就越猛烈；炸弹只是外壳更硬的爆竹。将火药装入一段开口的管子后，气体的力量会推动管子前进，这就是火箭。用硬物堵住开头，膨胀的气体会将其顶出，把化学能转变成机械能：这是每支枪背后的基本原理。

枪支带来了剧烈的社会变革，它削弱了装甲骑士的角色，让普通士兵也拥有了力量。后来，创造了枪支的古老原理还将带给我们活塞发动机，并让我们坐着火箭前往月球。

的航线沿岸建立了由岛屿、港口和要塞组成的贸易点帝国。

到了 15 世纪，威尼斯已经是欧洲的“大巴扎”。

公元 1355 年。瘟疫削弱了受人憎恶的蒙古骑兵，让反抗军有机会击败他们。但反抗军胜利的关键并非瘟疫，而是一种秘密武器，发明者是一位道士，他在几个世纪前将自己的火器作品称为“震天雷”。

中国正处于动乱时期。当时的元朝皇帝昏聩无能。农民组成了起义军。盗匪和军阀遍地开花，仿佛蜂巢中飞出的蜜蜂，他们自立为王，导致帝国四分五裂。道教学者焦玉等待这天已经很久了。他一直在研究如何在战争中使用火器，现在他愿意将自己的知识分享给朱元璋，后者在他眼中是天命所归的下一位皇帝。

焦玉把新的火器呈献给了朱元璋，这位农民出身的起义军领袖开始仔细检视。朱元璋对火器并不陌生。中国军队从 11 世纪初就开始使用火药武器，用弹射器抛出的带孔金属球会点燃被击中的目标建筑。武器库中还包括用来迷惑敌人的烟雾弹，能够喷射出 6 英尺长的火舌、金属碎片和碎瓷片的手持式喷火竹筒。他们还把石榴大小的火药球用松枝粘在箭头上，点燃后就成了火箭。不过这次的武器截然不同，它是一条 3 英尺长、带有木柄的铸铁管。如果真能做到像焦玉所说的那样，它将让朱元璋的军队在对敌蒙古军时大占上风。

朱元璋命令将军徐达试验这种武器。徐达让士兵在 300 步外放置了一副蒙古盔甲。这种盔甲由多层皮革制成，可以抵御强力复合弓射出的箭，但在焦玉的发明面前不堪一击。石制“子弹”像飞龙一样穿透了层层盔甲，最后钉在了石墙里。

朱元璋明白刚才所见这一幕的重要性：“有了这些火器，我征服整个帝国就易如反掌了！”

在平民“叛军”的手中，一种革命性的新武器将改变我们的作战方式。有了枪支后，人类将缔造和推翻帝国、赢得战争、驯服蛮荒、建立新的国家。

火药推动的武器如何工作

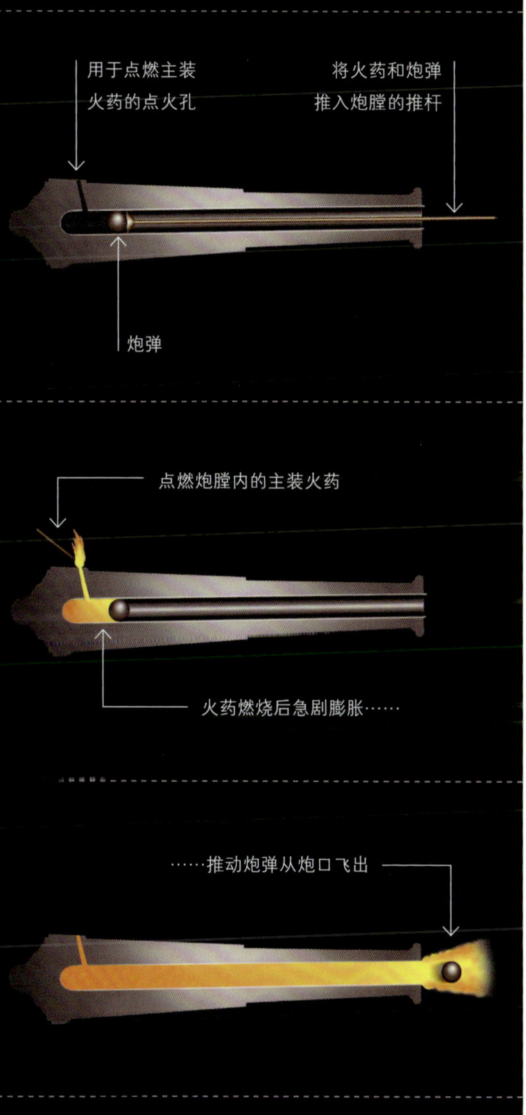

14 世纪中叶，党项、金和蒙古的王朝已经先后统治中国长逾百年。超过一半人口死于黑死病后，忽必烈建立的元朝开始分崩离析。农民发动起义。地方军阀趁机夺权。面对内部斗争和疾病减员，蒙古军队很难控制局面。

朱元璋出身农民，小时候挨饿乞讨。为了找工作或躲避收租人，他的父母经常搬家。由于无力抚养，他们甚至送掉了自己的几个孩子。14 世纪 40 年代，朱元璋的家乡安徽遭遇了洪水、旱灾和饥荒，随后又爆发了瘟疫。年仅 16 岁时，他的父亲、哥哥和嫂子就都去世了。一位邻居允许朱元璋把他们埋在自己的地里，但他没有钱为死者的灵魂举行恰当的仪式。

由于没有亲戚可以投奔，为了避免挨饿，他选择出家为僧，这是穷人孩子的常见做法。和许多僧侣一样，朱元璋被派出化缘。在随后的三四年里，他作为游方僧走遍了中国，然后回到庙里。但寺庙只是他暂时的庇护所。

1351 年，一个名为红巾军的农民千禧年主义组织发动起义，并大胜蒙古骑兵。在与起义军的交战过程中，元朝政府烧毁了朱元璋所在的寺庙。于是，24 岁的朱元璋加入了起义军。他获得快速提升，特别是在娶了一位将领的养女后。

手握二三万人马的朱元璋很快吸引了一群农民出身的能干士兵，许多人后来成了朱元璋建立的明王朝的官员。文人也加入了他的军队，其中的一些儒家学者建议他逐步脱离红巾军，因为后者的末世论信仰并不受文人精英阶层的青睐。随着势力的增长，朱元璋的野心也越来越大。1367 年，他派兵北伐元朝的都城，即今天的北京。

1368 年，朱元璋的军队占领了元朝的都城。皇帝妥懽帖睦尔甚至没有等起义军到来，就在敌人兵临城下前几天带着心腹谋士逃往蒙古。朱元璋让他的军队毁了元朝宫殿，而此前他已在南京称帝，宣布了明朝的建立。新王朝的名字表示“光明”，它将延续近三百年。

二十年前，金匠约翰内斯·古腾堡（Johannes Gutenberg）看到了欧洲对知识的饥渴以及对书籍和文字与日俱增的需求：新建立的大学创造了欧洲前所未有的图书市场；受过教育的新兴中产阶级渴望读到用俗

朱元璋

古腾堡的债务

1455年11月6日，德国美因茨。约翰内斯·古腾堡在自己的作坊来回踱步。从莱茵河上扫过的寒风钻进窗子，微微吹动天花板上挂着的大张印刷完毕的纸。更多已经晾干的纸张堆放在附近的工作台上。数以千计的纸页将装订成《圣经》，那将是他的杰作。

古腾堡和福斯特的第一家印刷厂，德国，15世纪50年代

但他也可能失去一切。此时，古腾堡的合伙人约翰·福斯特(Johann Fust)正在赤足僧侣修道院的法庭上起诉他未能偿还债务。在向福斯特借钱建立这间作坊时，他把印刷机、字模、模具、墨水和印刷出的《圣经》的漂亮页面一起作为抵押。如果福斯特允许他完成《圣经》，所得的利润将让他可以偿还贷款。但他的合伙人不愿等待，而是希望现在就拿回去，或者用作坊做补偿。

作坊的门被撞开了，古腾堡的两名助手和寒风一起冲进屋内。他派他们到法庭去打听判决结果。一看到他们的脸，古腾堡就知道情况不妙。法官判决福斯特胜诉。古腾堡失去了一切。

1440 年左右约翰内斯·古腾堡发明的印刷机的复制品

语写成的世俗文学作品；商业的发展需要记录和档案；教会每年出售数以千计的赎罪券，每份都由教士抄写员费力地手工完成。

除了用雕版印刷文字寥寥无几的画册，当时欧洲的所有书籍和文件都是手工制作。公元600—1200年，欧洲的大部分书籍由僧侣抄写和绘制，这被他们视作虔敬之举。他们的作品十分精美，但工期漫长而且价格高昂。一本漂亮的《圣经》需要花费修道院抄写工三年时间，价值相当于一所小房子。随着大学的兴起，书籍制作走出了修道院。书商雇用非教士的抄写员，以商业化方式制作书籍。每座大学城的抄写员都组成了行会。手稿的不同部分被分别装订，以便抄写员进行劳动分工，并让多人可以同时工作。书籍的产量从几十本提高到数千本。

古腾堡相信，如果自己能够更快和更廉价地制作书籍，市场将变得更大。

1435年，古腾堡开始尝试使用金属字模印刷。他秘密工作了十年，造出了印刷机，发明了新的合金，制成了字模并实验了新墨水。1448年，作为试验，他印制了几份流行的语法课本。

他的印刷机是成功的，但仍然需要改进，可是古腾堡已经没钱了。1450年，他说服当地的一位富有商人约翰·福斯特借钱给自己，以便完成发明。福斯特为古腾堡的印刷机投资了800个古尔登（相当于今天的15万美元）。贷款的抵押品是尚未制造出的印刷设备。两年后，古腾堡用完了贷款。福斯特再次伸出了援手，但这次的出资不再是贷款。福斯特

纸传到西方

在古腾堡能够发明印刷机前，他首先需要纸。

精致的中世纪抄本用羊皮纸制作，原料是山羊、绵羊或羊羔的皮。这种“纸”可以一直保存下去，如果有需要还可以刮掉重写。但它价格高昂，而且制作一本书需要很多张皮。一册精装本《圣经》可能需要多达200张皮。

造纸术是从中国经由伊斯兰世界传到欧洲的。佛教传道者把这种技术向西最远带到了撒马尔罕，当地的穆斯林在8世纪第一次接触到它，那时正值伊斯兰黄金时代的开始。他们像接受印度数字和希腊哲学那样欣然接受了造纸术。到了11世纪，从撒马尔罕到巴伦西亚（Valencia）的穆斯林都学会了造纸。

欧洲最早的造纸厂出现在13世纪中叶的意大利，随后慢慢向西传播，于15世纪来到英格兰。

中国的印刷术

约翰内斯·古腾堡不是印刷术理念的开创之人。

公元 868 年左右，中国人开始在纸张上印刷佛经。他们为每页手工雕刻木板模具。这种技术不允许错误：如果页面上某个部分需要改动，整块雕版都必须重做。

1045 年，中国印刷工毕昇对此做了改进。他用烧制的黏土做成厚度不超过一个硬币的单独字模，用树脂和蜡把它们粘在铁板上，然后就可以像雕版那样涂上墨汁。如果有哪个字需要改动，要加热铁板让黏合剂融化。

后来，其他印刷工开始尝试用木头、锡和陶瓷制作可以反复使用的字模。木头太不平整，锡太软，而陶瓷会开裂。但真正的问题并非字模的材料，而是汉字的特点。由于有数以千计的不同汉字，制作活字字模非常昂贵。

13 世纪时，一些印刷工开始使用雕版和活字相结合的方法印制小册子、日历和词典，但雕版印刷仍然更为廉价和普遍。

想要股份和分红。

1455 年，正当古腾堡和他的工头彼得·舍费尔（Peter Schöffer）即将完成第一批古腾堡 42 行《圣经》的印刷时，福斯特却以未能偿还原先的贷款为由将他告上了法庭。法庭判决古腾堡马上还清贷款，否则他的机器和字模将归福斯特所有。无钱还贷的古腾堡只得把作坊交给了福斯特。在新的合伙人彼得·舍费尔的帮助下，福斯特完成了《圣经》的印刷。他和舍费尔成立的新印刷公司维持了四代。

福斯特可以拿走古腾堡的机器，但在没有专利权的时代，他无法获得古腾堡构思的所有权。在另一位富有的律师康拉德·胡梅里（Konrad Humery）的资助下，古腾堡开设了新的印刷作坊。他用接下去的三年时间制作新的模具、字模和印刷机，并印制了精美程度较为逊色的另一个版本的《圣经》。

很快，美因茨又开设了其他几家印刷作坊。早期印刷商的学徒分布到了欧洲各地。在古腾堡的第一台印刷机问世后的五十年里，欧洲超过 110 个城镇都有了印刷机，超过 1000 万册书籍被印制出来。到了公元 1600 年，欧洲已经有了 2500 家印刷厂，每座城市和大镇子都有一家。它们一起能印制 4 万种图书，总数超过 1000 万册，内容从语法课本和俗语《圣经》到科学论文和如何开展宗教审判。

书籍变得更加廉价。更多的人学会了读写。思想的传播比以往任何时候都更加迅捷和广泛，无论是好的还是坏的，老的还是新的或者说革命性的。

印刷机改变历史

印刷机不是单一的发明。古腾堡还为印刷机创造了一整套新的材料和技术：让字模足以承受反复印刷的合金；能够真正黏附在金属字模上的墨水；重量和密度适中的纸；被称为“槽”的扁平框架，它能够把字模锁在一起构成文本。印刷机的原型是用来制作葡萄酒和橄榄油的压榨机。

古腾堡最重要的革新是铸造金属活字字模，这是可互换部件理论的早期应用，这种理论将成为机械时代的基本原则。他在钢制压印器的底部刻上每个字母，通过锤击把它们印在空白的铜板上。然后，他把印上字的铜板放进模具，灌入融化的金属。金属冷却后就制成了带金属底座的反向字母，可以把它们装进排字槽。底座的宽度按照字母的大小有所不同。

古腾堡《圣经》的一页，约 1455 年

在印刷机发明前，抄写员需要三年才能制作出一本《圣经》，价格相当于 15 世纪的一所房屋。古腾堡发明的活字字模（可反复使用的单个金属字母和符号）可以大规模生产，并对每页重新排字，直至完成整本书，这项突破让我们可以通过书面文字传播知识。

印刷机永远改变了人类的发展进程，让我们的思想进步实现了过去无法想象的规模。印刷术为文艺复兴和新教改革奠定了基础。它还点燃了机械时代的火种，为工业时代搭建了舞台。学习和沟通被彻底改变，其影响一直延续到互联网的发明和将所有图书电子化的工作——这项浩大工程被恰如其分地称为“古腾堡计划”。

7

新世界

人类是不可遏制的探险家，只有无法逾越的高山和未经勘绘的海洋才能阻挡他们的脚步。一千年前，一群斯堪的纳维亚海盗从格陵兰出发，最早跨越了北大西洋。

这些维京人在今天的纽芬兰登陆后遭到了原住民伊努人（Innu）人的激烈抵抗，被赶出了后者的领土。这是一次短暂的接触。新旧世界的下一次接触要等到五百年后的哥伦布远航。

在哥伦布的时代，欧洲人相信大西洋（被称为"大洋海"）是环绕欧亚大陆和非洲的大型水体。当时大部分受过教育的人已经知道地球是圆的，因此顺理成章地认为，从欧洲出发向西航行的船只要环绕地球就可以抵达亚洲海岸。西班牙和葡萄牙的探险家急于找到可以绕过威尼斯和热那亚中间人的新贸易路线，后来才慢慢意识到自己发现的陆地并非亚洲。

只有对宣称"发现"它的欧洲人而言，美洲才是新世界。那里早已生活着数千万人。有些仍是狩猎-采集者，依靠世世代代的传统和智慧生存；另一些来自与欧洲一样复杂和先进的文明。两种文化的相遇令双方都经历了巨变。对征服者而言，等待他们的是未知的财富；对土著美洲人来说则是毁灭。

在旧世界的腹地，奥斯曼土耳其人从安

经过 70 天的航行，克里斯托弗·哥伦布和他的船员们抵达了伊斯帕尼奥拉岛（Hispaniola）；他本来预计只需 4 天就能到达印度

纳托利亚山脚下的小公国发展成强大的力量，让基督教和伊斯兰世界重新陷入纷争。经过对千年古城君士坦丁堡的53天围困，穆罕默德二世苏丹永远改变了战争的工具和城市的建造方式。

一边是旧世界对自然资源的渴望，一边是葡萄牙和西班牙人在造船、地图绘制和航海上的进步，两者的结合让土著美洲人再也无法置身世外桃源。随后的四百年间，欧洲征服者和新世界的被征服民族展开了激烈的冲突。最初，他们对彼此都一无所知。双方在一开始可能都试图开展贸易。但任何这样的计划都很快被暴力、人口锐减和劫掠取代，土著人无力抵御欧洲火器和疾病的致命组合。

公元1001年。挪威人“幸运者”莱夫·埃里克森（Leif Eriksson）率领维京人远征军首次来到新世界，成了第一个抵达北美海岸的欧洲人。莱夫没有待多久，后来的维京人也只发动了有数的几次远征，并得出结论：新世界土著人带来的威胁超过了潜在的回报。

随着本土人口的增长，维京人经常出海远航，寻找财富。维京文化的基础是战争和战斗技艺；劫掠能提高维京人的社会地位，对男性和女性的评价和尊重都建立在他们的身体能力之上。他们制定周详的劫掠计划，选择可以快速攻击、劫掠和撤退的地点为对象。他们驻扎在海岸边或可以航行的河流旁，避免陆上行军。他们的目标是在受害人发起有效抵抗前尽可能多地攫取有价值的战利品。常见的战利品包括武器、工具、衣服、珠宝、贵金属和可以作为奴隶出售的人。悄无声息和出其不意地逼近对手的能力是维京人作为劫掠者取得成功的关键。不过，他们即将遇到的敌手对奇袭并不陌生。

11世纪时生活在纽芬兰和拉布拉多的伊努人和贝奥图克人（Beothuk）是1.3万年前最早抵达美洲的人类的后裔——当时的亚洲和美洲之间有冰层连接。几千年来，他们生活在由亚极地云杉与冷杉林、湖泊、河流和多石荒地组成的广袤土地上。他们称那里为尼塔希南（Nitassinan），维京人则把自己到达的地方叫马克兰（Markland）和温兰（Vinland）；今天，那里被称为纽芬兰和新斯科舍（Nova Scotia）。

伊努人是游猎者。由于尼塔希南的水道在一年中的大部分时间是冰冻的，两三个伊努人家庭会组成小队结伴而行。他们穿着雪靴，拉着雪橇。冰雪融化后，他们会划着轻舟前往海边或大型内陆湖捕鱼，开展贸易，会见亲友。他们捕猎熊、河狸和豪猪，捕捞鱼并采集浆果。但对伊努人来说，最重要的是每年春夏从他们的土地上经过的驯鹿群。驯鹿为伊努人提供了所需的一切，包括食物、衣服、居所、工具和武器。土著人被证明比维京入侵者更加强大，他们不会放弃自己的家园。

伊努人的抵抗

公元1003年。维京人的龙船在温兰海岸登陆。托瓦尔德（Thorvald）和他的手下不知道，伊努人猎手正从树林里盯着他们。

维京人站在伊努人和他们的划艇之间。当维京人调头走向冷松林时，伊努人爬出树丛，向划艇跑去。他们害怕会被发现，于是躲到了一艘划艇下。他们惊恐地一动不动趴在那里，不清楚来客是人类还是萨满传说中浅色皮肤的魔鬼。

托瓦尔德和他的手下在树林和海岸间停下。有人用眼角余光看到有东西一闪而过。他指了指兽皮覆盖的划艇。托瓦尔德点点头，示意自己的人前往。

维京人包围了划艇。他们不知道划艇下是否有东西，但还是手持武器以防万一。维京人刚把划艇翻开，伊努人就立即跳了起来，做好了战斗准备。

面对凶残的维京人，伊努人展开了勇猛的抵抗，直到把入侵者弄得精疲力竭才逃入树林。

这天晚上，当维京人在篝火周围的帐篷里入睡后，伊努人从树林中冲出，用弓箭对毫无准备的敌人发起了攻击。托瓦尔德是最早丧命的人之一。群龙无首的维京人搬起他的尸体逃回了船上。他们已经受够了。幸存者马上启程回家。

维京人在北美的经历是短暂的，而且和他们在不列颠岛的劫掠一样残暴。他们称所遇到的土著人为 skraelings，这个词带有讥讽之意，大致可译作“蛮族懦夫”。根据二百年后的诺斯传说，贸易的尝试失败后出现了暴力。凶残的诺斯人毫不犹豫地突然杀死了成群的土著美洲人（有一次，他们杀死了一群睡梦中的伊努人）。土著人发起了反击，虽然他们的石制武器与敌人的铁制武器相比处在下风。不过，1014 年春，维京人还是被赶出了温兰，再也没有回来。在伊努人的保护下，占领温兰的成本要远远大于收益。

公元 5 世纪罗马沦陷后，改称拜占庭的东罗马帝国继续存在了几个世纪。在芝诺皇帝的统治下，拜占庭的都城君士坦丁堡接过了罗马作为“世界中心”的衣钵。它保留了罗马的行政结构，但希腊语取代拉丁语成为帝国官方的政府和军队用语。

在随后的几个世纪里，位于欧洲和近东十字路口的君士坦丁堡一直是不容小觑的力量。作为欧洲最大和最重要的贸易中心之一，它把西方与富饶的东方联系起来。君士坦丁堡出售来自数千英里外的丝绸和香料。最受珍视的香料是胡椒。胡椒抵达君士坦丁堡后，价值已经堪比黄金。

从 8 世纪的第一波伊斯兰教扩张潮起，拜占庭便开始不断遭受攻击。帝国需要抵御阿拉伯人、保加利亚人和马扎尔人。1204 年，来自西方的基督教十字军洗劫了君士坦丁堡。帝国随着每波入侵者的到来一点点遭到蚕食。

几个世纪的战斗耗尽了拜占庭的财富和防卫力量，精疲力竭的军队再也无力抵抗 14 世纪新崛起的奥斯曼土耳其人。到了 1362 年，奥斯曼人已经征服了东罗马帝国的大部分土地，并控制了连接黑海和地中海的海峡。拜占庭帝国只剩下了孤城君士坦丁堡。

当君士坦丁堡开始面对最严重的威胁时，

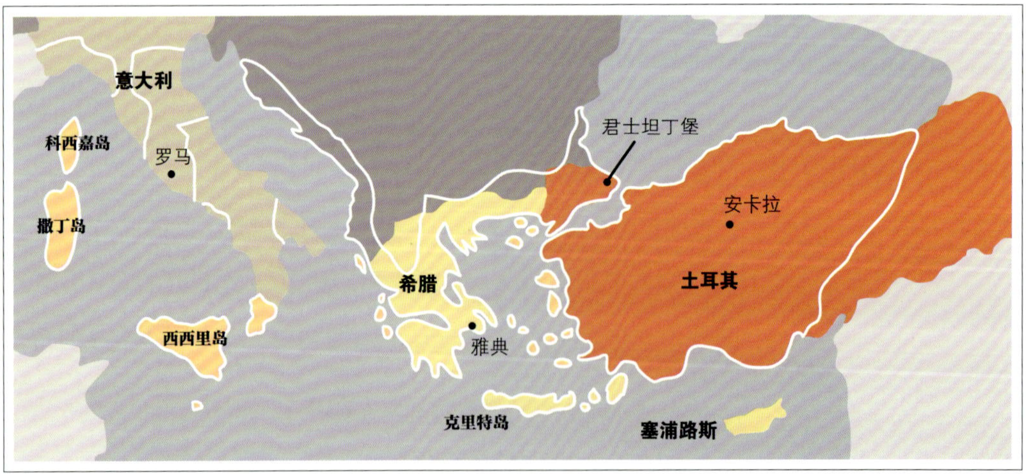

公元 700 年前后的拜占庭帝国

圣索菲亚大教堂

公元532年，拜占庭皇帝查士丁尼下令建造了圣索菲亚大教堂（索菲亚意为智慧）。原址曾经建有两座教堂，但都被焚毁，其中第二座还是毁于一场差点让查士丁尼失去皇位的叛乱。叛乱平息后，查士丁尼决定重建一座更加宏伟的教堂。他要求各省总督将古代纪念碑上最漂亮的部分拆下送到新的都城，并聘请了最出色的工匠和手艺人。然后，皇帝任命当时最伟大的数学物理学家担任建筑师，并委派一位著名的几何学家担任助手。他们一同设计了革命性的方案“穹隅”（pendentive），由四部分巨型石制三角支撑结构组成，拱顶重量转至其上，即可被架设到方形底座之上。

五年后，当结构完工时，人们看到的是高180英尺、直径110多英尺的拱顶，好像飘浮在宽敞的室内空间上方。这座建筑如此神奇，以至于后世相信它的建造得到了超自然力量的帮助。

穆罕默德二世明白象征性举动的价值，奥斯曼人征服拜占庭后，他把圣索菲亚从基督教世界最宏伟的教堂变成了奥斯曼帝国最重要的清真寺，方法仅仅是于1453年6月1日在那里举行了周五祷告。后来的苏丹将完成对教堂的彻底改造，他们在四角修建了宣礼塔，以大型扶壁加固建筑，并用石灰覆盖了光彩夺目的马赛克。

圣索菲亚大教堂作为清真寺一直被使用到1931年。随后，穆斯塔法·凯末尔·阿塔图尔克（Mustafa Kemal Atatürk）领导的土耳其政府把它变成了博物馆和现代土耳其世俗主义的象征。

它早已荣光不再。但它仍是一座宏伟壮观的城市，到处都是教堂和修道院，随处可见黄金和镀金装饰。此外，它还是一个意义非凡的基督教要塞。奥斯曼人曾试图饿死城中信徒，但没有成功。君士坦丁堡的城墙抵御了一切进攻，直到1453年拜占庭皇帝君士坦丁十一世遇到了奥斯曼人卓越的军事领袖——苏丹穆罕默德二世。

穆罕默德统治下的奥斯曼帝国幅员辽阔，但缺少体面的都城。奥斯曼人控制了君士坦丁堡的周边地区，但尚无法拿下该城。他们对君士坦丁堡望眼欲穿，称其为“红苹果”，暗示那是丰厚而诱人的奖赏。奥斯曼人五次围城都没能摘下这颗苹果。穆罕默德志在必得。他的动机更多来自帝国野心而非宗教。他希望得到荣耀、土地、权力和财富。

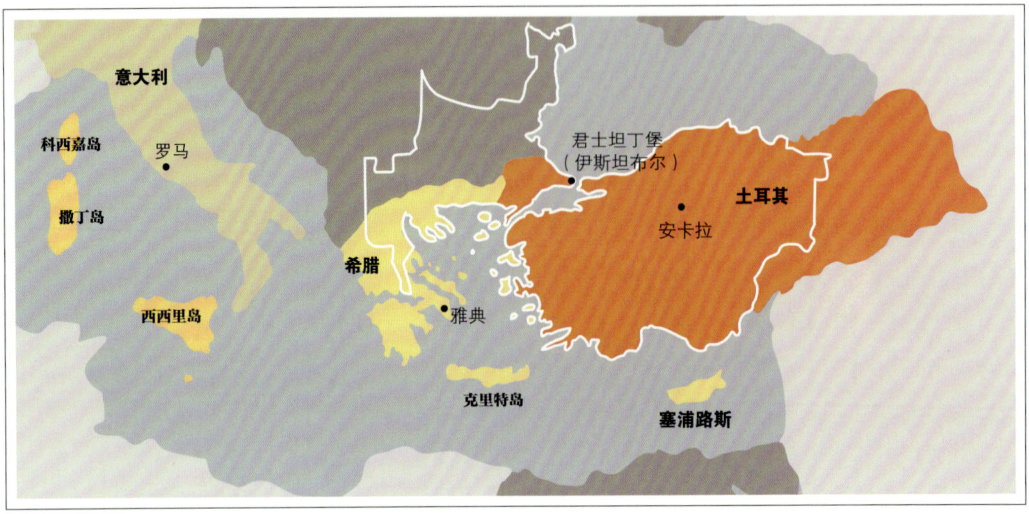

1453 年的奥斯曼帝国

穆罕默德对军事史非常着迷，每天都让人读亚历山大的生平给自己听。他野心勃勃地想要把伊斯兰的旗帜插到欧洲。他希望成为世界的征服者，做一个将亚历山大和恺撒合而为一的人物。

穆罕默德也是军需安排方面的天才。他研究过欧洲地图和意大利人关于围城战术的手稿，还对最新的技术发展如饥似渴。为了准备征服，他组织制造盔甲、攻城器械、帐篷、武器、食物、加农炮弹和火药，并准备了数以千计的马、骆驼和其他役畜。

1452 年 4 月 14 日，穆罕默德开始了对君士坦丁堡的军事行动，在博斯普鲁斯海峡（Bosphorus）最窄处的欧洲一侧建起了城堡（海峡对应的陆地部分理论上仍属于拜占庭）。他不仅亲自设计城堡，还参与了建造。新城堡与位于亚洲一侧的奥斯曼老城堡形成掎角之势，让他对进出黑海的船只拥有了绝对控制。穆罕默德将新城堡命名为鲁梅利堡垒（Rumelihisarı），意为“海峡割刀”。为了证明此言不虚，他下令击沉了一艘拒绝停下的威尼斯船只，并将幸存的船员斩首。从海上向被围困的君士坦丁堡提供兵力和物资支援的日子就此终结。

1452 年 8 月，城堡落成后，穆罕默德在君士坦丁堡城墙外扎营三天，研究该城的防御工事。坚固的城墙、多变的水流和封锁金角湾（Golden Horn）的巨型铁链为君士坦丁堡挡住了来自海上的攻击。在陆地一侧，保卫该城的是两道 4 英里长的城墙，设有 192 座塔楼和 11 座城门。外墙高 25 英尺，内墙高 40 英尺。在外墙之外还有 60 英尺宽的护城河，某些部分可以人为造成泛滥。一条小河通过城墙下方的水渠流入城内，这是该城唯一的明显弱点。

穆罕默德知道，该城此前曾两次击退奥斯曼人的进攻，于是将整个帝国的兵力都带到了拜占庭的都城。他还从帝国内外招募了数以千计的非正规军，如土耳其人、斯拉夫人、匈牙利人、库尔德人、日耳曼人、意大利人和希腊人，让他们与安纳托利亚步兵和精锐的禁卫军一同作战。土耳其工匠耗时数月，为军队准备了武器和盔甲，包括60门各式大小的新式火炮。工程师制造了攻城锤和弹射器。土耳其舰队（一部分是为这次行动新建造的）在马尔马拉海（Sea of Marmara）巡逻，阻止拜占庭船只逃出，也阻止西方增援船进入。

最重要的是穆罕默德雇用了匈牙利火器大师乌尔班制造火炮。前一年，乌尔班曾想为拜占庭皇帝效劳。由于无力承担他的薪水和所需材料，君士坦丁十一世回绝了他。这是一个代价高昂的错误，乌尔班随即投奔了土耳其人。穆罕默德询问他能否制造出可以轰开君士坦丁堡城墙的加农炮，乌尔班表示他的加农炮甚至可以轰倒巴比伦的城墙。穆罕默德雇用了他，价码是他向君士坦丁开价的五倍。

只用了不到三个月，乌尔班就为鲁梅利堡垒铸造了大口径加农炮。穆罕默德大受鼓舞，要求乌尔班再铸造出两倍大的加农炮，用以轰倒君士坦丁堡传奇般的城墙。铸成后的加农炮长28英尺，青铜炮膛的膛壁厚达8英寸。由于炮身过于沉重，足足用了60头牛才把它从奥斯曼都城埃迪尔内（Edirne）运

鲁梅利堡垒，土耳其伊斯坦布尔

加农炮轰开了君士坦丁堡的城墙

第一位在这里定都的皇帝是君士坦丁，当时他对巨大的城墙抱有绝对信心。君士坦丁为该城准备了三重防卫，包括 200 英尺宽的护城河和 100 英尺高的塔楼，他相信这能为坐在拜占庭宝座上的后人提供永久的保护。

虽然在奥斯曼帝国之前就有人做过尝试，但直到苏丹穆罕默德二世出现，谁都无法打破君士坦丁堡十层楼高的城墙。

穆罕默德率领的十万大军聚集在君士坦丁堡城外，一排加农炮已经准备就绪。他决定发动一场史无前例的协同进攻，这将永远改变战争的方式。加农炮诞生于中国，在欧洲，人们使用过去铸造教堂大钟的技术对其加以改良。土耳其人在君士坦丁堡发挥了它的致命威力。

这座都城在奥斯曼人的加农炮口下陷落了，对于 15 世纪时拜占庭帝国残存部分附近的任何民族或国家而言，这一幕不亚于 2001 年 9 月 11 日世贸中心双子塔在恐怖袭击中倒塌。曾经被认为坚不可破的东西变得不堪一击。

君士坦丁堡的陷落改变了战争的方式和城市的设计。1453 年前，人们在遭遇入侵时会纷纷逃往城市，指望城墙能保护自己。如果食物、水和弹药充足，被围的一方总是占有优势。穆罕默德证明，城墙再也无法挡住敌人。随着加农炮的应用，优势从被围者转到了围城者一方。

土耳其臼炮，也称达达尼尔大炮（Dardanelles Gun），1453 年，“征服者”穆罕默德率领的奥斯曼军队在进攻君士坦丁堡时使用了这种大炮；该炮由青铜制造，石制炮弹的直径达 25 英寸

到君士坦丁堡。第一次试射时，炮弹飞行了1英里，钻入地下6英尺深。城墙再也不是坚不可破的了。

当君士坦丁堡的城墙被奥斯曼军队包围时，48岁的拜占庭皇帝君士坦丁十一世正在城内等待。他成年后的大部分时间都在试图阻挡奥斯曼人的进攻。他可以毫不费力地估计本方兵力，只需一一清点就可以了，总数还不到8000人。虽然人数悬殊，守城者还是充满了希望。毕竟，城墙在许多个世纪来一直能够挡住侵略者的脚步。

但他们此前从未体验过大口径加农炮的火力。

1453年3月5日，穆罕默德发出最后通牒，要求该城立即投降。自恃传奇般城防力量的拜占庭人拒绝了。自信满满的穆罕默德这样向集结的大军描述他们的任务：

> 我摆在你们面前的不是坚不可摧的城墙，而是适合你们骑兵带着武器驰骋的平川。应该怎么描述我们的对手呢？他们人数很少，大多没有武器，并缺乏战争经验。逃兵告诉我，每座塔楼只有两三个人守卫，塔楼之间也只是两倍数量的守军。这意味着一个人要守卫三四个城垛，而且他要么全无武器，要么装备很差。

4月6日，奥斯曼人第一次向该城开火。虽然不断有人维护，巨型加农炮每天仍然只能发射七次。奥斯曼人每天轰塌一段城墙，守城者则日夜不停地修理毁损。来自新博尔多（Novo Brdo）银矿的塞尔维亚工程兵开始在城墙下挖掘地道，拜占庭人则用水淹地道和焚烧地道支护的方法对付他们。由于铁链的封锁，奥斯曼舰队无法进入金角湾，苏丹下令利用滚木在陆上拖动船只，经过山岭背面的8英里绕行后进入金角湾。

奥斯曼人的进攻是史无前例的，这不仅是因为他们使用了加农炮，更重要的是，得益于穆罕默德的供应链管理，他们有能力在连续53天内保持炮火攻击。他对炮兵的战地物流管理和对加农炮的使用一样具有革命性。从此，仅仅喂饱士兵是不够的。炮兵战需要充足的手工制作的石制炮弹、火药以及一群现场修理或重铸火炮的铸工。在这场持续近两个月的围城中，穆罕默德的火炮发射了5000发炮弹，使用了5.5万磅火药。

一位君士坦丁堡炮击的见证者在描绘加农炮火时写道：“有时它能摧毁一整段城墙，有时是一半，有时是塔楼、转塔或护墙上或多或少的一部分，没有哪里的城墙坚固厚实到可以挡住如此高速石弹的冲击。”

奥斯曼人对该城的炮轰持续了七周，没能突破城墙的防御。围城日志读起来就像第一次世界大战的轰炸记录，单调中夹杂着恐怖。被围者和围城者同样精疲力竭。谣言传来，一支威尼斯舰队将很快赶来为该城解围。

5月25日，穆罕默德提出撤兵条件，要

1453 年奥斯曼土耳其人占领君士坦丁堡，版画，老马太乌斯・梅里安（Matthäus Merian the Elder，1593—1650 年）刻绘

求君士坦丁每年交纳 10 万拜占庭金币，或者离开该城（承诺保证他的安全）。君士坦丁的回应是：他愿意交出自己的一切，君士坦丁堡除外。奥斯曼宰相詹达利・哈利勒帕夏（Çandarli Halil Pasha）提出立即撤兵（他据传接受了拜占庭人的贿赂），年轻贵族则要求继续围城。穆罕默德派官员前往各营探听口风。士兵们表示乐意作战。奥斯曼人军营用了两天时间准备攻势，并在第三天做了祈祷。

5 月 29 日凌晨，距离日出还有 3 个小时，奥斯曼人发动了对该城的全面进攻。68 门加农炮，5000 发加农炮弹，5.5 万磅火药足以将火箭送上太空。已经保卫君士坦丁堡长达一千多年的外墙被大加农炮击穿了一个洞。安纳托利亚的步兵从缺口涌入城中。在拜占庭皇帝的亲自率领下，守城者在内外墙之间消灭了敌人。但激烈的抵抗持续得并不久。拜占庭人随即也被困在两道城墙之间，奥斯曼禁卫军爬上外墙，向其射出箭雨。正当土耳其人在攀爬内墙时，他们看见内墙的一座塔楼上升起了自己的旗帜，原来一小队土耳其士兵发现了一处无人把守的缺口，毫无阻力地进了城。君士坦丁十一世想把军队聚集到缺口，但他在最后的防守中阵亡了。几小时后，土耳其人控制了君士坦丁堡。穆罕默德以史无前例的规模使用了火药武器，最终取得了胜利。

古代世界的最后遗产消亡了。

西欧人对此的反应是震惊和恐惧。1453年6月29日，威尼斯第一个得到了消息。君士坦丁堡曾生活超过1万名威尼斯商人及其家眷。这里所有的威尼斯人都被奴役或杀死了。据目击者描述，听到这个消息后，威尼斯人“发出了绝望的高声哀号、悲泣和呻吟，所有人击打手掌，以拳捶胸，抓自己的头发和脸”。

在一年不到的时间里，这个消息从威尼斯传遍欧洲，引起了广泛的哀悼 。它被视为某个时代的终结，让世界的转向变得不可预测。

长久以来的假设和信仰同君士坦丁堡一起沦亡了。它是古典世界的最后遗存，是与伊斯兰世界间的防火墙，是基督教在地中海东部的最后堡垒，是夺回耶路撒冷这一古老愿望的最后寄托。这一切都在1453年灰飞烟灭。基督教世界再也没有足够的凝聚力击退土耳其人。古典世界真正死亡了，十字军的时代已告终结，中世纪骑士的世界正在被火药时代取代。奥斯曼人在欧洲获得了永远的立足点，他们还在步步紧逼。

在意识到这些后，人们开始害怕土耳其人可能会征服世界。突然，欧洲人在鼻子底下感受到了伊斯兰教的气息。一位意大利人写道：“敌人已经到了我们家门口！斧子已经就绪。除非上帝施以援手，基督徒之名必遭厄运。”穆罕默德被与无情和不可阻挡的敌基督者等同起来。教皇庇护二世在1459年写道：“除非取得胜利或被彻底打败，穆罕默德永远不会放下武器。每次胜利对他而言只是下次胜利的垫脚石，直到他降服西方的所有君主，摧毁基督的福音，把他的法令强加给整个世界。”当穆罕默德的大军于1481年在意大利登陆时，教皇最大的担心似乎得到了印证。一场持续两百年的军事和意识形态大对抗开始了，它是后世不同世界观争霸的原型。

与欧洲其他地方相比，君士坦丁堡的陷落对威尼斯人的影响最为直接。他们从1082年开始就在这座拜占庭城市享有贸易特权，由此控制了地中海东部的贸易，并成为欧洲最富庶的城市之一。

威尼斯人保持观望，等待通过外交手段恢复与穆罕默德的关系。一年后，他们重新开始在君士坦丁堡做起了买卖，但再也无法像过去那么安全。在这座城中的和在奥斯曼帝国各地的商人可能被随心所欲地囚禁或杀害，贸易特权可能会被收回，税收可能变得更加高昂和随意。通过奥斯曼帝国运送的商品价格不断上升。威尼斯人与奥斯曼人交战的时间与双方和平相处的时间相当。

威尼斯人把注意力放在奥斯曼帝国的威胁上，几乎没有注意到另一种威胁将把地中海东部从贸易路线变成死胡同：葡萄牙人正在寻找直接前往东方香料市场的航线。

数千年来，由于害怕一去不复返，没有

水手胆敢驶入大洋深处。在罗盘和波特兰海图的帮助下，巴托洛梅奥·迪亚士（Bartolomeu Dias）无视传统，沿着非洲海岸向南航行了六周，前往地图上没有标明，只存在于水手想象中的世界。

1487 年 8 月，迪亚士率领两只轻帆船和另一只装着储备食物和给养的船只前往刚果河口。在驶离非洲西南部海岸时，小船队迎面遭遇了强风和湍流。热带风暴来袭时，船队几乎已经抵达了地图上标为“未知”的区域。

复杂的水流和恶劣的天气让沿海岸航行变得非常危险。迪亚士必须当机立断。如果靠近海岸，船只可能被礁石撞碎；如果驶向大海深处，船只可能一去不复返。他做出了更加冒险的选择，转向未经勘绘的深处海域。驶入大洋中部后，迪亚士离开了来自非洲东海岸并绕过海角沿岸的南风和水流，驶向所谓的“西风带”。船只在水手脚下剧烈颠簸，他们不得不努力保持平衡。空中乌云笼罩，如山的浪花把船只像玩具似地抛来抛去。

迪亚士没有顶着风暴前进，而是任其将自己的船队向南带到了大洋中部，就此发现了绕过非洲最南端的最有效路线。

在肆虐的风暴推动下，迪亚士的船只航行了 13 天。风暴平息时，两艘轻帆船安然无恙，但给养船已不见踪影。如果就此结束航行返回（如果他们找得到返航路线的话），船员们可以不需要那些储备。在观察了正午的太阳

海洋环流

推动迪亚士的船只绕过非洲最南端的大风和水流的力量主要来自一种被称为海洋环流（ocean gyre）的自然现象，这种环形的大洋水流是风带和地球自转的结果。地球自转产生的科里奥利效应使北半球的洋流呈顺时针方向运动，南半球的呈逆时针方向运动。由于大陆阻碍了水流前进，洋流变成了以平静区域为中心的封闭环状水流。

地球上共有五大环流，两个在大西洋，两个在太平洋，第五个在印度洋。这些环流决定了许多大洋表层洋流的方向。

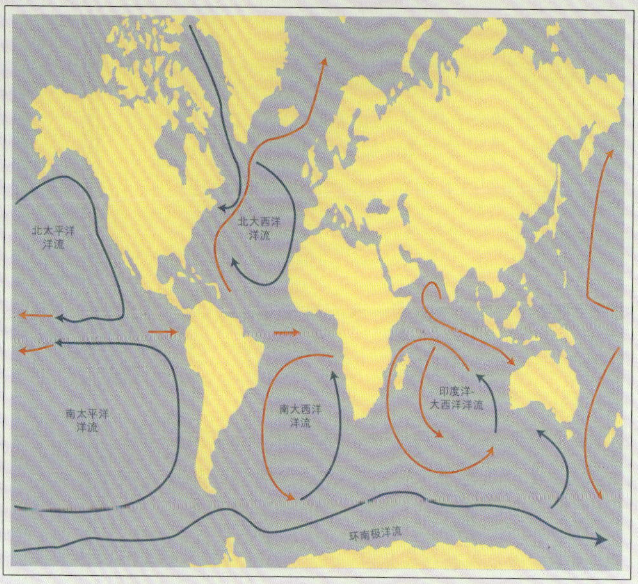

海洋环流是大型环状旋转水流，图中描绘了五大环流

并研究了航海图后，迪亚士叫船员们向东航行。他们一连8天都没有看到陆地。迪亚士决定转向北方。1488年2月3日，船员们终于在视野尽头看到了陆地。随后他们意识到海岸线的位置不对劲。他们在不知不觉中已经绕过了非洲最南端，现在正航行在印度洋。

意识到自己绕过了非洲最南端后，迪亚士抛锚上岸，在距离非洲最南端以东250英里处的东海岸树立了纪念碑（padrão）——这是一种大型的石制十字架，上面刻着葡萄牙的盾徽。他想要沿海岸继续航行，穿越印度洋，但水手们要求返航，并以哗变相威胁。军官们也站在水手一边。迪亚士不情愿地答应了，但条件是水手们要签订一份文件，证明返航不是他的责任。船队起航时，迪亚士感伤地回头看着纪念碑。他在航海日记中写道，自己感觉就像是“与被判永久流放的儿子的最后告别”。

在回程中，迪亚士看见了非洲的最南端，他们曾在风暴中不知不觉地经过那里。他把这个海岬命名为“风暴角”。葡萄牙帝国将终结阿拉伯人对地中海的控制。

1488年12月，迪亚士和他的船队回到了里斯本。他们此行耗时超过16个月，为非洲地图新增了1400英里的海岸线。国王“完美者”约翰对新的非洲海岸地图非常满意，但他不喜欢迪亚士为非洲最南端海角起的名字。他利用

罗盘

最基本的罗盘就是一块活动的磁石。

所有磁石都有南北两极。如果把两块磁石放在一起，根据极性的不同，它们会相互吸引或排斥。

地球是最大的磁石，地心是个诞生于地球形成之时的铁球。随着地球的自转，熔融的铁绕着地核旋转，形成的电流和磁场足以影响地球上的其他所有磁石，包括罗盘上的磁针。

当磁针指向北方时，它所指的是“地磁北极”，而非“真正的北极”。这是因为地核处的磁石并不与南极和北极连成一线。地磁北极与真正北极的区别用度数表示，根据所在地点不同有所差别。

国王的权力，将其重新命名为“好望角”。

直到九年后，受到西班牙竞争的压力，一位新的葡萄牙国王才决定重新尝试这条航线。1497 年，曼努埃尔国王委派瓦斯科·达·伽马（Vasco da Gama）率领一支新的船队开始远航，计划沿着迪亚士的航线绕过好望角，然后穿越印度洋前往古里（Calicut）。170 人报名参加这次长达三年的航行；四艘船各配有 20 门黄铜炮，还准备了十字弓、标枪、长枪和长矛，以防与控制古里贸易的穆斯林遭遇时发生不测。

达·伽马是一位聪明的航海家。鉴于沿岸的风暴几乎摧毁了迪亚士的船队，达·伽马决定不沿海岸线航行，而是向西绕道佛得角群岛，再向南进入大海深处，利用那里所吹的环状信风。11 月 4 日，他的船队在距离好望角以北不远处才回到岸边。

阿拉伯与印度的商人和水手对非洲东海岸非常熟悉，但那里对达·伽马和他的水手而言却是陌生的。在沿着海岸北上的过程中，达·伽马很快意识到，当务之急是找到有经验的领航员来帮助自己穿过印度洋前往古里。在今天肯尼亚的马林迪港（Malindi），达·伽马雇用了一位著名的阿拉伯领航员艾哈迈德·伊本·马吉德（Ahmad ibn Mājid），人称“怒海之狮”。

作为历史上的重大反讽之一，伟大的阿拉伯航海家伊本·马吉德带领达·伽马的船队安全穿过印度洋抵达古里，为葡萄牙人的贸易帝国奠定了基础，终结了阿拉伯人对印度洋的控制。

与此同时，对于同样试图寻找通往东方

财富新航路的其他雄心勃勃的西欧人而言，大西洋仍在激发他们的想象。当欧洲最好的水手向西方地平线驶去时，等待着他们的是巨大的惊喜。这不是一条通往印度的道路，出现在他们眼前的是一个广袤的新世界。与在纽芬兰遭遇伊努人抵抗者的维京人相比，这些欧洲探险家在面对强大的阿兹特克武士时能取得更大的成功吗？在当时看来，形势似乎对他们不利。

克里斯托弗·哥伦布不是第一个提出向西航行前往亚洲的探险家。早在1474年，佛罗伦萨的数学家和地理学家保罗·达尔·波佐·托斯卡内里（Paolo dal Pozzo Toscanelli）就致信葡萄牙国王阿方索，提出向西穿越大西洋可以更方便地抵达富庶的印度。为了证明自己的观点，他还附上了一张印度周边海陆状况的航海图。

十年后，哥伦布试图说服葡萄牙国王约翰赞助自己的计划，他宣称拥有惊人财富的中国仅仅在1100里格之外。约翰把他的计划交给了一个由地图绘制者、天文学家和地理学家组成的委员会。但后者表示，亚洲肯定要比哥伦布估计的更远（事实的确如此）。没有远征队可以带足给养，在穿越浩渺大海的航程中幸存。

在被葡萄牙国王拒绝后，哥伦布来到了西班牙。1486年，他第一次向卡斯蒂利亚的伊莎贝拉提出了自己的远征计划。但西班牙王后与格拉纳达代价高昂的战争已经进入了第五

大三角帆

大三角帆（lateen sail）借鉴自阿拉伯船只，是葡萄牙轻帆船的关键特征。

使用方形帆的船只能在风的前方航行。大三角帆安装有水平横木，被垂直的桅杆一分为二。帆上未被固定的一角靠近船尾，可以承受任何一侧来的风，让船只以之字形方式逆风而行。它可以提供任意方向的前进动能，并使船只在各种天气条件下都航行得更快。

由于使用了大三角帆，迪亚士的船只可以逆风而行，从而驶入大洋深处，避开崎岖的海岸线，并绕过非洲的最南端。勇气和科技的结合让他成了通往富庶东方航线的先驱者。

年，无力资助探险。1491年，当伊莎贝拉在格拉纳达城外驻营时，他第二次把这个计划递交给了王后。由于胜利在望，王后愿意聆听他的计划。她让哥伦布把计划提交给专家委员会。和葡萄牙的同行们一样，伊莎贝拉的专家们也对计划提出反对，表示哥伦布对中国的距离和来回航程的难度完全估计错误。

1492年摩尔人投降后，伊莎贝拉同意资助哥伦布的远航。她愿意在必要时抵押自己的珠宝，但掌管内库的官员表示可以使用公共基金。西班牙富人和生活在西班牙的热那亚商人也愿意为远航投资。此外，伊莎贝拉还对尚未向王室支付走私罚款的沿海城市帕洛斯（Palos）施压，要求其为哥伦布提供两艘轻帆船。

伊莎贝拉与哥伦布签订合同，列出了双方的约定。王室将获得对所有新发现土地的控制。哥伦布将得到“大洋海”海军上将的世袭头衔，成为任何新发现土地的总督，并获得所带回财富的十分之一。

1492年8月3日，哥伦布率领三艘著名船只开始了远航，它们是“尼尼亚号”（Niña）、“平塔号”（Pinta）和“圣玛利亚号”（Santa Maria）。船只上装满了腌鳕鱼、培根、饼干、面粉、葡萄酒、橄榄油和充足的淡水，远远超过了哥伦布预想的较短航程所需的数量。他还带着一封伊莎贝拉和斐迪南所写的信件作为安全通行证，信中表示“我们委派克里斯托弗·哥伦布率领三艘轻帆船穿过‘大洋海’前往印度，履行某些与为上帝效劳有关的事务，特别是关于天主教信仰和我们自己的利益”。由于哥伦布计划在印度登陆，他要求至少一名船员的母语是阿拉伯语，那是亚洲贸易世界的通用语。

一边是马可·波罗对东方复杂文化的描述，一边是他所登陆海岛上的部落文化。但航程的差异和现实的差距都没有动摇他的信念，他相信自己抵达了印度。

哥伦布本来预计航程只需4天，结果却用了70天。

1492年10月12日。克里斯托弗·哥伦布预计自己应该已经抵达中国，至少也来到了日本。他的三艘小船在5周前离开加那利群岛，向西穿越未经勘绘的“大洋海”。但他仍然看不见陆地的踪影。食物和淡水正在减少，返回已经没有可能。更糟糕的是，船员已经处在哗变的边缘。一些人开始嘀咕，应该把那个红头发的意大利人扔下船。他们为什么要冒着生命危险听从一个疯狂的外国人呢？

他们又累又饿，而且非常害怕。谁都没有过如此长时间看不见陆地的经历。“大洋海”有时被称为“黑暗之海”。所有人都认为波涛下潜伏着危险的怪兽，比如海蛇和能用螯钳碎船只的巨蟹。

哥伦布远航队的三条轻帆船："平塔号""尼尼亚号"和"圣玛利亚号"

哥伦布承诺将给第一个看见陆地的人一件精美的丝袍，人们对此的回应却是阴郁的沉默。如果在海上迷途，丝袍有什么用？

当天晚些时候，哥伦布发现有一群鸟向西南方飞去。陆地一定就在附近。他命令船只跟着鸟前行。

第二天晚上，月亮在午夜前不久升起。两小时后，"平塔号"上负责瞭望的水手叫了起来："陆地！我的天啊！陆地！"为了引起其他两条船的注意，他开了一炮。水手们纷纷来到甲板上眺望陆地。黎明时分，"平塔号""尼尼亚号"和"圣玛利亚号"在一片白沙滩旁的平静碧波中抛锚。人们放下小船向岸边快速划去。与预想不同，在海滩上迎接他们的不是身着丝袍的中国人——那些人几乎完全赤裸，除了木制鱼叉别无武器。

当克里斯托弗·哥伦布踏上巴哈马群岛时，他认为自己到了日本。事实上，当哥伦布偏离航线达1000英里并最终在加勒比地区登陆时，他来到的是另一个半球。那里的人们在文化上与欧洲亚洲完全无关。与五百年前维京人与伊努人的相遇形成鲜明对比的是，哥伦布对岛上的土著人表现出友好的态度，而塔伊诺人（Tainos）也以礼相待。哥伦布的目的是寻找黄金而非征服。他乐意通过交易获得黄金。在离开前，哥伦布与塔伊诺人交换了礼物，然后和水手们登船返航。

他几乎不知道，自己无意中留下了一些致命的东西——天花。

土著人的奇特外貌和巴哈马群岛上的景物没有让哥伦布气馁，他的船队满载着热情和纪念品返回了西班牙，包括猴子、鹦鹉、肉桂、辣椒和 10 名塔伊诺部落的成员。最重要的是，他带回了几小块黄金，掀起了持续几个世纪的美洲淘金潮。

通过分享记录成就的日志，哥伦布让自己声名鹊起。哥伦布把巴哈马群岛中的一个岛屿命名为圣萨尔瓦多岛（San Salvador），对于在岛上度过的时光，他这样写道："我睁大眼睛，试图找出哪里有黄金。我看见有些人在鼻子上打了洞，上面挂着一小块黄金。通

欧洲疾病在美洲

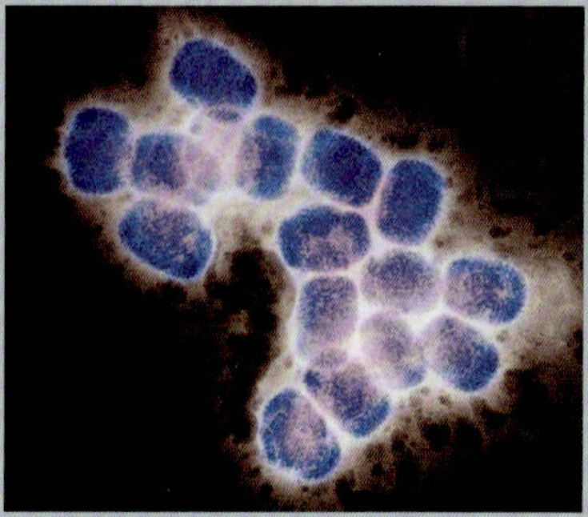

人类历史上最重要的某些角色不是巨人，而是微生物。流感、麻疹、黄热病和天花等疾病被认为来自数千年前古代中东人驯化的动物。许多世纪以来，欧洲人一直与这些动物接触，这意味着他们逐渐获得了针对此类疾病的抵抗力。

土著美洲人驯养的动物寥寥无几，没有接触过它们的疾病，因此也没有获得抵抗力。欧洲人带来的疾病将杀死数百万土著人。

1492 年克里斯托弗·哥伦布登陆时，加勒比海的伊斯帕尼奥拉岛生活着 100 多万人。不到 20 年，超过 1/3 的人口已经死亡，大部分死于他们前所未见的流行病——天花。

埃尔南·科尔特斯（Hernán Cortés）和他的军队给特诺奇蒂特兰的居民带来了同样的灾难，他们无意间埋下了"定时炸弹"，也就是感染天花而死的士兵尸体。几星期内，天花病毒占领了整个都城，造成城中 1/4 居民的死亡。

流行病席卷了墨西哥，并最终帮助西班牙人打败了印加帝国。如果没有致命的天花病毒和其他流行病的帮助，欧洲人也许无法如此轻松地征服新世界。在不到一个世纪的时间里，90% 的土著美洲人死于同欧洲人的接触。

今天，曾经重创美洲的天花病毒已被消灭。得益于大规模的疫苗接种，其他许多疾病也得到了控制。不过，我们同微生物由来已久的战争并未结束。遵循与人类相同的基本原则——演化论学家赫伯特·斯宾塞（Herbert Spencer）称其为"适者生存"——病毒和细菌也在不断改变自己的免疫特性，以便在现代药物面前生存下来。我们在地球上的生存无疑还将面临更多冲突和挑战。

过他们的手势，我知道如果向南走或者绕过岛的南边可以找到一位国王，他拥有许多装满黄金的大罐子，数量惊人。我试图说服他们一起前往，但看上去他们不想那么做。”

消息传来，从里斯本到塞维利亚的街道上都挤满了人，希望一睹这位探险家和他在异国的发现。

从 1493 年到 1503 年，哥伦布又三次前往美洲。他造访了大小安的列斯群岛（Greater and Lesser Antilles），还来到了委内瑞拉的加勒比海沿岸地区和中美洲，并宣布它们都属于西班牙帝国。虽然四次前往新世界，哥伦布仍然没有意识到，自己并未发现前往亚洲的新航路。指出这点的是亚美利哥·维斯普契（Amerigo Vespucci）。

1499 年，斐迪南和伊莎贝拉对于从伊斯帕尼奥拉殖民地传回的各种矛盾的报告越来越感到不安。他们让维斯普契参加下一次远征，后者曾为哥伦布的第二次和第三次远航装备船只。将有两艘船前往伊斯帕尼奥拉岛，两艘前往更南面探险。

维斯普契是其中一艘探险船上的领航员。他的船沿海岸线向南航行，维斯普契仍然相信这就是印度。他携带的年历标出了一年中每个晚上月亮和行星在各个钟点的位置。

8 月中旬的一个晚上，他注意到日志上说，“8 月 23 日，费拉拉（Ferrara）城的居民将在午夜看到月亮与火星交汇”。8 月 23 日晚上，他发现从自己的位置观察，这两个天体的交汇时间是晚 5 点 30 分，与午夜相差六个半小时。

计算纬度

哥伦布使用四分仪为自己导航。

四分仪是 1/4 个圆形状的金属板，一条直边上有两个观测孔。直边上挂着重锤线，曲边上标有刻度。领航员将仪器调整到通过观测孔可以看见北极星的位置，重锤线会落在曲边上，告诉领航员他位于赤道以北多少度。

到了赤道以南，四分仪就没有了用武之地，因为那里看不见北极星。为了确定纬度，葡萄牙航海者需要测算正午太阳的高度和角度，并查阅天文导航图表。

计算经度

对于普通水手而言，亚美利哥·维斯普契计算经度的方法过于复杂。它需要稳定的观察平台和天文年历。1735 年，英国钟表匠约翰·哈里森（John Harrison）发明了可以在颠簸的船只上精确测量时间的船用计时器，这是确定经度的第一步。

亚美利哥的名字被印上地图

德国地图绘制者马丁·瓦尔德泽米勒（Martin Waldseemüller）在自己的地图中将新大陆描绘成阻断了前往亚洲航路的狭窄陆地，日本位于这块陆地另一边的未知海洋中，与之相距不远。他刚读过亚美利哥·维斯普契关于新大陆的描述，于是称其为"亚美利加"——美洲。西班牙地图绘制者仍然称那里为新世界或印度。瓦尔德泽米勒在后来的地图中去掉了美洲的名字，但为时已晚。对欧洲人而言，新世界就是美洲。

维斯普契突然意识到，他可以测算出与费拉拉相距的英里数。希腊地理学家托勒密曾推算出，地球的周长约为 2.4 万英里，每 24 小时自传一周。如果地球每小时旋转 1000 英里，那么上述时间差意味着他距离费拉拉 6500 英里。由于知道费拉拉和里斯本的距离，现在他可以计算自己的东西和南北位置。利用这种新的导航工具，维斯普契意识到自己的船根本不在印度附近。哥伦布发现的不是前往亚洲的新航路，而是欧洲人此前未知的第四块大陆。

阿兹特克人相信，太阳神威齐洛波契特里（Huitzilo-pochtli）给了他们一个神圣的使命，那就是征服整个世界。

13 世纪初，阿兹特克人迁移到了墨西哥谷地。他们相信，神灵要求自己离开家园迁往南方。至少有 7 个不同部落参加了这次大迁徙。大部分在途中定居下来，而阿兹特克人则继续南迁。他们可能在某地待上一二十年，在那里开辟耕地，建造神庙。但太阳神的梦驱使他们不断向南。这个梦告诉他们，当看见岩石上长出的仙人掌顶端停着老鹰时，那就是他们最终的家园。

抵达墨西哥谷地后，阿兹特克人最初定居在一个叫"蚱蜢丘"（Grasshopper Hill）的荒凉之地，但遭到附近部落的驱逐。特斯科科湖（Lake Texcoco）南岸附近的库尔瓦坎（Culhuacan）地区的王允许他们临时居住在湖岸边一块蛇虫出没的沼泽地带。他们很快与邻居发生冲突，再次遭到驱逐。许多年来，

他们在占据了墨西哥谷地相当面积的特斯科科湖周围地区漂泊。1325年，他们终于看到了一只巨鹰，它正展开双翅，在巨石上长出的仙人掌上晒太阳。阿兹特克人在特斯科科湖南端的泽地岛屿上找到了自己的家园。

阿兹特克人把他们的新城市命名为特诺奇蒂特兰，意为“岩石上的仙人掌”。通过在开垦了的沼泽地上搭建抬高的园圃，并创造性地修建贯穿湖区的堤坝和运河系统，他们把沼泽地变成了沃土。到14世纪末，特诺奇蒂特兰的人口已经是原先的5倍，环境恶劣的沼泽变成了食物充裕的花园。

他们的政治力量发展较为缓慢。多年来，他们每年都要为特帕内克（Tepanec）服兵役，后者统治的强大城邦在12—13世纪初控制着湖的西岸。1426年，阿兹特克的统治者伊兹科阿特尔（Itzcoatl）组织当地部落起兵反抗特帕内克。起义结束后，阿兹特克人、特拉科潘人（Tlacopan）和阿科瓦人（Acolhua）组成了三族同盟。三族同盟控制了整个墨西哥谷地和中美洲的许多地区，创造了一个以纳贡而非直接控制为基础的帝国。帝国疆域广阔但控制松散，叛乱司空见惯，战火几乎永不平息。

1486年，得益于一系列强势的阿兹特克首领，三族同盟真正成为了阿兹特克帝国，阿兹特克人控制的傀儡统治者取代了各地的国王。特诺奇蒂特兰的人口超过了巴黎、伦敦，但不及威尼斯或伊斯坦布尔。这座令人称奇的

蒂索克之石

诸神再次需要滋养，是时候再举行一场祭祀了。阿兹特克人选定了献祭者：臭名昭著的囚徒、也是曾经的勇士特拉奇克莱（Tlachicole）。特拉奇克莱喝下仪式饮料后已经处于麻醉状态，被绑在了蒂索克之石（the Stone of Tizoc）上。

他的对手，著名的勇士莫特波波卡（Motepopoca）手持一根扁平木棒，上面镶有剃刀般锋利的黑曜石刀锋。特拉奇克莱也有一根类似的木棒，虽然相当沉重，但上面装饰着羽毛而非黑曜石。他知道自己无法用这样的武器获胜，但仍然要殊死一搏。

战斗开始了。这不是一场公平的较量，堕落的勇士受到绳索的羁绊。但特拉奇克莱是一名勇敢的斗士，不愿轻易就范。

对手一次次发起攻势，但每次进攻也会让莫特波波卡受伤！即使用那样的武器，特拉奇克莱仍能给他造成伤害。即便被绑在石头上，他仍然将魁梧的莫特波波卡弄得筋疲力尽。

但这只是时间问题。几分钟后，特拉奇克莱不支倒地。现在，他可以被用来祭神了。他的对手，魁伟的莫特波波卡挖出了他的心脏，将其献给太阳。

城市建立在一个巨型山地湖中的人工岛和运河之上。它的街道宽敞整洁，石头建造的宫殿和神庙雕有精美的纹饰。市场上充斥着来自帝国内外的各式商品。三条大堤道将岛上的城市与陆地连接起来。通过长长的水渠，淡水穿越山峦和湖面被送到城市中心。

1502 年，一位新的统治者登上了阿兹特克的王位，那就是 34 岁的蒙特祖玛二世（Montezuma II）。

阿兹特克人觉得自己亏欠和依赖诸神。诸神曾为创造世界和人类而牺牲自己，因此人类需要用自己最珍贵的东西来回报，也就是自己的血。阿兹特克人相信，人类所流的鲜血能让诸神得到滋养，变得更加强大，特别是太阳神。

阿兹特克人担心，如果诸神没能接受足够多的人血，一切都将不复存在。这种恐惧让阿兹特克走向了战争。偿付诸神的债是战争的主要原因。

有时，阿兹特克人会举行特殊的“角斗士献祭”：一名囚徒（通常是贵族）与一名阿兹特克最好的勇士进行单挑。囚徒的武器会打折扣，比如覆盖羽毛的木棒。囚徒和阿兹特克勇士的对抗在“蒂索克之石”上举行，是一种仪式性活动。

黑曜石

美洲土著文化从未学会炼铁，但他们善于使用黑曜石，这是一种在火山爆发中形成的天然玻璃。黑曜石又硬又脆，很容易碎成薄片，可以用来制作锋利的剑和矛，或者阿兹特克宗教节日上挖出献祭者心脏所用的祭刀。黑曜石对阿兹特克人非常重要，他们相信死于黑曜石刀锋下是一种生命形式：将勇士的心脏和血奉献给诸神是唯一能够保证宇宙不会灭亡的办法。

今天，黑曜石仍被用于制作某些外科手术刀。

> 特诺奇蒂特兰的市场上到处是拱廊，超过 6 万人来此进行买卖，可以找到这片土地上出产的每一种商品，如金、银、铅、黄铜、铜、锡、石头、贝壳、骨骼和羽毛制成的装饰品。还有人出售石灰、条石或乱石、造房子用的砖瓦、各式的原条木和原木段。还有一条街上出售当地的各种野兽和鸟类。
>
> ——埃尔南·科尔特斯

1519 年，埃尔南·科尔特斯在墨西哥东海岸登陆，他带着 530 名西班牙士兵、几百名古巴印第安人和非洲人、几十把火绳枪、20 门加农炮、16 匹马和一群专为战争训练的大型犬只。蒙特祖玛最初从东部沿海的居民那里获悉了大海彼岸来客的情况。人们看见“漂浮在海浪上

和威尼斯一样，特诺奇蒂特兰也是一座运河之城，城内唯一的道路是在城中央交汇的三条主要堤道；受到攻击时，阿兹特克人会拉起堤道上的吊桥，从而切断入城的通道

的两座巨塔或说两座小山里”爬出了白肤多须的人。皇帝派信使前往迎接这些陌生人，但他们带去的昂贵礼物进一步激起了西班牙人对黄金的贪婪。

阿兹特克的首都特诺奇蒂特兰比西班牙的任何城市都更大更富庶，让这些未来的侵略者眼花缭乱。

科尔特斯的小股军队开始向内陆挺进，和他们在一起的是来自特拉斯卡拉（Tlaxcala）城邦的数千名勇士。特拉斯卡拉位于特斯科科湖东岸，从未处于三族同盟的控制之下。当科尔特斯率军抵达特诺奇蒂特兰时，蒙特祖玛把他们作为贵宾迎入城中。该城比西班牙的任何城市都更大更富庶，让这些未来的侵略者眼花缭乱。其中的一位西班牙目击者后来描绘了对阿兹特克文明的第一印象：“有的城市和村落建在水上，还有一些大镇子建在旱地上，几条笔直而平整的堤道通向[特诺奇蒂特兰]，这些景象让我们目瞪口呆。巨大的城镇和建筑从水中升起，它们都用石头砌成，看上去就像幻境……我们的一些士兵真的开始疑惑这是不是梦。”

虽然不费一枪一炮就进了城，但科尔特斯明白，只要蒙特祖玛一声令下，他的军队就会

“彻底在记忆中消失”。于是，科尔特斯在进城一周后抓住了阿兹特克的统治者，将其囚禁在自己的宫殿中。蒙特祖玛表示愿与西班牙人合作，他从阿兹特克的国库中拿出大量黄金，请求科尔特斯将其带给西班牙国王，作为新封臣的纳贡——在以三族同盟方式建立起来的帝国中，这种举动是合情合理的。

在随后的七个月中，科尔特斯向他的俘虏提出越来越高的要求，包括皈依基督教的上帝。更糟糕的是，科尔特斯短暂离开该城期间，他的一位军官在托斯卡特尔（Toxcatl）宗教节日上袭击了一群手无寸铁的歌舞者，造成数千阿兹特克贵族死亡。大屠杀引发了全城的奋起反抗。

好几千名阿兹特克人包围了蒙特祖玛宫殿中不到1500名西班牙人，后者的命运掌握在被俘的皇帝手中。此时，科尔特斯已经回到了特诺奇蒂特兰，他索性放手一搏，把蒙特祖玛推到宫殿的屋顶上，令其对人群喊话。他让皇帝一定要命令民众放下武器。这是一次冒险。只要阿兹特克的统治者眨一下眼，臣民们就会一拥而上救他。

看见皇帝后，人群静了下来。但令他们失望的是，蒙特祖玛举起双臂，请求人们散去。人群发出怒吼，纷纷将石头掷向这位统治者。

西班牙人的记录表示，蒙特祖玛是被其中一块石头砸死的；而按照阿兹特克人的记载，他被赶回了宫殿，在那里遭到西班牙人的毒手。无论如何，蒙特祖玛死了，特诺奇蒂特兰陷入了暴力。在那个西班牙人口中的“悲伤之夜”，科尔特斯和他的军队被赶出了城市，超过一半人丧命，其余许多人则受了伤。他们撤退到了特拉斯卡拉。

疾病不仅造成人口锐减，随着统治者的死去和继承制的瘫痪，它们还摧毁了原有的权力结构。

如果特拉斯卡拉人撕毁了之前的约定，科尔特斯入侵墨西哥的计划可能就会以失败告终，但事实恰恰相反。1520年，西班牙和特拉斯卡拉联军向阿兹特克帝国的都城发起了进攻。经过15周的围城，特诺奇蒂特兰终于落入了西班牙人手中。3/4的居民丧生。许多人死在战场上，但更多人死于饥饿或天花。在西班牙人被驱逐后，天花就像来自愤怒之神的惩罚一样席卷了该城。

西班牙人面对印加帝国时希望显得更加渺茫，但后者的陷落甚至更快。1530年，当弗朗西斯科·皮萨罗（Francisco Pizarro）和他的小队征服者抵达库斯科时，由于天花的肆虐，帝国已经到了崩溃边缘。这种疾病从特诺奇蒂特兰开始席卷了墨西哥，随后穿越中美洲，开始在安第斯山中部发威。核心地区被削弱后，新征服部落的动荡和统治者家族间的激烈冲突演变成了叛乱与内战。通过让各派势力自相残杀，皮萨罗凭着仅仅180人、62匹马和1门加农炮就摧毁了印加人的抵抗。

但整个美洲的真正征服者是疾病。欧洲

人带来了天花、麻疹、腺鼠疫、霍乱、伤寒、胸膜炎、猩红热、白喉、腮腺炎、百日咳、肺炎和各种流感，可能还有斑疹伤寒。从1510年开始被欧洲人送到新世界的非洲奴隶则带来了疟疾和黄热病。

对土著美洲人而言，天花是早期的最大杀手。第一次天花流行发生在1520年，随后是1531年的麻疹，1545年的腺鼠疫，1559年的流感，1586年的斑疹伤寒和1601年的白喉流行。这些疾病是真正的传染病，它们不是在杀死一代土著人美洲人后就销声匿迹，而是不断卷土重来。

我们关于疾病对土著美洲人文化破坏的最清晰画面，并非来自阿兹特克和印加这样的黄金文明，而是来自较小的密西西比文化。1539年，当埃尔南多·德·索托（Hernando de Soto）在坦帕湾（Tampa Bay）登陆时，他看到的是大量繁荣的密西西比酋长国，它们从佛罗里达延伸至田纳西河上游河谷，人口估计在百万左右。德·索托曾随皮萨罗前往秘鲁，在那里获得了“极致残忍者”的名号。在美国西南部的四年中，他展现出了标志性的残忍，为寻找黄金而对乡间展开洗劫。德·索托和他的部下造成了数千人死亡，而他们携带的疾病则杀死了数十万人。1682年，当法国探险家勒内-罗贝尔·卡瓦利耶·德·拉萨尔爵士（René-Robert Cavelier, Sieur de La Salle）乘划艇抵达该地时，那里实际上已经一片荒芜。德·索托看到的是连绵的密西西比城市，拉萨尔却在200英里内都没见一个村庄。

在下个世纪，美洲的资源将流入旧世界。黄金和白银涌入西班牙，并在欧亚大陆扩散，通过与印度日益繁荣的贸易，它们将抵达中国。

在抵达欧洲的美洲资源中，贵金属是最夺目最诱人的。但从长期来看，它们并不是最重要的。大量新的食物永远地改变了欧洲人的食谱，包括玉米、番茄、胡椒、利马豆、四季豆、斑豆、黄荚刀豆、巧克力和香草。不过，最重要的是神奇的土豆，它可以在贫瘠的土地里种植，每亩产出的卡路里远超已有的谷类作物。土豆还可以留在地里，需要时再挖出来，战时前来扫荡的军队很难找到它们。

1492年，人类的权力中心发生了根本性的变化，从东方转向了西方。哥伦布穿越大西洋的远航实现了欧洲人与美洲的第一次永久性接触，欧洲人在异国土地上开始了探险和殖民活动，并将持续几个世纪。从此，地图被重新绘制，人类的故事将改变方向。

当然，新旧世界的相会是不可避免的。更难预料的是，这个伟大的大发现时代带来的天才发明、文化交流和意料之外的结果将对人类的未来产生什么影响。

只有时间知道答案。

8

白银

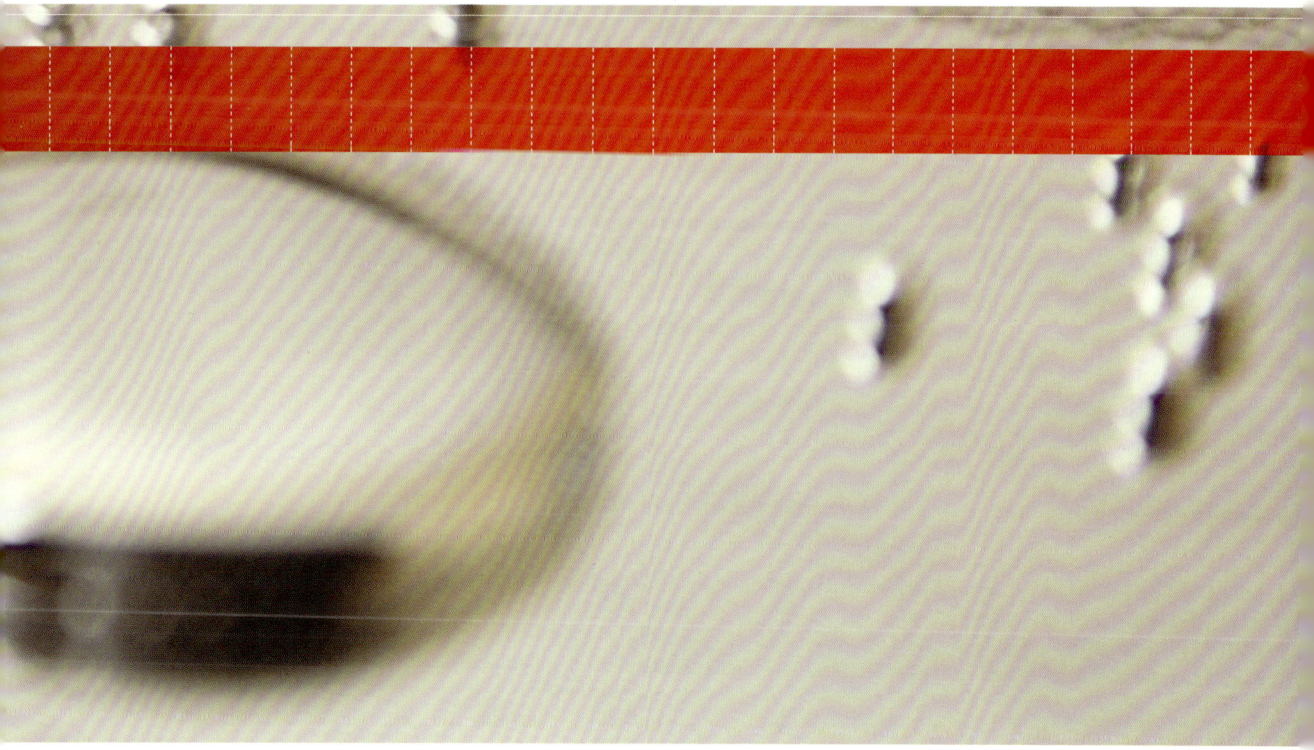

16 世纪时，为了找到前往亚洲寻宝的新航路，探险家们跨越了世界上的各个大洋，最终发现了某些与期待并不一致的东西。

哥伦布误打误撞来到了一个热带天堂，他遇见的不是亚洲人，而是半裸身体、佩戴金饰的塔伊诺人。新奇的异域食物令他们惊讶，橡胶等新材料让他们痴迷，最重要的当然还是黄金——他和船员们收集的样本和故事将让国内的潜在投资者兴奋不已。

哥伦布把这个地方称为伊斯帕尼奥拉。很快，关于那里的报告就引发了前往新世界淘金的热潮。但追随哥伦布脚步的西班牙人找到的不是成堆的黄金，而是白银之河与白银之山。

欧洲探险家和统治者很快开始瓜分新世界的战利品和贸易路线，然后着手积累原材料和扩大生产规模，实现全球范围的贸易。在贪婪的驱使下，他们奴役土著人，逼迫他们提炼和收获产品，并将其运往等待起航的船上。全球化拉开了帷幕。出于分担全球贸易风险的需要，世界上第一家股票交易所将会应运而生。

但与此同时，西班牙商人巴托洛梅·德·梅迪纳（Bartolomé de Medina）发现了一种新的化学方法，可以从秘鲁安第斯山区的低等级

莫切（Moche）头饰，秘鲁，公元 700 年

矿石中提炼出高等级的白银。他的天才发明将给世界带来丰厚回报——直到有一天出现意想不到的副作用。

人类对财富的渴望把我们送到了本不会去的地方。如果不是受到深埋地下或位于遥远雨林中的财富驱使，我们也许不会绞尽脑汁发明新的工具和方法。归根到底，人类既贪婪又务实。

前哥伦布时期的拉丁美洲文化把金银加工成饰品或用于仪式目的，并非因为是贵金属才珍视它们。一位巴拿马酋长的儿子告诉西班牙人，金矿石并不比一块泥土更有价值，除非它被制作成美丽或有用的东西。阿兹特克人和印加人都把金银饰品视作等级的标志，甚至哥伦布第一次登陆的海岛上生活的塔伊诺人也是如此。印加人特别喜欢大肆炫耀他们所谓的“月亮眼泪”和“太阳汗水”。

在贪婪的驱使下，西班牙入侵者征服了当时的美洲文明，杀死其统治者，将他们做工精美的金银饰品熔炼，并且还要寻找更多财宝。在今天的墨西哥，从今天的智利中部到哥伦比亚的安第斯山区，包括塔斯科（Taxco）、帕乌卡（Pahuca）、波尔科（Porco）、拉普拉塔（La Plata），他们的确找到了更多财宝，特别是今天玻利维亚的波托西（Potosí）。皮萨罗征服印加帝国后，“像秘鲁一样富有”成了西班牙人描绘珍贵之物的流行语。塞万提斯笔下的堂吉诃德把这句话改成了“像波托西一样富有”。

位于今天玻利维亚安第斯山区的波托西是一座深红色的锥形山，海拔近 1400 英尺，

丰富的白银

1544年，秘鲁。瓜尔帕（Gualpa）正率领自己的羊驼队从拉普拉塔返回波尔科。对于一个熟悉山路的人来说，将富饶的谷地农田出产的食物送到西班牙人的矿城是利润丰厚的买卖。

他在红山脚边停下，让羊驼喝水。瓜尔帕今天不打算爬山。他有别的事要做。

突然，一头羊驼挣脱缰绳，沿山侧向上攀登。瓜尔帕一开始没看见，但后来……

逃跑的母羊驼就在那里。瓜尔帕骂了句粗活。他承担不起失去这头羊驼和它所驮的货物。

瓜尔帕开始追赶逃跑的羊驼，穿过扭曲的常绿植物向陡峭的山丘上爬去。虽然沿着羊驼蹄子开辟的小径前行，路仍然很难走。瓜尔帕脚下的一块石头松动了，他抓住一丛灌木，试图保持平衡，但灌木被连根拔出，他摔倒在地。

瓜尔帕挣扎着站起身，拨去衣服上的尘土和石块——突然，他完全忘记了逃跑的羊驼。他一辈子都在矿井周围度过，认得出自己脚下的土壤中蕴藏着丰富的白银。

印加熔炼技术

土著美洲人熔炼工主导了早期的秘鲁银矿业。

西班牙熔炼工很快发现，当地的矿石品质过高，不适合欧洲人的熔炼方法：矿石升温太快，所含的银成分不是熔化，而是烧焦和蒸发。传统的印加熔炼技术可以让熔炼工更精确地控制温度。土著熔炼工使用便于搬运的瓷制熔炉，燃料罐的壁上开有口子。把炉子架设到山上，点燃罐内的焦炭，罐壁上的开口就会形成鼓风炉般的效果。当要控制温度时，熔炼工只须估算风速，然后将炉子移到山上更高或更低的地方就可以获得炉火需要的正确风量。用这种方法从矿石中提炼出的银还要经过两遍精炼程序，最终制成纯粹的银块。按照合同，每加工 100 单位的矿石，土著美洲人熔炼工需要上交特定数量的精制白银，剩下的归他们自己所有。

当提炼白银的方法发生改变后，矿区的权力天平出现了根本性的变化——对于建造和运营最早的熔炼炉的土著美洲人部落而言，这意味着毁灭和几个世纪的痛苦。

右：土著美洲人在西班牙人的银矿工作

有时被称为“富山”（Cerra Rica）。它包含了有史以来最大和最富饶的银矿脉之一。我们不知道是谁将其命名为波托西，或者这个名字有何含义，甚至不知道它来自哪种语言。一种流传很久的传统说法认为，这个名字表示“高地”。但到了 17 世纪，它成了“白银”的代名词。

拉美白银流入西班牙已有 250 年。它不仅将西班牙变成了世界强国，还缔造了最早的全球经济——通过西班牙、英国与荷兰的中介，将墨西哥、秘鲁与印度、中国联系起来。白银的力量为西班牙帝国注入了能量，为它的战争提供了资金。银矿对劳动力的需求拉动了葡萄牙人的奴隶贸易，并造成安第斯山区土著美洲人数量的大幅减少。很快，白银将用来装饰欧洲的教堂和宫殿，并为欧洲与亚洲的海上贸易买单。

16 世纪时，波托西是世界上最大的工业区

在随后的几个月里，瓜尔帕以羊驼队为掩护，一次次地返回波托西收集和熔炼那里的富矿石。但随着财富越来越多，他很难保守秘密，特别是对他的朋友瓜安卡（Guanca）。在瓜安卡的请求下，瓜尔帕最终吐露了实情，并把朋友带到了发现白银的地方。

他犯了一个大错。很快，朋友俩对如何开采矿脉产生了分歧。为了泄愤，瓜安卡把瓜尔帕的秘密透露给了自己在波尔科的矿主胡安·德·比利亚罗埃尔（Juan de Villarroel）。

1545 年 4 月，他和主人一起正式提出对山上最富有的矿脉之一拥有权利——瓜尔帕被推到了一边。

波尔科最大的西班牙矿主比利亚罗埃尔对波托西新报告的矿藏做了勘探，发现了一条长 300 英尺，宽 13 英尺的巨型裸露矿脉。这里的矿石品质很高，含银量达 50%。经过成年累月的侵蚀而暴露的矿脉只是冰山一角，波托西的大部分矿脉仍藏在地下。

在比利亚罗埃尔在 1545 年 4 月主张对裸露部分的矿藏的所有权后，一波白银热潮就此开始。170 名西班牙人抛弃了建立不久的矿业城镇拉普拉塔，急于前往波托西的新矿脉寻宝，还带来了为他们效劳的 3000 名印第安人。几乎还来不及提出权利，这些未来的矿主就因为冬天的到来而被迫迁移到海拔较低的地区，并赶走了那里的土著美洲人。18 个月后，他们在山脚下建立了一座简陋的速生城镇。1.4 万名矿工、熔炼工、商人和放贷人居住在 2500 间仓促建成、用稻草铺顶的棚屋中。殖民者的唯一目标是白银，他们既不种植作物，也不制造任何产品。所有的工具、衣服、床和食物都必须由骡子和羊驼队从山下运来。不过，把商品运到一个海拔将近 1.4 万英尺的城镇是艰难和昂贵的。由于成功矿主的大肆挥霍，物价很快开始上涨。

西班牙人早就发现，非洲奴隶无法在高

海拔和低温条件下从事繁重劳动。而当地的土著美洲人数量过少，无法提供矿井所需的强制劳动力。无论是否情愿，矿主们只得转向自由劳动力市场。带着发财梦涌入波托西的西班牙人和自由土著美洲人为他们提供了充裕的选择，其中一些人的确发了财。

在前 11 年间，波托西的矿井产出了超过 1.27 亿比索的白银，但随着较易开采的高品质矿脉耗尽，产量开始下降。仍有大量低品质矿石有待开采，但很难从中提炼出银。波托西到了金融崩溃的边缘。

1569 年，西班牙国王菲利普二世委派弗朗西斯科·德·托莱多（Francisco de Toledo）率领一支特别部队前往调查和改

上：波托西银矿 / 下：特鲁希略（Trujillo）矿石加工厂，秘鲁，18 世纪 80 年代

革对美洲殖民地的管理。他的目标是提高贵金属的产量，当然也包括王室的收入。1570年2月，托莱多在昔日印加帝国的首都库斯科安营，他使用了两个办法增加波托西的白银产量：被称为“米塔”（mita）的徭役制度，和用于从低品质矿石中提炼银的汞齐法。这两个办法对安第斯山区的土著美洲人口造成了毁灭性的影响。

米塔制度要求所有土著美洲人村落每年派出1/7年龄在18—50岁的男子前往矿井或其他工程，从事为期四个月的有偿劳动。理论上，一名男子每七年只需服役121天，而且对工作有严格的规定。但事实上，迫于压力，他们的服役时间常常比约定期限更长。而且他们经常得不到报酬，或者酬劳低于规定数额。很快，各村落被强迫更频繁地派出更多劳动者。

由于过度劳累、危险的环境和食物不足，受征前往矿井劳动几乎被视作死刑判决。矿工们在半黑暗中工作，暴露在污浊的空气和有毒的粉尘中。疾病和事故司空见惯。最危险的工作是把矿石运出矿井。背着一大筐沉甸甸矿石的劳工需要在又窄又陡的矿道里攀爬数百英尺，到矿井口时已经精疲力竭、汗流浃背，迎接他们的却是山坡上的刺骨寒风。

米塔制度持续了250年。在此期间，超过300万盖丘亚（Quechua）印第安人被迫在矿井工作。数十万人因此丧生，造成安第斯山区的土著人口减少了80%。在付出了如此高昂的人员代价后，米塔制度终于让数以吨计的低品质银矿得以从山腹中挖出。

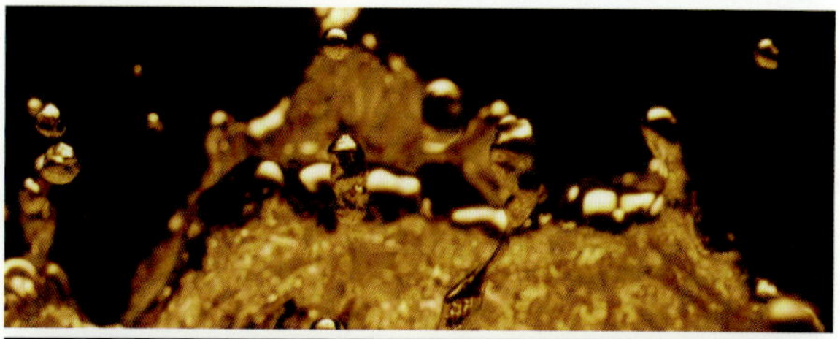

汞

作为室温下唯一以液态存在的金属元素，汞自古以来就令人着迷。埃及人相信它能带来永生。古代的中国人和印度人把它加入用于延年益寿的长生药。炼金术士用它寻找可以将其他金属变成黄金的贤者之石（the philosopher’s stone）。16世纪的内科医生则用它治疗梅毒。

虽然在历史上和药物与永生联系在一起，但汞是有毒的，无论是通过皮肤吸收还是吸入汞蒸气。汞中毒会引起心理和生理症状，经常导致死亡。

印加人对汞有所了解，包括开采和接触它的人产生的中毒反应。由于汞对印加人毫无用处，他们禁止对其进行开采，并要求将这个词从语言中抹去。

但后世的文明在这点上较为迟钝。数十年来，工业家们开采汞，将其用于全球各地的工业。

最终，这种有毒金属进入了水道，对水和生活在水中的鱼造成污染——这些鱼和水同样维系着人类的生活。20世纪的科学家很快开始把受污染地区（如美国的五大湖地区）孕妇接触汞与出生缺陷和儿童认知障碍联系起来。最终，人类文明意识到了汞的危险，开始清理被汞污染的土地和水道。

清理过程至今仍在继续。

发现汞齐

1553年，新西班牙。拂晓时分，巴托洛梅·德·梅迪纳推开自家的大门。他在洪水河（Río de las Avenidas）河畔的这个帕丘卡（Pachuca）山村已经生活了近两年。他长出了一口气，庆幸自己没有看到那十几个矿主，他们曾跑来打听他的重要实验的进展，实验的消息已经传遍了新世界。今天，梅迪纳完全没有觉得自己是冶金业的弥赛亚。相反，在走出大门的时候，他感到身后有一片失败的乌云。

梅迪纳感到精疲力竭。他几乎一夜不曾合眼，沉浸在自我怀疑之中。他调转方向，没有前往乡间的作坊，而是走向了帕丘卡中心的一座小教堂。与他的家乡塞维利亚不同，帕丘卡显得杂乱无章，主要道路两旁是仓促建起的仓库、马厩和仆人宿舍——这些都是近年来为支持白银开采业而建成的，该行业为当地体格健全的男性提供了工作，并让新西班牙变得富庶。

梅迪纳礼貌地向一位友好的路人问好，但随即变得更加忧伤。他想起了塞维利亚的商人同行、朋友和商业合伙人震惊的表情和可怕的警告，因为他宣布了自己放弃买卖的打算，在50岁时来到这片荒凉之地，将全部身家投入这种难以实现的化学方法的研究。他不愿再去回想这些，试图忘掉工作缺乏进展带来的沮丧。

他推开教堂的沉重大门，发现里面空空如也，不由得又长出了一口气。他来到圣坛前，抓住栏杆，慢慢弯下僵硬的双腿，跪倒在石头地面上。在他身前的大十字架旁是一尊古老的圣母玛利亚像，圣母正带着慈祥的微笑俯视他。梅迪纳的目光落在了圣母身上。

他祈祷道：“圣母啊，您面前的我已经走投无路。我离开妻儿来到这里，想要为上帝、陛下和他的王国立一件大功。我在这项工作

上花费了毕生的积蓄和多年的时光，不得不痛苦地承认自己无力完成这项伟大的计划。所以我请求您给予启迪和指导，好让我获得成功。”说完这些，他画了十字，然后起身走出了教堂。

离开教堂后，梅迪纳感到轻松了些，头脑也稍微清楚了一点。他决定回去工作。在路上，他想起了德国朋友洛伦茨大师（Maestro Lorenzo）在塞维利亚告知的方法，正是那个人促成了自己的行动。

洛伦茨说："把矿石磨碎后浸在浓盐水中，加入汞并充分拌匀。每天重复搅拌工序，并持续几个星期。每天取出一撮矿石泥，检查汞的状况。刚开始时，汞闪闪发光，但随着时间的流逝会变暗，因为盐分离了矿石中的银，使其与汞形成了合金，即膏状的汞齐。用水洗掉矿渣，然后对汞齐进行蒸馏，汞被蒸发后就只剩下银。"

"为什么没用呢？"梅迪纳一边自问，一边走进花园前的大院子，院子的地上铺着宽大光滑的石板，这里是他对银矿开展大规模实验的地方。

和往常一样，今天，矿砂磨成的稠密泥浆也像煎饼那样被铺在石板上。在院子的另一头，梅迪纳看见了助手胡安·德·普拉森西亚（Juan de Plazencia），后者是一名经验丰富的当地银矿工人，和他一样对找到更方便的炼银方法很感兴趣。普拉森西亚向他走来。

几个月来，两人已经尝试过将不同剂量的汞滴在矿石上，希望汞滴能够变暗，能显示出撒在表面上的盐已经从矿石中分离出了银。他们日复一日地搅拌、混合、等待和观察……但什么都没有改变。汞仍然在日光下闪闪发光，完全没有失去光泽——这只会对两人的名誉造成伤害。

但今天，当梅迪纳与普拉森西亚目光相触时，他有了一个新的想法。他把双手放在心口，仿佛突然无法呼吸，问道“如果我们在汞中加入另一种化学品会发生什么呢？”

普拉森西亚问：“什么化学品？”梅迪纳的突然发问让他扬起了眉毛。

梅迪纳说：“我不敢相信以前没想到这点。”他环顾作坊，仿佛在找什么东西。普拉森西亚看着梅迪纳踱来踱去，双手在空中挥舞，然后听见他解释说，在塞维利亚，皮匠用腐蚀性硫酸盐——明矾来让皮革变黑。如果在滴到银矿石上的汞中加入腐蚀剂会怎么样呢？也许会产生同样的链式反应呢！

梅迪纳和普拉森西亚马上就开始动手。在接下去的几天内，他们试验了各种酸，最后找到了一种硫酸铁和硫酸铜的混合物，他们称其为“完美剂”（magistral）。普拉森西亚把几滴“完美剂”浇到了覆盖着汞滴的铁矿泥上。几秒钟后，汞开始失去光泽，变成铅白色的稠密膏状物。

两人兴奋地大叫起来，梅迪纳跪倒在地，为这个等待已久的突破向“圣母”致谢。

带着为上帝和国王获取更多白银的热望，梅迪纳发现了一个重要的化学原理：只有在催化剂的作用下，盐和矿石中的银才会发生反应。

巴托洛梅·德·梅迪纳的汞齐法，借鉴了罗马人的金银汞齐法，并对其加以改进，让这些银矿有了用武之地。在托莱多的主持下，汞齐法改变了波托西的白银生产。在山坡上操控小风炉的技艺高超的土著美洲人不见了，取而代之的是城内的大型提炼和加工厂。托莱多建起了132座壁垒森严的工厂，每座都包括厂主的私人居所、小教堂、公用厨房和工人宿舍。

和其他许多古代知识一样，金银汞齐法在罗马陷落后就失传了，但并未被彻底遗忘。16世纪40年代，欧洲炼银工和炼金术士开始试验这种方法，特别是在意大利和新西班牙。

按照梅迪纳的方法，要把水、盐、汞和“完美剂”与磨碎的含银矿石混合起来，然后把这种黑色的膏状物质铺在石槽中，并放置几个星期。强制劳工通常赤脚站在齐膝深的混合物中，在长达一个月的时间里整天踩踏，以便让物质充分混合，使银和汞相互结合。一旦采样显示，银和汞的化学结合已经完成，梅迪纳就会把混合物浸入水中，沉重的汞齐会沉到底部。分离出汞齐后，他将其放在锥形容器中挤干，得到的锥形物因为外形而被称为“菠萝”，其中汞和银的含量比为5:1。然后，人们通过加热让“菠萝”中留有的汞蒸发，从而得到高品质的银，但同时也让数以吨计的有毒汞蒸气进入了空气。

1554年末，梅迪纳的汞齐法获得了新西班牙总督授予的六年专利权。16世纪时，这种方法被大规模应用到秘鲁的银矿，成为人类有史以来回报最丰厚的科学发现之一。

梅迪纳见证了西班牙国王的税收在25年间增长了2000万比索，其中很大部分要归功于汞齐法。到了该时期末，仅通过汞齐法获得的白银每年就能创造300万比索的税收。白银产量开始大幅提高。从1550年到1800年，秘鲁和新西班牙至少生产了13.6万吨白银，占当时全世界白银产量的80%。

新方法

就像下个世纪的“科学革命”中的许多重要发现一样，商人出身的冶金家梅迪纳经历了复杂的尝试和失败过程，在想要的结果“奇迹般”地出现前，他几乎都要放弃了。

梅迪纳把“恍然大悟”的一刻归功于“圣母”，相信自己是在她的启迪下找到了关键的配方和方法。不过，这个时刻后来将被视作所谓的“科学方法”过程中的一个步骤。“科学方法”这个措辞被用来描绘对自然世界的经验性研究，即科学家通过实验，观察、解释和预测真实世界的现象。因此，他们的结论并非依靠魔法、炼金术或奇迹，而是取决于一种将人类与地球上其他居民区别开的特质：理性。对梅迪纳和后世的许多科学家而言，他们的发现既实用，又能给自己或赞助人带来丰厚回报。

为了把贵金属从美洲殖民地送回西班牙，西班牙人精心设计了运输体系。每年，一支武装精良的舰队会从塞维利亚驶往南美。抵达被称为“西班牙大陆”的加勒比地区后，舰队分散成小队，分别前往各港口，当地的官员已经将待运的金银整理完毕。然后，舰队在古巴的哈瓦那港重新集合并返航。这是个很好的体系，但和其他许多体系一样，它的缺陷在于死板。

西班牙发现，自己很难像《托尔德西里亚斯条约》(*Treaty of Tordesillas*) 所规定的那样维持对美洲的垄断。从 16 世纪中叶开始，来自欧洲其他国家的海盗开始向西班牙殖民地走私商品，并劫掠加勒比地区的西班牙船只和沿海定居点。

17 世纪二三十年代，英国和荷兰殖民者在托尔图加岛（Tortuga，位于西班牙人控制的大岛伊斯帕尼奥拉的西北部）。伊斯帕尼奥拉和古巴之间的水道叫“向风海峡”(Windward Passage)，它把古巴和佛罗里达圣奥古斯丁(St. Augustine) 殖民地的各个港口与加勒比地区的港口联系了起来。每年运送财宝的各支小船队也通过这条海峡前往哈瓦那会合。到了 17 世纪 30 年代初，向风海峡成为海盗和私掠者袭击西班牙船只的首选地点。

起初，他们用划艇和轻便舢板袭击西班牙人的大型帆船，利用小船的速度和灵活性制造出其不意的效果。后来，海盗定居点吸引了逃跑的契约仆人、奴隶和海军士兵，随着队伍的壮大，他们开始使用体积和威力更大的船只。

《托尔德西里亚斯条约》

1494 年 6 月 7 日签署的《托尔德西里亚斯条约》在葡属佛得角群岛和哥伦布新近发现的西属伊斯帕尼奥拉岛之间划定了新的分界线，让两国瓜分了大西洋。条约完全不顾现有居民的权利，将分界线以东的所有土地划归葡萄牙，以西的划归西班牙。

条约让葡萄牙和西班牙瓜分了世界，就像切橙子那样整齐，但它无法阻止其他欧洲国家争取自己的份额。

这幅葡萄牙地图描绘了《托尔德西里亚斯条约》签署后的边界线

私掠者弗朗西斯·德雷克爵士

1579年3月，“金鹿号”（Golden Hinde）驶入了北美沿岸的太平洋中部海域，这是英国船只第一次抵达那里。船长弗朗西斯·德雷克（Francis Drake）的目标不是探险，而是寻宝和复仇。

不久之后的一场攻击将让他的名字成为私掠者的同义词，但德雷克眼下首先让乐手们为船上的军官演奏。然后，他们将在船上享受一顿美餐。

虽然以可怕的海盗形象著称，德雷克却是一个彬彬有礼和笃信宗教的人。演奏结束后，德雷克带领与宴者祈祷。现在可以上菜了。

用餐完毕后，德雷克首先夸张地沉默了一会儿，然后透露了第二天的大胆计划。他告诉手下，他们将有幸帮助自己向堂·马丁·恩里克斯（Don Martin Enriquez）复仇，这位墨西哥总督去年在圣胡安德乌约亚（San Juan d'Ulloa）伏击了德雷克的好友约翰·霍金斯（John Hawkins）的船队。复仇的方法就是夺走总督的全部财富，这些财富装载在西班牙大帆船“迅火号”（*Cagafuego*）上，正从秘鲁运往巴拿马和西班牙。

天光放亮，德雷克看见了西班牙人的帆船。他不想在天黑前发起攻击。他知道，如果自己收起风帆就会引起西班牙人的怀疑。于是，他把装满水的空酒桶拖在船后，以便减缓船速。这样的话，“金鹿号”可以扮作商船，在黄昏时分悄悄逼近“迅火号”。

黄昏很快来临，德雷克把船开到了“迅火号”尾部。就像预想的那样，西班牙人对此措手不及，没来得及做好战斗准备。

德雷克炫耀着火炮，命令对方马上收帆，否则就让他们葬身海底。

遭到拒绝后，德雷克发射了一加农炮，打断了西班牙人船只的后桅。然后他的手下跳上“迅火号”，夺走了船上令人难以置信的财宝：80 磅金条、13 箱金币和 26 吨白银。

伊丽莎白女王从弗朗西斯·德雷克的战利品中分得的财富超过了王室的全部收入。毫无疑问，德雷克是有史以来最大胆和最成功的海上私掠者，完全配得上他的威名。

与此同时，不幸的“迅火号”再没返回陆地。

八片币

作为货币改革的一部分，斐迪南和伊莎贝拉在 1497 年引入了比索（peso），字面意思是“重量”。就像名字所暗示的，这是一种有分量的银币，重 26 克。它可以像馅饼那样被分成 8 个里亚尔（reales）。

英国人称比索为“八片币”，到了 1600 年，它已经成为国际性货币。由于这种银币供应量充足，它在美国独立战争期间被用作纸币的储备基础。1792 年，新的美国国会以西班牙比索的重量为标准铸造了美元。由于两者重量非常一致，直到 19 世纪 50 年代，比索仍然是美国合法的支付手段。

上：多布隆和里亚尔

随着法国、英国和荷兰殖民者在小安的列斯群岛和古巴南部建立殖民地，一些海盗开始带上了可敬的光环。在 16 和 17 世纪的许多时候，法国、英国和荷兰都在与西班牙交战。战争期间，殖民地长官被授权颁发“捕拿特许状”（也称“报复特许状”），持有特许状的海盗被视为私掠者。海盗是非法的，而私掠者的行动则代表政府。对政府来说，颁发特许状的做法无需多少成本，但既可以破坏敌方的船运，又能确保本方港口的安全，并从劫掠所得中分一杯羹。在加勒比地区，小型的非西班牙殖民地很少拥有战舰，私掠者因此成了战争的重要力量。恶名昭著的弗朗西斯·德雷克爵士被西班牙人称为“恶龙”，在所有出于民族情感、宗教热情和劫掠欲望而攻击西班牙船只的英国和荷兰海盗中，他是最成功的之一。

在中亚，成吉思汗的后裔、阿富汗的统治者扎西尔-乌德-丁·穆罕默德·巴卑尔（Zahir-ud-din Muhammad Babur）征服了印度次大陆。一百年后，巴卑尔的后人将为印度和世界带来最伟大的人造奇迹之一——泰姬陵（Taj Mahal）。

1524 年，达乌拉特·汗·洛蒂（Daulat Khan Lodi）和拉纳·桑加（Rana Sanga）犯了一个大错，前者是印度旁遮普地区的总督，后者是拉吉普特人（Rajput）在印度东北部建立的强大邦国梅瓦尔（Mewar）的统治者。两人邀请巴卑尔入侵印度北部，帮助他们推翻当时德里的统治者易卜拉欣苏丹。他们希望借助巴卑尔的力量实现自己对易卜拉欣苏丹宝座的野心。

但阿富汗的巴卑尔同样野心勃勃。他的父亲是突厥-蒙古征服者帖木儿（Timur，西方称Tamerlane）的后人，母亲则是成吉思汗的后裔。巴卑尔嗜酒如命，也是诗人和军事冒险家。28岁那年，他已经两次征服又失去了帖木儿的都城撒马尔罕。他占领了喀布尔，在阿富汗建立了自己的王国。他并不很喜欢印度，但阿富汗是个穷国，而印度很富有。

巴卑尔帮助两位印度统治者打败了易卜拉欣苏丹，并在德里称帝。随后，他出兵征服了从阿富汗到孟加拉边界和拉吉普特沙漠的整个印度北部地区。不过，他从未有机会对自己庞大的新帝国实现真正的控制。

1528年，印度北部的坎奴村（Khanwa）。在距离大本营喀布尔800英里的地方，巴卑尔的小队人马被拉纳·桑加和拉吉普特人联军包围，后者的人数要多得多。地面散发着热气。人马没有粮草，士气低落。巴卑尔的士卒向往着家乡凉爽的山间。巴卑尔同样如此。在他看来，印度只是个坑，但也是个富有的坑，在真主的帮助下，它将属于自己。

巴卑尔召集了士卒。他当着所有人的面向真主承诺，如果在接下去的战斗中获胜，自己就会戒酒。然后，他要求其他人发出同样的誓言。将近300人这样做了，他们一起把酒倒进了村中的井里，并砸碎了酒罐。

现在他们做好了战斗准备。有了真主的支持，他们将会获胜。

1530年12月，巴卑尔的长子胡马雍（Humayun）病重。巴卑尔向真主祈祷，希望让自己代替儿子去死。胡马雍康复后，巴卑尔病倒了。12月16日，莫卧儿帝国的开国君主巴卑尔去世。

巴卑尔不仅是莫卧儿帝国的第一位君主，一度似乎也将是最后一位。所有他尚未降服的敌人开始威胁胡马雍的皇位。新皇帝征战十年，但在彻底征服某个敌人前，他总会遭到另一个敌人的发难。1540年4月，士气低落的胡马雍军在阿富汗人舍尔沙·苏里（Sher Shah Suri，通称舍尔汗）率领的军队面前惊慌遁逃。舍尔汗自立为北印度的统治者，胡马

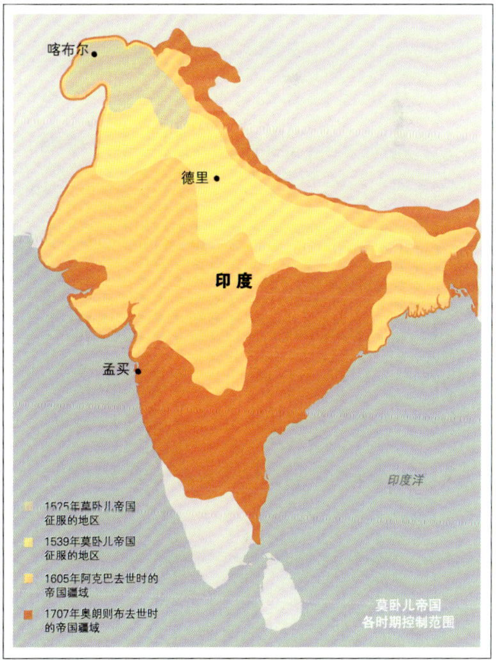

雍向波斯王寻求庇护。

莫卧儿帝国似乎就此终结了，但胡马雍没有放弃。1555 年 7 月 23 日，利用舍尔汗孙子们的继承权之争，他重新占领了德里。

胡马雍没能在巴卑尔的宝座上坐多久。1556 年 1 月 24 日，莫卧儿帝国的第二位君主，由于饮酒（和他父亲一样嗜酒）和吸食大麻过量，从他私人观象台的台阶上跌下摔死，把刚刚夺回的帝国留给了13 岁的儿子阿克巴（Akbar）。

阿克巴在欧洲被称为“伟大的莫卧儿人”，他的确人如其名。在长达 50 年的统治中，他把帝国的疆域扩大到了整个印度北部和中部，从阿富汗一直延伸到德干高原。阿克巴大帝不仅是征服者，还是莫卧儿帝国的真正建造者。他的统治以对非穆斯林臣民的宗教宽容著称。他的儿子贾汉吉尔（Jahangir）和孙子沙·贾汗（Shah Jahan）先后继承皇位，后者的故事包含了浪漫、悲剧和一件艺术杰作。

沙·贾汗爱上自己的妻子时年仅 16 岁。

两人相会在米娜（Meena）新年集市上，这个集市在阿格拉（Agra）的宫殿花园中举行，皇室女性在那里摆摊为乐。集市提供了难得的机会，让她们可以见到亲戚之外的男子，并与其攀谈。沙·贾汗当时还是库拉姆王子（Prince Khurram），他来到一个珠宝摊前讨价还价，摆摊的是 15 岁的宰相之女亚珠曼德·巴努·贝古姆（Arjumand Banu Begum）。所有的记载都表示，两人一见钟情。

五年后，两人正式成婚。贾汉吉尔皇帝对儿子的选择非常满意，送给媳妇“慕塔芝·玛哈”

泰姬陵

作为爱情的产物，泰姬陵是建筑和工程上的杰作，使用了来自亚洲各地的罕见材料。

波斯建筑师乌斯塔德·艾哈迈德·拉哈乌里（Ustad Ahmad Lahauri）据信是泰姬陵的主建筑师。工程从1632年开始，直到1653年才完成。

泰姬陵位于亚穆纳河（Yamuna）畔的阿格拉城。在开始建造前，工人们首先清理出一块3英亩的地坪，然后填满泥土以防止渗漏，接着将地面抬高到超出河岸50米。

接下去就是建造陵墓了。

为了更加迅速和便捷地运输原材料，工人们用夯实的泥土铺设了一条斜坡。这条15千米长的坡道是整个工程的生命线。劳工们使用特制的牛车将大理石和其他建筑材料运到坡道边。

工程师们特地设计了滑轮系统，用于将巨型大理石安装到位。他们还设计了机械取水系统，通过畜力拉动连着木桶的绳子从附近的河中汲取建筑用水。水收集进大型储藏罐，然后分送到位于工地不同位置的小储水罐中。

陵墓本身耗时12年完工。包括清真寺、宣礼塔和大门在内的外围建筑又耗费了10年。

大约2万名工人同时参与了建设。建筑各处的大理石上都雕有花纹，来自印度各地的工匠受雇从事这项工作。

泰姬陵总共耗费了约3200万卢比，这在当时是很大的数字。

泰姬陵不仅展现了建筑之美，也是工程上的奇迹，直到五百年后还能给建筑师和民建工程师带来灵感。

工人们在这处精美的镶嵌装饰上使用了超过25种不同石材

（Mumtaz Mahal）的称号，意为“宫中珠宝”。

沙·贾汗还有其他妻妾，但慕塔芝·玛哈仍是他的终生之爱。她是唯一为皇帝生儿育女的妻子，无论皇帝到哪里，她总是陪伴左右，甚至随军出征。

1631年，19年里第十四次怀孕的慕塔芝·玛哈再次随沙·贾汗出征。在阿格拉以南435英里处的驻营地，她生下了一个健康的婴儿，但自己没能活下来。沙·贾汗坐在爱妻的身边，无助地看着她死去。

为了纪念亡妻，沙·贾汗建造了一座宏伟的陵墓——泰姬陵。

沙·贾汗把最出色的工匠召集到都城参与建陵，并坚持使用最好的材料，包括焦特布尔（Jodhpur）的蓝纹大理石、中国的水晶、绿松石和阿富汗的天青石。

沙·贾汗没能见到陵墓完工。他被儿子奥朗则布（Aurangzeb）囚禁，在自己的杰作完成前一年去世了。

用什么做交易？

就像瓦斯科·达迦马所意识到的，欧洲贸易公司在亚洲的真正问题是用什么交易亚洲的奢侈品。大多数情况下，亚洲人并不想要欧洲人出售的东西。一些产品过于昂贵。大多数东西没有用或不吸引人，比如英格兰著名的厚重羊毛布。亚洲人最感兴趣的是来自西班牙美洲的贵金属。每年，新世界40%的白银流入印度和中国。

奥朗则布将成为最后一位伟大的莫卧儿皇帝。

1498年5月20日。对被称为“香料之城”的古里而言，葡萄牙商队的到来一点也不新鲜。印度正在走向世界。在信风有利的季节，每天都有往来于不同亚洲市场间的商船停泊在这个繁忙的港口。它们装载着来自波斯湾伊斯兰教国家的原棉、咖啡和玫瑰精油，来自中国的丝绸、茶叶、瓷器和锌，来自东南亚的香料、檀香木和象牙。

但对瓦斯科·达迦马和他的船员来说，在古里登陆的经历是令人震惊的。这是西方船只第一次抵达印度。和他们想象的一样，印度充满了商机。每位船员都为购买丝绸和香料，准备了钱和有价值的物品。

印度当地的统治者热情欢迎了达·伽马，但好景不长。到了达·伽马向国王进献礼品的时候，他奉上12匹条纹布、4件猩红斗篷、6顶帽子、4串珊瑚、6个陶盆、1箱糖、2桶油和2桶蜂蜜。就连达·伽马也可以看出，自己的礼物在富有而繁华的印度宫廷中显得过于寒酸。

印度统治者觉得受到了侮辱。廉价的布匹和小物件也许可以取悦西非的土著部落，但当商人们来到他的宫廷请求贸易许可时，他们奉上的应该是黄金。达·伽马连忙试图解释，称自己和船员们是探险家而非商人，但国王完全听不进去。这里没有什么可供探险家发现。古里城和印度斯坦王国雄踞此地既久，处于从中国到阿拉伯的复杂贸易网络的核心。

与林肖顿《东亚游记》中的插图相比，他对乡间的语言描述更加准确

1511 年，葡萄牙已经开始逐步取代威尼斯和沙漠商队，成为欧洲最主要的香料和丝绸供应者。

新航线危险重重。1500—1634 年间，从葡萄牙前往印度洋的船只中有超过 1/4 在海上沉没。但潜在的利润要超过风险。葡萄牙人没有像西班牙人在美洲那样攫取和占有大片土地，而是建立了一个由贸易点组成的帝国，通过从亚速尔群岛到澳门的一系列武装要塞控制航线。他们会扣留任何试图进入印度洋的外国船只，强迫水手去葡萄牙人的船舱中服役。间谍嫌疑人将被逮捕，并送到里斯本接受审判。

葡萄牙人对香料的垄断分为两部分。“印度胡椒契约”允许商人在亚洲购买香料，但要求他们以固定价格将其出售给葡萄牙国王。“欧洲契约”则允许商人从葡萄牙国王手中购买胡椒，重新出售。多年来，葡萄牙商人在亚洲各地购买香料，而拥有欧洲最大商船队的荷兰人则控制了分销。

1580 年，随着西班牙国王菲利普二世征服了葡萄牙，荷兰人失去了他们在香料贸易中的特权地位。西班牙的敌人突然也就成了葡萄牙的敌人，特别是荷兰的新教徒地区和信奉新教的英格兰，前者起兵反叛西班牙人的统治，后者则出资支持荷兰的抵抗运动。由于无法再从葡萄牙购买香料，荷兰和英格兰的私掠者开始在佛得角群岛、亚速尔群岛和加纳利群岛周围的航道上拦截葡萄牙的香料船，就像他们在加勒比海的同行对装满美洲白银的西班牙大帆船所做的那样。

荷兰商人意识到，想要弥补丢掉葡萄牙香料市场的损失，海盗行为并非长久之计。真正的解决办法是和印度人开展直接贸易。1592 年，荷兰人派出一名伪装成商人的间谍，让他探听

香料

胡椒是16世纪最受珍视的香料，至今仍是国际香料贸易的主要品种。它原产于印度马拉巴尔海岸(Malabar Coast) 的喀拉拉 (Kerala) 山，是藤本植物黑胡椒 (Piper nigrum) 的果实。未成熟的果实用于制作青胡椒，成熟的红色果实用于制作黑胡椒 (被称为粉红胡椒的浆果并非胡椒，而是秘鲁安第斯山区一种常绿树的果实)。胡椒含有刺激性的胡椒素，是唯一能够通过皮肤吸收的香料。胡椒的价格曾经堪比黄金，但今天已经成了廉价的调味品，在亚洲热带地区广泛种植。

丁香是常绿植物丁香树 (Syzgium aromaticum) 风干的花蕾。"丁香" (clove) 一词来自拉丁语，因为形似指甲而得名。丁香最初只生长在印度尼西亚列岛中的几个小火山岛上。

肉豆蔻和它的干皮都来自肉豆蔻树 (Myristica fragrans)，这种小乔木出产于印度尼西亚的南摩鹿加群岛 (South Moluccas)。这种植物会结出李子大小的黄色果实，内含弹子大小的光滑棕色种子，覆盖着多孔的红棕色假种皮。香料来自种子部分，通过将其挖出和晒干制成。晒干后，假种皮会脱落和碎裂，这就是肉豆蔻干皮。里面的种子就是肉豆蔻。

为了获取肉桂和黑胡椒等香料，哥伦布试图找到前往印度和中国的新航路。诚然，他没能抵达"印度"，但还是把一些新的异国香料带回了西班牙，包括红辣椒和百香果 (Pimenta dioica)，后者未成熟果实的干制品兼有丁香、胡椒、肉桂和肉豆蔻的香味，因此得名"百香果"。

关于葡萄牙人香料航线的信息。

但间谍还没有归来，荷兰人就从意想不到的渠道获得了想要的信息。

扬·胡伊根·范·林肖顿 (Jan Huyghen van Linschoten) 是荷兰天主教徒，为里斯本的一位商人工作。1583 年，他成了新任果阿 (Goa，葡萄牙在印度的行政中心) 大主教的秘书。担任此职后，他有机会接触到贸易路线和市场状况的信息。他还询问了所有经过"黄金果阿"的欧洲旅行者，向他们打听更东面的亚洲国家情况。1589 年大主教去世后，林肖顿起身返回荷兰。在随后的四年里，他搭乘了葡萄牙人的船只，并为亚速尔群岛的一位葡萄牙商人工作。

1592 年，当林肖顿终于回到荷兰时，他已经掌握了荷兰人需要的所有信息，使后者有机会挑战葡萄牙人对香料贸易的控制。

根据自己在亚洲的经历，马可·波罗写了第一部供“足不出户旅行家”阅读的游记。三百年后，林肖顿为商人们写下了一部旅行指南《东亚游记》(*Voyages in East Asia*)。他在书中对航线做了描绘，包括一年中不同时候的天气状况。他注明了船只可以补充淡水和蔬菜的地点，并描述了从印度到日本的不同亚洲国家的风俗。他甚至还加入了最新的地图。最重要的是，林肖顿指出，曾经令人生畏的葡萄牙海军已经大不如前，主要依靠昔日的威名保卫贸易路线。前往东方的航道打开了。

1595年，带着林肖顿的《游记》，第一批荷兰船只开始前往东方。它们的目标是爪哇，林肖顿称，那里是香料产地，而且不属于葡萄牙人的贸易网络。船队返航时满载着胡椒。在随后的六年里，又有15支荷兰船队前往印度寻找胡椒。

林肖顿的书带给荷兰人的优势没能维持很久。1598年，它被译成德语和英语出版。法语和拉丁语版也很快面世。1600年12月31日，伊丽莎白女王为“在东印度从事贸易的伦敦商业公司”签发了特许状。其他国家也很快成立了自己的东印度公司。香料竞赛开始了。

1637年2月5日，荷兰阿尔克马尔(Alkmaar)。当地的小旅馆老板沃特·温克尔(Wouter Winkel)去世了。通常情况下，他的七个遗孤将进入当地的孤儿院，等到有能力工作后被送到磨坊或作坊学习手艺。但温克尔的一个爱好能让孩子们过上更舒适的生活——这要归功于他在旅馆边的花园里种植的东西。

这名荷兰人很早就开始购买、种植郁金香，当时只有少数爱好者对此感兴趣。温克尔去世时拥有超过70株罕见的郁金香和大约3万埃斯(azen)不那么珍贵的球茎。他的收藏非常出色，也许是荷兰最好的。温克尔拥有某些荷兰最珍贵的郁金香球茎：1个“范恩库伊岑海军上将”(Admiral van Enkuizen)，2个“总督”(Viceroy)，5个“布拉巴松”(Brabason)，3个“玫瑰范德埃克海军上将”(Rosen Admiral van der Ejck)，1个“里弗肯斯海军上将”(Admiral Liefkens)，1个“棕紫”(Brown and Purple)，1个“帕拉贡希尔德”(Paragon Schilder)和7个越来越流行的“豪达”(Gouda)。最神奇的是，他的球茎是现货而非期货。它们就长在旅馆边的花园里。

当地孤儿院的受托人决定代表他的遗孤拍卖这些球茎。儿童法庭的官僚直到几个月后才批准拍卖，但这个时间再好不过了。在温克尔

17世纪叙利亚瓷砖上的郁金香形象

死后的几个月里，郁金香的价格两次翻番。

来自荷兰各地的买主对这些球茎展开了竞价。阿尔克马尔的旅馆里挤满了郁金香爱好者和富有的种植者。竞标者可以参考法庭提供的郁金香图册，上面有 124 幅温克尔郁金香的水彩画。在拍卖开始前，一位富有而坚决的买主私下购得了其中最珍贵的球茎，出价达到惊人的 3200 荷兰盾。这个价格似乎为正式拍卖定下了基调。买家们激烈竞价，让每个球茎的价格都创下了纪录。这天结束时，拍卖者已经为温克尔的遗孤筹得了 9 万荷兰盾，相当于今天的 100 多万美元。温克尔的孩子们将毕生衣食无忧；如果孤儿院的受托人再耽误一个星期，孩子们将一无所获。

1636—1637 年的郁金香热制造了世界上的第一次经济泡沫，并招致了它的破灭。

荷兰是郁金香热的中心：得益于美洲的白银和亚洲奢侈品的贸易，这个小国拥有不可小觑的经济实力。到了 1633 年，仅荷兰共和国就种植了 500 种郁金香。

郁金香的球茎如此珍贵，以至于人们借用金匠的单位“埃斯”来计算它们的重量，2000 埃斯相当于 1 盎司。一些品种因为鲜艳的色彩及出人意料的火焰、羽毛和条状花纹而受爱好者推崇，它们按照单个球茎出售，决定其价格的是稀缺性和球茎的种类。更常见的单色品种则按篮出售。如果某种郁金香变得非常易得，它将不再流行并开始贬值，因此珍贵品种的所

期货交易

期货交易有时被贬为“风交易”，早在 17 世纪的荷兰就已经很常见了。在阿姆斯特丹证券交易所，高级商人和证券交易专家买卖 360 种商品的期货合约，包括波罗的海小麦、鲱鱼和东印度香料。

郁金香期货交易没有那么正式，缺乏证券交易所的规章和保障。尽管出现了几家从事郁金香交易的公司，但大多数人把买卖球茎作为爱好或副业。交易经常在旅馆的密室中进行，只受当地习惯以及买家和卖家团体的约束——就这点而言，可以说郁金香热缔造了最早的“非法交易者”。

有者会小心地看护球茎。当时最著名、最令人垂涎的是“永远的皇帝”（Semper Augustus），这种郁金香为红白两色，带有火焰形花纹。该品种非常稀少，全部12个球茎都掌握在同一个人手中。无论别人出什么价，他都不愿转让。

球茎的销售最初与种植季相联系。球茎在6月从地里“提出”，10月再次种植，这之间就是销售季。1634年前后，种植者开始在冬天预售郁金香，让缺乏规范的郁金香市场变得更不稳定。人们为特定地点的某种球茎签订销售合同，等来年6月它们被“提出”时再交货和付款。一些合同还规定，球茎必须达到多重或包含多少个芽。一些特别热门的郁金香会在盛开前多次易主。

1634—1635年，对郁金香的需求出现井喷。这两年间袭击荷兰的鼠疫造成了严重的劳动力短缺。高工资让人们可以买得起不太昂贵的奢侈品。一位技艺高超的手艺人也许买不起“豪达”或“总督”这样的流行品种，但他可以轻松地买下一篮普通球茎，甚至是一个单色郁金香的育种球茎。与此同时，郁金香在法国上层中也流行起来。女性会在胸前佩戴一束郁金香，而富有的男性也争相购买最艳丽的花朵。

球茎供应无法满足来自市场顶端和底部日益增长的需求，价格开始不断上升。到1636年12月，价格增速变得非常惊人，有的球茎在一周多时间里价格翻番。一个“范德埃克海军上将”球茎报价1000荷兰盾——相当于哈勒姆（Haarlem）一座中等大小的房屋或是5714磅肉。与珍惜品种相比，普通品种球茎的

3000荷兰盾能买到什么？

在郁金香热正值高潮的时期，有荷兰人表示，一个罕见品种的郁金香球茎价值3000荷兰盾，这些钱能够买到：

8头肥猪	240荷兰盾
4头肥牛	480荷兰盾
12头肥羊	120荷兰盾
24吨小麦	448荷兰盾
48吨燕麦	558荷兰盾
2桶葡萄酒	70荷兰盾
4桶啤酒	32荷兰盾
2吨黄油	192荷兰盾
1000磅奶酪	120荷兰盾
1只银酒杯	60荷兰盾
1套衣服	80荷兰盾
带床垫和寝具的床	100荷兰盾
1艘船	500荷兰盾
总计	3000荷兰盾

涨价速度甚至更快，会在几周时间里增长20倍。

阿尔克马尔的拍卖会标志着郁金香市场的顶峰。一周后，市场崩溃了：世界上已知的第一次经济泡沫就此破灭。球茎的价格每小时都在下跌。卖主担心，6月交货的球茎会收不到钱。买家则害怕，自己会被迫为现在一文不值的球茎支付高价。由于球茎销售引起的争端太多，荷兰高等法院禁止各法庭接受郁金香相关案件。

一两年后，郁金香市场恢复了均衡。爱好者继续以高价购买稀有的球茎。随着郁金香和风信子先后在其他欧洲国家流行起来，荷兰种植者发展出了繁荣的鲜花球茎出口贸易。讽刺的是，当17世纪90年代伊斯坦布尔同样陷入郁金香热时，荷兰的郁金香种植者将数以万计的球茎运往奥斯曼宫廷。今天，全世界70%的商业种植鲜花来自荷兰，郁金香仍是他们销售的最重要品种。

1621年，安哥拉罗安达（Luanda）。一边是决心捍卫民族独立的非洲女王，一边是对奴隶垂涎的欧洲强国，双方即将开始长达百年的游击战。

恩津加·姆邦迪（Nzinga a Mubande）是“恩格拉”（统治者）姆邦迪（Ngola Mubande）国王的大姐，她仔细地筹划了如何进入罗安达新任葡萄牙总督的会见厅。她前往那里的目的是代表一个国家签订条约，而她的弟弟已经把这个国家拱手让给了葡萄牙人。如果她以战败国王低声下气的使者形象出现，结果将是致命的。在侍女的簇拥下，她以王家公主的身份进入了

大厅，乐手奏乐宣布她的到来。

和恩津加一样，新任葡萄牙总督若昂·科雷亚·德·索萨（João Correia de Sousa）也深知姿态的重要性。他坐在装饰精美的总督椅上欢迎恩津加，示意地上的一个垫子是为她准备的，仿佛非洲统治者不习惯坐在椅子上，这令恩津加无法接受。她来此的目的是谈判，而非臣服于总督脚下。她环顾房间，想找到一把同样豪华的椅子，但一无所获。于是，恩津加唤来一位侍女，命其双膝双手着地，然后坐在了她的背上，仿佛那是一张人肉座椅，无论多么装饰精美的木椅都比不上它。现在可以开始谈判了。

16 世纪初，葡萄牙人与姆本都（Mbundu）部落所建立的恩东戈（Ndongo）王国有了最初的友好接触。当时的统治者恩格拉基鲁安吉（Kiluanji）欢迎欧洲人来开展贸易，只要能让他处理掉战犯和战俘，同时无须让自己的臣民变成奴隶。事实上，在葡萄牙人奴隶贸易的早期，这个王国变得相当繁荣，奴隶贸易成了它的基础。但后来，日益强盛的恩东戈王国在奴隶贸易问题上与葡萄牙人发生了矛盾。1581 年，恩津加公主出生时，恩东戈已经和葡萄牙开战，这种状况将会持续近百年。

1618 年，恩津加最年长的弟弟姆邦迪推翻了他们的父亲，自立为恩格拉。由于是私生子，姆邦迪的继承权受到质疑，于是他杀死了所有潜在的王位竞争者，包括他的弟弟、恩津加唯一的儿子和所有反对他继承王位的酋长。恩津加逃离恩东戈首都，与丈夫和两个妹妹一起迁居邻近的玛塔姆巴（Matamba）。

在面对葡萄牙人时，姆邦迪没能取得像在家族内斗中那样的胜利。当葡萄牙人进入姆本都人的领地寻找白银时，恩格拉逃到了宽扎河（Cuanza River）上的金东加岛（Kindonga）避难。

1621 年，科雷亚·德·索萨接替路易斯·门德斯·德·瓦斯孔塞洛斯（Luis Mendes de Vasconcelos）担任罗安达总督。姆邦迪希望新任总督能够带来和平的希望，于是派人传话给姐姐，请求她与葡萄牙人谈判。

最初，恩津加似乎达成了使命。科雷亚同意承认姆邦迪是恩东戈王国独立的统治者，并将葡萄牙军队撤出安巴卡（Ambaca）要塞。他还承诺与姆本都人合作驱逐因邦加拉人（Imbangala），后者是一个由逃亡奴隶和罪犯组成的临时部落。葡萄牙人和恩东戈人在最近的战争中都曾经利用过他们，现在他们开始对双方构成威胁。作为回报，恩津加同意让恩东戈释放葡萄牙战俘，并重新开始贸易；姆邦迪和他的宫廷将重新回到大陆；姆邦迪将成为基督徒。恩津加本人当场接受了洗礼，改名安娜·德·索萨。葡萄牙总督成了她的教父。

但和约的关键条款从未获得执行。葡萄牙军队和殖民者留在了安巴卡。科雷亚为征讨因邦加拉部落调集了军队，但一直没有派兵。姆邦迪仍然在金东加岛上自我流放。恩津加再次来到罗安达，试图说服德·索萨履行承诺，但没有成功。恩津加返回后不久，姆邦迪就去世了（葡萄牙人宣称是恩津加谋杀了他，安格拉人的口述史则表示他是在绝望中服毒自杀的）。

1624 年，姆邦迪死后不久，葡萄牙王室召

回了科雷亚，任命费尔南·德·索萨（Fernão de Sousa）接替他。费尔南·德·索萨带着清楚的指示来到非洲，他的工作重心是贸易而非战争。他首先在葡萄牙人控制的刚果各战略要地建立了布匹和奴隶贸易的官方市场，并与愿意同葡萄牙人进行贸易的非洲统治者改善关系。

作为恩东戈的摄政，恩津加非常希望与新总督展开谈判。她写信给费尔南，提到了自己两次代表死去的弟弟与葡萄牙人协商签署的和约。如果葡萄牙人撤出安巴卡，她愿意从金东加岛回到陆地上并重开基萨拉（Kisala）的奴隶市场，让臣民把奴隶带到那里。

费尔南最初似乎愿意履行之前的和约。但他很快改变了立场，因为安巴卡的殖民者抱怨说，恩津加鼓励他们的奴隶逃亡，让他们不要再做葡萄牙人的奴隶，而是回到家乡享受自由。费尔南不仅拒绝释放被安巴卡殖民者非法绑架的自由人，而且要求恩津加归还从安巴卡殖民者那里逃脱的非法奴隶。

在与费尔南谈判的同时，恩津加登上了恩东戈的王位。姆邦迪曾把一个未成年的儿子定为继承人。他谨慎地把辅佐这个孩子的工作分配给了因邦加拉族盟友卡扎（Kaza）和恩津加，前者负责养育孩子，后者被任命为摄政。1625年3到9月间的某个时候，凭借重贿和以身相许的承诺，恩津加说服卡扎把孩子交给了自己。被美貌迷惑的因邦加拉族首领交出了孩子，恩津加马上将其毒死。

费尔南以这个孩子的死为借口向恩津加宣战，并将另一名王位继承人哈里·基洛安吉（Hari a Kiluanji）立为恩东戈的傀儡统治者。拒绝承认恩津加是合法统治者的姆本都人与葡萄牙人联合起来，要将她赶下王位。

恩津加与葡萄牙人的战争几乎不间断地持续了30年。从1626年到1655年，女王亲自指挥军队与葡萄牙人交战，大多数时候使用游击战术。1630年，她率众东征并占领了玛塔姆巴王国，以其为基地向哈里·基洛安吉和葡萄牙人统治下的定居点发动进攻。1641年，她与荷兰人结盟，几乎终结了葡萄牙人在安哥拉的统治。

1648年荷兰人战败后，恩津加退到玛塔姆巴高原，继续对葡萄牙人展开游击战。她再没能收复恩东戈，但通过欢迎逃亡奴隶和葡萄牙军队的逃兵，玛塔姆巴慢慢发展成了独立王国。

1654年，72岁的恩津加放弃战争，转而使用外交手段。以宫廷中的圣方济各会传教士为

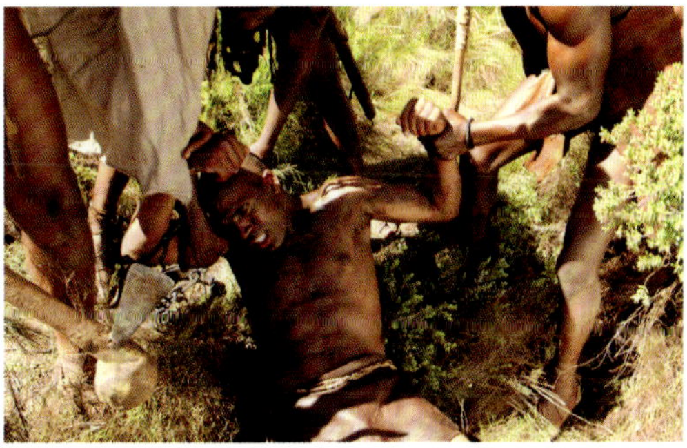

中间人，她与葡萄牙人展开了和谈。1663年去世时，她建立的国家仍然存在，妹妹多娜·巴巴拉（Dona Barbara）和她的子孙继承了王位。

现代安哥拉的国名来自文化上的误解。葡萄牙人错把恩东戈统治者的头衔“恩格拉”当成了这个国家的名字，称其为安哥拉王国。

安哥拉作为葡萄牙殖民地的历史一直持续到1975年。

当西班牙人在拉丁美洲挖掘贵金属之时，其他欧洲国家也开始前往新世界寻找自己的土地和其他形式的财富。

最早开发北美资源的欧洲人是巴斯克、英国、法国和葡萄牙的捕鱼队，他们对纽芬兰沿岸的渔场展开了争夺，那里生活着大量北大西洋鳕鱼。

1607年，英国殖民者来到詹姆士镇（Jamestown）淘金，最终因为烟草而留了下来。随后，激进的清教徒抵达马萨诸塞，他们的目的是自己（或他人）的宗教自由。

其他早期的北美殖民者包括害怕入狱的英国债务人和思想自由的贵格会成员，他们的落脚点分别是佐治亚和宾夕法尼亚。英国人并非是唯一建立殖民地的欧洲人。1608年，法国人建立了以魁北克为中心的毛皮猎人和传教士殖民地。作为17世纪上半叶的海上霸主，荷兰人在1624年建立了新阿姆斯特丹（今天的纽约市），并沿哈得孙河谷扩张开来。14年后，瑞典、荷兰和德国股东还在今天特拉华州的威尔明顿（Wilmington）建立了新瑞典。

新世界的财富已经开始改变欧洲；现在，欧洲殖民者即将改变新世界。他们中有的是为了逃避压迫，有的得到了股份公司或冒险资本家的赞助，希望为投资取得回报。一些人是单身男性，希望在荒野中获得财富；另一些则举家迁徙，希望建立新的家园。他们面对的是艰苦的劳作和丰富的资源，并错误地以为自己看到的是几乎一无所有的荒野。

早期殖民者仍把自己视作英国人、法国人、德国人和荷兰人，但美国是“自由土地”的理念已经埋下了种子。150 年后，他们将把自己变成美国人，大胆地寻求从殖民宗主国独立。遵循在古希腊缔造的、在罗马共和国得到发展的原则，他们建立了一个新的国家。

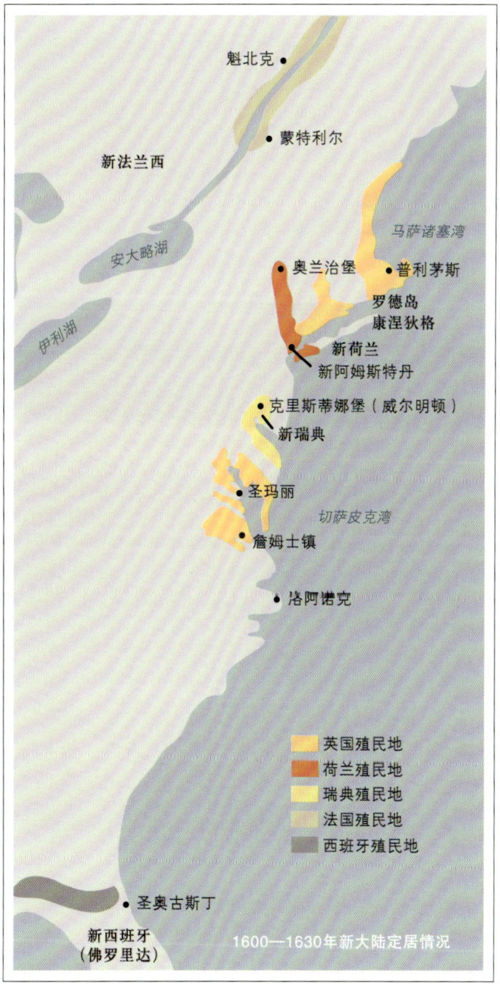

1600—1630年新大陆定居情况

生存联盟

普利茅斯殖民地的殖民者们对新家的生活现实没有准备。超过半数在第一个严冬中死去。

春天来临时，他们需要得到帮助，学会如何在新世界的陌生土壤上耕种。万帕诺阿格人（Wampanoag）向他们展示了如何用淡水鲱鱼做肥料以及如何种植一种他们从未见过的作物。万帕诺阿格人称之为 weachimineash。玉米成了这些美国先驱殖民者后代的主食，至今在美国和世界各地仍然如此。

殖民者迎来了第一次收获，幸存下来的人组织了欢庆宴，并邀请帮助过自己的土著美洲人加入。约 90 名万帕诺阿格人参加了庆祝；看到殖民者的食物捉襟见肘后，他们捕猎了三头鹿作为礼物。

1863 年，正当内战最为激烈之时，亚伯拉罕·林肯总统宣布感恩节成为国家节日，这个每年 11 月举行的节日旨在纪念所谓的“第一次感恩”。

普利茅斯的殖民者带给现代美国的不仅是一个国家节日。殖民地的公民在穿越大西洋的途中订立了《五月花号公约》，将自愿自治原则付诸文字，这将成为此后在北美形成的共和国的核心。今天，有 10% 的美国人，祖先是“五月花号”的幸存者。

9

荒野

从第一个走出大裂谷寻找新土地的猿人到最新的太空之旅，人类一直在探索新的边界。为了寻找新资源和开发它们的新知识，我们不断推进着自己的边界。

17 世纪时，欧洲进入了一个扩张、探索和实验的时代，它将为后来的世界奠定基础。新的边界吸引人们前往大陆的边缘和近代科学的前沿。这是一个具有鲜明反差的时代：烧死女巫和经验主义的兴起并存。既出现了专制君主统治的欧洲国家，也诞生了将引发革命的政治哲学。这是一个少数人穷奢极欲而多数人极端贫困的时代。在许多地方可以看到新的可能性。

在财富梦想的驱使下，西班牙、葡萄牙、英国、荷兰和法国等国的殖民者在新世界攫取了大片的土地。美洲的财富充实了欧洲王室的宝库。对于每一位有勇气、有想象力也有能力漂洋过海来到未驯服的荒野定居的人而言，美洲也提供了前所未有的机会。具备才智和运气的人可以拥有自己的土地，摆脱欧洲的封建等级制并创造自己的财富。俄国也开始了扩张，它跨越西伯利亚，穿越亚洲北部，最后在丰富的自然资源的吸引下进入了新世界。

17 世纪初，西欧的毛皮动物濒临灭绝，为了寻找新的奢侈品毛皮来源，欧洲人来到了西伯利亚和北美的荒野

西伯利亚通古斯人的攻击

1638 年，西伯利亚。塞米温·德日涅夫（Semyon Dezhnev）率领一支小队穿越了西伯利亚荒野上的茂密针叶林。这是一次成功的行动。现在，他们正在赶回雅库茨克（Yakutsk）边哨的路上，带着亚纳（Yana）谷地的土著人献上的貂皮。此行收获颇丰，包括 340 张珍贵的貂皮和 2 张甚至更加珍贵的黑狐狸皮。

德日涅夫是个目不识丁的农民。他告别家人，为自己和沙皇猎取毛皮。他的主要目标是一种行踪隐秘的动物：貂。这种形似鼬鼠的珍稀小动物拥有深棕色的华丽毛皮，是俄国贵族和君主们的首选。德日涅夫带着数百张属于沙皇的毛皮。只需 3 张貂皮就可以购买 50 英亩的土地、1 幢不错的小木屋、5 匹马、10 头牛和 20 只羊。6 张皮就可以让他余生衣食无忧。

德日涅夫和3名同伴把全部精力都放在打猎上,但他们并不孤独。西伯利亚的这个地区是半游牧的通古斯人（Tungus）的家乡。这些人全身上下都裹着鹿皮，脚穿温暖的鹿皮靴，头戴鹿的头皮制成的紧实帽子，上面还留着鹿的耳朵。他们的大衣上装饰着山羊毛皮和玻璃珠，护腿和靴子是用驯鹿毛缝制的。通古斯人的狩猎工具是用动物骨骼制成的箭和矛，锐利程度堪比刀锋。

通古斯人悄悄地跟着德日涅夫的狩猎队穿行在林间。他们占有人数优势：40多名通古斯猎人对德日涅夫的小小团队。

他们突然发难，射出了一阵箭雨。德日涅夫和他的同伴举起火枪还击。一些通古斯人倒地，但剩下的继续向俄国人射箭，趁对方重新装填弹药的工夫可以瞄准并射出好几支骨箭。德日涅夫膝盖中箭。他爬到一块石头后面，重新装上弹药，再次开火。更多的通古斯人倒下——几个人死了，更多的受伤。余下的人跑了。

荒野中的又一天就这样结束了。

俄国人殖民西伯利亚只有一个原因：紫貂皮，这是世界上最好的毛皮。

新世界流入的金银以及同亚洲贸易的扩大开创了欧洲的一个繁荣时期。更多人可以享受到奢侈品，如胡椒、茶叶、郁金香和毛皮。毛皮不再是生存需要，而是成了时尚。过去只有贵族和巨富才能拥有毛皮，现在，富有的商人甚至新兴中产阶级也有能力购买。在一个半世纪的时间里，富人、贵族和有权势者穿戴着毛皮镶边的大衣、毛皮领子、毛皮斗篷和毛皮手笼，但最重要的还是河狸帽。出现在公共场合的每位贵绅都会佩戴河狸帽，帽子的风格显示了他的社会地位。

对毛皮的追求以新的方式将地球联系起来，驱使欧洲人开始探索此前只有当地游牧居民知道的地区。随着毛皮在西欧和俄国变得日益稀缺，对"软黄金"的需求促使欧洲人探索和征服了西伯利亚苔原与北美的原始森林，从而在创造美俄两个世界超级大国的道路上迈出了第一步。

紫貂皮不仅驱使俄国人征服了西伯利亚，而且补偿了征服的成本。与北美森林中的同行一样，吸引俄国毛皮猎人前往西伯利亚边疆的不仅是探险精神，也有个人的致富梦想。为俄国沙皇效劳的哥萨克人寻找新的土地，并向西伯利亚的土著人征收毛皮作为贡品。商人和猎人被"毛皮热"吸引到西伯利亚，盛况堪比 1849 年的加利福尼亚淘金潮。由于工作的特性，他们成了探险者和征服者。有人为自己工作，有些人则受雇于国家或富商的代理人。两者的区别非常模糊。通过贸易和狩猎（经常是非法的），许多哥萨克人为自己积累了大量财富。商人和猎人也常常在当地军事长官的要求下为国家工作。独立的毛皮商人和国家雇员对捕貂同样充满热情。爪子完整且中部没有撕裂的紫貂皮价值 10 ~ 20

西伯利亚的一大宝贵资源就是美不胜收的毛皮，特别是珍贵的紫貂皮，
其中品质最高的紫貂皮要无撕裂，尾、腹、爪都完好无损；这些加拿大市场上的毛皮都完好无损

卢布，黑狐狸皮价值 100 ~ 300 卢布。单一个捕猎季就可能让穷人变得富有。

16 世纪 80 年代，当俄国人第一次来到西伯利亚时，呈现在他们面前的并不是一无所有的荒野。西伯利亚针叶林中生活着通古斯人（今天称为埃文人 [Evens]）、雅库特人（Yakuts）和楚克奇人（Chukchi）等饲养驯鹿的游牧民族。河边和太平洋沿岸则生活着以打鱼为生的半游牧民族。他们与冰期穿越白令海峡的美洲先民有亲缘关系，靠捕猎麋鹿、鹿、山地绵羊和野驯鹿为生，夏天时则在西伯利亚的各条河流中捕鱼。对通古斯人和其他部落而言，家养驯鹿非常宝贵，他们不舍得杀死它们取用皮肉，而是将其训练成长途狩猎时用的坐骑和役畜。

冲突在所难免。来到西伯利亚的俄国商人想要掠夺游牧部落的猎场和牧场上的毛皮资源。他们仅仅把毛皮动物看作商品，而西伯利亚游牧民族既承认狩猎的必要性，也尊重被猎杀的动物。当某片猎场上的资源被俄国人消耗殆尽后，像德日涅夫这样的猎人就开始向新的土地挺进，他们乘平底船沿河而下，或者坐雪橇和马车沿陆路而行。最后，拥有枪支的俄国人发现，更方便的做法是征服土著民族，强迫他们缴纳毛皮。西伯利亚的部落没有中央政治组织，武器只是弓箭和长矛，完全不是拥有枪支的俄国哥萨克人的对手。俄国人用了不到 80 年就控制了面积比得克萨斯州大 20 倍的西伯利亚。与新西班牙和秘鲁的西班牙殖民地一样，西伯利亚更多是物质财富的来源地，而不

小冰期

令俄国和北美毛皮商人得益的是，大约公元 16 19 世纪初叶，地球变冷了。冰川吞没阿尔卑斯山上的村镇，曼哈顿港则在冬天完全冰封。

我们不知道究竟是什么引起了这个所谓的“小冰期”。它被归因于地球公转轨道的变化或太阳活动的减弱。也有人认为，黑死病导致许多耕地变回林地，从而减少了二氧化碳的含量。近年来，有国际科学家团队提出，小冰期是一连串事件的结果，起因是公元 1300 年前后的 50 年间热带火山的大规模喷发。进入大气层的大量火山灰遮挡了阳光，导致夏天气温降低。根据计算机的模拟，在火山灰导致夏天降温的这些年里，海冰面积扩大，巨型冰川覆盖了相对温暖的格陵兰岛沿岸。海冰扩大到北大西洋后开始融化，干扰了那里的洋流。降温后的海水流回北极，形成自我维持的气候反馈体系。这再次证明了地球的气候多么脆弱，但也为检验人类的适应和生存能力提供了舞台，有时甚至为他们的蓬勃发展提供了契机。

毛皮

爬行动物有保护性的鳞片，鸟类有羽毛，大多数哺乳动物则有毛皮，而我们人类从诞生到死亡几乎都是赤裸的。与其他哺乳动物相比，即使毛发最浓密的人也显得赤身裸体。难怪数千年来，生活在北方的人要靠动物毛皮保暖。

1 平方英寸的毛皮上有多达 100 万根毛发，使其成为最好的天然隔温材料，效果相当于羊毛的 2 倍和人类皮肤的 12 倍。毛皮还能挡风防水。

大多数毛皮由两层截然不同的毛发组成。外层是又长又直的针毛。在针毛下，大多数哺乳动物还长有一层浓密而柔软的绒毛。绒毛的数量是针毛的 10 多倍。绒毛的间隙充满空气，可以帮助动物的身体隔绝冷热。

是殖民者的定居地。

几乎没有人注意到，俄国人对西伯利亚的征服是一次改变世界的事件。随着最终拿下这片“沉睡的土地”，俄国的面积增加到了原来的 4 倍。毛皮贸易为彼得大帝的改革提供了资金，使俄国从一只脚站在亚洲的落后国家变成了欧洲强国。毛皮为沙皇的西式军队换来了欧洲的武器，为他同瑞典和奥斯曼帝国的战争提供了军费，还帮助他建立了新的首都圣彼得堡。

对塞米温·德日涅夫而言，他获得的历史地位超过了一名普通的俄国毛皮猎人。和 17 世纪其他许多为冒险和财富而背井离乡的人类似，德日涅夫似乎同样永不安分。在西伯利亚期间，他不断向东挺进。1648 年，他率领的探险队坐船绕过了亚洲的最东端，从科雷马河（Kolymar River）在北冰洋的入海口一直驶入太平洋，沿途穿越了白令海峡，比后来的俄国探险家维图斯·白令（Vitus Bering，海峡以他的名字命名）的相同航行早了 80 年。

距离西伯利亚半个地球之遥，西欧人正在美洲东北部的树林中猎取和交易毛皮。如果说俄国毛皮贸易的主要动力来自对奢侈毛皮的欲望，北美毛皮贸易的基础则是制毯业和制帽业无法满足的需求以及河狸帽的风行。到了 18 世纪中叶，毛皮贸易已经成为北美最大的产业。

从 15 世纪末约翰·卡波特（John Cabot）的时代起，作为在大浅滩（Great Banks）捕

桦树皮轻舟

五大湖地区的荒野有许多水道。这里还是白桦、白雪松和云杉的完美生长地。当地土著人用这三种树木制成了巧妙的交通工具——桦树皮轻舟，它将一定意义上成为毛皮贸易的牵引车头。

轻舟制作者用白雪松的枝条搭成框架，然后覆盖上桦树的外皮，并用云杉根将其绑紧。为了防水，他们还在桦树皮之间涂上云杉树脂。这种水上交通工具结实而轻便，可以装载3000到6000磅的人和货物。

见到这种轻舟后，法国毛皮商人意识到了它的价值。他们很快借鉴了土著美洲人的技巧，建造出长达36英尺的划艇。

奥吉布瓦（Ojibwa）印第安人在制作桦树皮轻舟

捞鳕鱼之外的副业，纽芬兰的英国渔民也开始交易毛皮。自1620年登陆后的十多年里，“朝圣者”依靠出售河狸皮的收入购买生活用品，并偿还合伙股份公司为他们支付的船票。最早的荷兰人殖民定居点是毛皮贸易站，由新荷兰公司于1614年在新阿姆斯特丹（今天的曼哈顿）和拿骚堡（Fort Nassau，位于今天的阿尔巴尼[Albany]附近）建立。不过，早期北美毛皮贸易的主宰者是法国人。

16世纪30年代，法国人开始在圣劳伦斯河（St. Lawrence River）畔进行毛皮贸易。这条河流及附近地区成了一个毛皮贸易帝国的中心。与大西洋边的英国殖民地不同，新法兰西（今天的加拿大）和路易斯安那等广袤的法国领地人烟稀少。17世纪中叶，生活在当地的定居者不超过3000人（同时期，各英国殖民地的总人口达到70万）。大部分法国殖民者是猎人或传教士。

《毛皮商人沿密苏里河而下》，细部，布面油画，乔治·卡勒布·宾厄姆（George Caleb Bingham）绘制，1845 年

法国商人被称为“林中的奔跑者”（coureur des bois），他们是北美毛皮贸易的生命线。这些人大多出生在新法兰西。夏天，他们在圣劳伦斯河沿岸开辟的小农场耕作，秋天他们前往内陆，并在冬天展开狩猎和交易。等到春天，当冰封的河道融化后，他们会把毛皮运到魁北克出售。这些人出生在殖民地，大多是文盲，而且通常社会地位低下，蒙特利尔负责管理毛皮贸易的法国殖民地官员经常对他们提出指控。他们无法获得官方的贸易许可，于是无视规定在森林中寻找财富。他们未受许可的非法贸易开展得红红火火，因为没有人像他们那样掌握荒野的情况或印第安人的语言，这些对于成功猎取毛皮不可或缺。

和西伯利亚一样，在商人的驱使下，猎人们踏上了新的土地。新法兰西的法国总督从一开始就支持探险。最早的远征者穿越五大湖，并沿密西西比河顺流而下。到 18 世纪初，法国远征队已经来到苏必利尔湖以西，希望找到通往太平洋的河道。

1763 年，英国人从法国人手中夺走了加拿大，但在随后的很长时间里，毛皮贸易继续推动着北美的探险和扩张活动。前往西部寻找河狸和野牛皮的北美猎人是“刘易斯和克拉克”（Lewis and Clark）的先驱，他们探索了密苏里河、黄石河和普拉特河流经的平原以及落基山脉的山口。为了寻找海獭和海狮皮，俄国猎人穿越白令海峡，在阿留申群岛、阿拉斯加和南至加利福尼亚湾的太平洋沿岸建立了殖民地。到 1800 年，毛皮商人的足迹已经遍布格兰德河（Rio Grande）以北的整个北美洲，为这片大陆最终扩张成一个新的国家拉开了序幕。

后来，农业定居点和矿区取代了西部的毛皮贸易。到 1890 年，毛皮贸易已进入衰退期，原因是定居点的增加和毛皮动物的几乎灭绝，特别是河狸和水牛。

毛皮贸易毁灭的不仅是动物种群。在美国和加拿大，欧洲人的西部扩张将土著美洲人从他们的家园赶入了保护区。类似的过程也出现在西伯利亚，随着俄国人在当地建立矿区、伐木场和监狱，游牧部落的猎场和牧场遭到侵占。到 20 世纪 30 年代，苏联将剩余的游牧部族和他们的驯鹿群迁移到集体农场的定居社区。狩猎-采集者的野性生活持续了几千年，至此画上了句号。

1602 年，在新世界出现最早的西班牙人殖民者一百年后，来自英格兰萨福克（Suffolk）的海船长巴塞洛缪·格斯诺尔德（Bartholomew Gosnold）开始探索新英格兰。他的船只“和谐号”（Concord）上有 8 名水手和 24 名乘客，其中 12 人想要建立贸易站并留下来。格斯诺尔德和船员们沿着今天缅因州的嶙峋海岸航行，并在一个海角捕鱼。由于捕获的鳕鱼多到装不下，他们将其命名为科德角（Cape Code，即鳕鱼角）。最终，他们发现自己的给养不够在新殖民定居点过冬。他们本希望找到黄金，结果却满载利润丰厚的檫树皮返回英格兰。

1606 年，格斯诺尔德作为大副重返美洲，他所在的船队搭载着前往弗吉尼亚詹姆士镇的殖民者。他们希望在北美找到堪比新西班牙和秘鲁的财富。但他们看到的却是一个自然资源充沛的大洲：原始森林、丰富的毛皮、充足的猎物、庞大的鳕鱼群和品种数量惊人的植物。

在随后的一百年里，数以千计的欧洲人追随了詹姆士镇定居者的脚步，包括想碰碰运气的猎人、宗教逃难者、契约仆人和罪犯。他们开垦荒地、造起房屋、建立村镇并开办产业。

到 18 世纪中叶，英国的北美殖民地已经非常繁荣。各殖民地的总人口达到 200 万，生存空间开始捉襟见肘。宾夕法尼亚和弗吉尼亚的殖民者开始向阿巴拉契亚山脉以西地区迁徙，那里是法国人及其印第安盟友的领地，包括俄亥俄和密西西比河沿岸的肥沃土地，并沿着劳伦斯河向北一直进入加拿大。为阻止英国人扩张，法国人在边界筑起了一系列要塞，由此引发的战争从北美辗转波及到了欧洲。

1763 年，随着法国—印第安人战争的结束，英国人成了北美的主宰力量。

今天的毛皮贸易

今天，毛皮贸易充满了争议，尽管它仍是一项具有相当规模和可观利润的国际买卖。支持者宣称毛皮贸易是“绿色的”，它制造的是天然产品，比石油为原料的替代品性能更佳、更耐用。动物权益保护人士则表示穿着毛皮是残忍的，并对穿着者发起了高调而且经常带有争议的反对活动。

许多毛皮是昂贵的奢侈品：一件貂皮大衣的零售价是 15 万美元，无论在今天还是在 17 世纪的俄国，都是身份的象征。不过，在严寒的极北之地，毛皮仍被视作实用品，是抵御严苛天气的最佳手段。派克大衣的风帽上常用狼獾毛皮镶边，因为它既可以保护脸部免受风吹，穿着者呼出的水汽凝结后也不会结冰。

火枪

在西伯利亚和北美，拥有火枪的欧洲人在面对只有箭和矛的土著人时大占上风。

火枪诞生于15世纪末，最初似乎并不比弓箭更好。它们的精准度较差，射程较近，而且无法在马背上使用。在用火枪射击一次的时间里，技术高超的弓箭手可以射出6支甚至更多的箭。这种武器的噪音和火光所产生的心理影响经常要比射击本身更管用。不过，与弓箭相比，早期的火枪拥有两个明显优势：火枪子弹可以穿透盔甲，而且火枪学起来更加容易。

大多数早期的火枪使用火绳，这是一条2~3英尺长的绳子，在硝石溶液中浸过后可以缓慢燃烧。为避免意外熄灭，人们同时点燃火绳的两头；枪手需要注意使它避免接触火药。扣动扳机时，火绳会被压入枪膛外的引药槽，点燃里面的火药。随后，引药的火星会点燃枪膛内的火药，将子弹推出。

17世纪第一个十年末，人们发明了燧石扳机，淘汰了燃烧的火绳。扣动扳机时，与钢铁碰撞的燧石会迸发出火星。火星点燃引药，后者再点燃发射药。这种扳机让火枪用起来更方便，加快了猎人或士兵的射击速度。但准确性仍然存在问题。即使最好的枪手也无法保证射中100码之外的目标。

随着后续改进的实现，火枪变得更加安全，在潮湿和大风天气更加可靠，装填弹药也变得更加方便。到18世纪末，当美国革命军在列克星敦和康科德面对英军时，一名神枪手凭借一己之力可以每分钟发射5枪，相当于一位高超弓箭手的速度。

火绳扳机结构

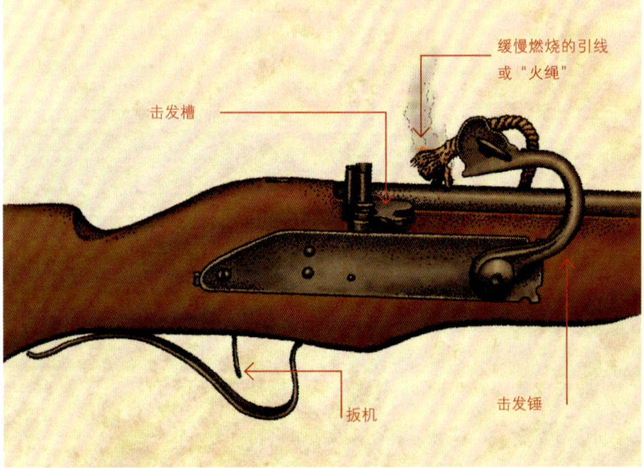

燧石扳机结构

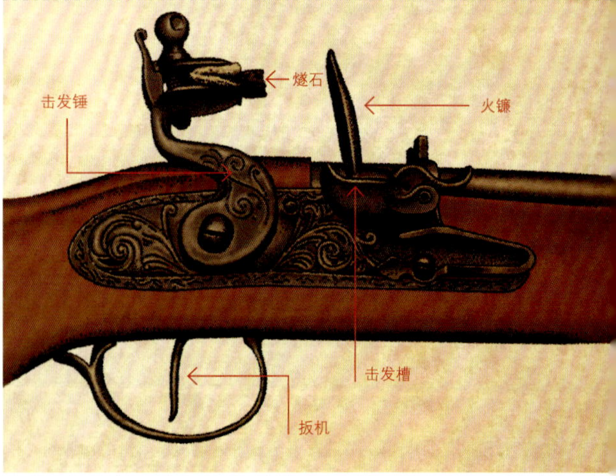

格斯诺尔德船长与印第安人交易，弗吉尼亚，1634 年

人类一直试图理解周遭世界。科学、宗教和巫术都发端于同样的问题：世界是如何开始的？什么引起了降雨、雷电和口山？什么让庄稼生长？什么导致了鼠疫、麻疹和普通感冒？我们如何让庄稼长得更好，或者治愈病人？有时，这些问题的答案会让我们展开祭祀，向诸神（或唯一的神）祈祷。有时，我们会把矛头指向邪恶力量，如魔鬼、女巫和恶灵。还有的时候，我们会通过物理实验寻找答案，试图从力学角度解释世界的运行方式。

在 17 世纪的欧洲和它的美洲殖民地，上述做法都不乏例证。17 世纪初是思想和宗教的发酵时期，充斥着女巫审判、科学革命以及新教徒和罗马天主教徒关于圣礼、仪式、神迹与圣徒力量展开的激烈辩论。无论是否受过教育，绝大多数人相信，女巫、魔鬼、天使、仙女和鬼魂真实存在，并影响着我们的日常生活。随着大量关于新的植物、动物、民族和信仰体系的信息从新世界和亚洲涌入欧洲，杂糅了托勒密、亚里士多德和《圣经》思想的旧世界观念开始动摇、解体。

1570—1680 年间，约有 11 万欧洲人因被控施行巫术而受审，4 ~ 6 万人被处决。受到指控的大多是女性。黑魔法（maleficum）是法律明文规定的死罪。

塞勒姆女巫审判

1692 年 3 月 21 日，马萨诸塞州塞勒姆（Salem）。小小的木结构议事厅挤满了人。从前，这座议事厅是镇上集会的召开地，偶尔也举行法庭审判。在过去几个月中，这里见证了耸人听闻的指控。出于恐惧，塞勒姆陷入了猎巫狂热。当地居民生活在对上帝的恐惧中，但他们更害怕的是魔鬼。

一群年轻女孩在前排坐下。她们环顾四周，相互说笑，眼睛里流露出狡猾而得意的目光。她们清楚自己的力量。

约翰·哈索恩（John Hathorne）法官坐到了法庭前方。他已经把 3 名被控施行巫术的人送上了绞刑架。

随着狱卒们把玛莎·考利（Martha Corey）带入，室内安静了下来。家人、朋友和邻居指控她是个女巫。主要的指控者是3名少女：17岁的莫西·刘易斯（Mercy Lewis）、11岁的阿比盖尔·威廉姆斯（Abigail Williams）和11岁的安·普特南（Ann Putnam）。女孩们突发严重痉挛，有的失去听力，有的无法说话，身体上还出现了奇怪的斑痕。当地医生无法治愈这些症状，诊断她们中了巫术。

65岁的玛莎·考利看上去更多是显得不屑而非害怕。3名妇女已经被判有罪：一名非洲奴隶、一名乞丐和一名喜欢与人争吵的老妇人，后者已经一年多没去过教堂了。玛莎相信，自己的情况有所不同。被处决的那些人懒惰而游手好闲，魔鬼可以很容易地把她们变成女巫。但玛莎在社群中很受尊敬，她是富农之妻，并积极参加塞勒姆村教堂的活动。

考利夫人很少犹豫说出自己的想法，现在也不例外。她说："我们不能相信这些女孩的疯话。"然后住口咬住了嘴唇。

女孩们尖叫起来，表示自己被咬了。

哈索恩问道："你为什么要伤害这些人？"

玛莎抓住了自己的手。女孩们哭喊着说她掐痛了她们。

玛莎似乎刚刚意识到自己的处境多么可怕。她声嘶力竭地为自己辩护说："我从生下来就从没接触过巫术。我是无辜的！"

女孩们显得愈发激动。她们一边听着玛莎的证词，一边扭动身体和大声尖叫。

玛莎的回答变得更混乱了，但她仍然坚称自己是无辜的。"我是个虔诚的女人！"

莫西·刘易斯发出尖叫，愤怒地指着她说："你是个虔诚的女巫！"

在那个时代，许多不幸事件缺乏显而易见的原因。有人突然病倒身亡。庄稼歉收。牲畜挤不出奶水。人们很自然地相信，这些无法解释的事件只能归咎于超自然力量。猎巫行动始于怀疑、传言和恐惧，然后演变成对女巫嫌疑人的指控，她们被指与魔鬼勾结，使用巫术伤害邻居的健康、财产、子女或牲畜。在这样的文化中，人们深信女巫的存在，就像当代社会相信细菌存在一样。一旦有人被认定为女巫并受到起诉，村子里就会展开歇斯底里的猎巫行动来找出更多的女巫。

“朝圣者”前往新世界的目的是宗教自由和摆脱暴政，但他们也带来了旧世界的迷信和寻找替罪羊的做法。

1692年1月，当大规模的猎巫行动在欧洲已经几乎销声匿迹的时候，塞勒姆镇却因为指控女巫而陷入混乱。两名年轻女孩突发痉挛，她们和家长将其归咎于巫术。在随后的几个月里，越来越多的指控者站出来，声称自己受了女巫魅影的折磨，或者从鬼魂的控诉中获悉有女巫准备杀害他们。许多受到指控的人是名声不好并喜欢与人争吵的老妇人，她们符合17世纪对女巫的刻板印象。另一些则是已被指控者的近亲。

从1692年2月29日到1693年5月末最后的嫌疑人受审，法庭对至少144人采取了法律行动，包括一名4岁的女童。14名妇女和5名男子被绞死，包括玛莎·考利。另一名男子因为拒绝接受行巫审判而被巨石砸死。

审判让一些拥有最高教育程度的殖民者产生了担忧。牧师和科学家科顿·马瑟（Cotton Mather）致信法庭，请求不要把梦和幻觉接受为证据。几个月后，由于指控仍在继续，时任哈佛大学校长的英克里斯·马瑟（Increase Mather）也像儿子那样开始谴责在审判中使用“鬼魂证据”。他表示：“宁愿让十个女巫嫌疑人逃脱，也不应该冤枉一个无辜的人。”

作为回应，威廉·菲普斯（William Phips）总督重组了法庭，禁止使用鬼魂证据，并最终赦免了所有因为此类审判而入狱的人。

审判结束5年后，1名法官和12名陪审员正式为自己在该事件中扮演的角色致歉。20年后，马萨诸塞议会为当年的不公正审判道歉，并投票决定赔偿审判的幸存者和被处决者的后人。

猎巫行动是粗暴和夸张的，但它们不是唯一试图控制人们行为和思想的举动。1615年和1632年，伽利略两次受审，这不仅是因为他宣称地球围绕太阳运转，也因为他反对天主教会关于基督教《圣经》的字面解释。

从1633年到1642年去世，伽利略一直受到软禁，但宗教和政治权威无法限制人类的好奇心。天文学家用数学方法精确地计算出了天空中行星和恒星的运动轨迹。伽利略、

圣灵教给我们的是如何进入天堂，而不是天空如何运行。

——伽利略·伽利莱（右）

我不知道世界如何看待我，但在我看来，我只是一个在海滩上玩耍的小男孩……因为不时找到比寻常更光滑的卵石或更漂亮的贝壳而沾沾自喜，真理的大洋就在面前，我却完全没有发现。

——艾萨克·牛顿爵士（左）

伽利略在意大利帕多瓦（Padua）大学讲解自己的新研究，1873 年绘制

开普勒和牛顿等人创造了新的力学，将数学法则应用到运动中。医生们探索了人体的结构。博物学家创造了新的动植物分类体系，将不适于既有分类的品种纳入其中。科学仪器的发展让学生们可以看到水滴中的新世界，可以用肉眼无法达到的清晰度观察天空。最重要的是，自然哲学家（当时对科学家的称呼）开始使用可以被其他人重复和确证的新式实验方法，为近代科学家奠定了基础。

巫术、宗教和科学的区别从来就不清晰。作为近代物理学之父，也许还是科学革命中最知名的人物，艾萨克·牛顿爵士用在炼金术和诠释圣经预言上的时间与他花在那些使自己闻名的科学定律上的时间一样多。威廉·哈维发现了人体内血液循环的方式，但他也曾经认真地解剖过一只女巫饲养的蟾蜍，试图找出其超自然力量的来源。在母亲因为行巫指控被捕后，伟大的德国天文学家约翰内斯·开普勒花费 6 年时间为她辩护。猎巫者和鬼神学家大多是学者和理性主义者。与对重力和电的研究一样，对于巫术、魔法和神迹的研究同样是科学革命的重要组成部分。将《圣经》和古代文本视为绝对权威的传统做法已经过时，取而代之的是对直接观察的重视，以及对可靠证据要素的关注。科学家和猎巫者一起发展了科学方法，为近代科学奠定了基础。

各种玻璃制品

在人类的故事中，制造越发复杂的工具的能力从一开始就至关重要。通过把地球上最常见的元素之一“硅”变成玻璃，人类第一次打开了各种不可见的世界。

玻璃是一种独特的材料，由硅石（一种硅元素的化合物）熔化后制成。它的分子排列像液体那样随意，但又像固体那样被紧紧锁定位置。在人类学会制造玻璃之前很久，我们已经用黑曜石（一种天然玻璃，因火山爆发时的高温熔化地球深处的石英而形成）制作了锋利的刃片。古代的玻璃工匠加入碳酸钠来降低沙子的熔化温度，并加入氧化钙（也称石灰）来防止玻璃溶解于水。

许多世纪以来，工匠们用玻璃制作了各种奢侈品：古代美索不达米亚的玻璃珠、埃及的玻璃瓶、罗马的吹制玻璃品、中世纪的彩色玻璃窗和 17 世纪的镜子。

玻璃已经够复杂了，而透镜的制作还要更加困难。

10 世纪的阿拉伯数学家阿尔哈曾（Alhazen）研究了光在通过水和玻璃时如何放大物体的形象。3 个世纪后，当十字军将阿尔哈曾的作品带回欧洲时，欧洲僧侣意识到了该研究的实用价值。他们把水晶打磨成半球形，制成用于放大书面文字的“阅读石”。意大利工匠用玻璃复制了昂贵的阅读石。14世纪末，一些意大利人将伊斯兰世界的光学理论运用于玻璃制作，打造出了最早的眼镜。

直到二百年后，透镜才开始用于望远镜和显微镜。按照某个故事的说法，最早的望远镜是两名荷兰孩子在眼镜店里摆弄透镜玩的时候无意发现的。他们把两种不同形状的透镜叠在一起，放到眼前：教堂的风向标突然变成了庞然大物！店主汉斯·利伯斯海（Hans Lippershey）亲自查看，发现孩子们的说法是真的。

无论是孩子们还是利伯斯海本人碰巧发现了该现象，他很快意识到这项发明的潜力。最初，他只是在店里架设这些透镜来吸引顾客。后来，他把透镜安装到管子里，称其为“视镜”。1608年，他向荷兰政府申请专利，获得了销售这种新设备的30年专营权。但当时并没有国家专利法。这种新发明的消息很快传遍了欧洲：利伯斯海提交专利申请后不久，伽利略就亲手制作了一架望远镜。

许多人谴责“视镜”是魔鬼的工具。但政府和商人看到了它在战争和航海中的实用价值。科学家则为这种新工具找到了更多可能的用途，特别是伽利略，他用望远镜观察天空，第一个看到银河是由星团组成，看到月球上分布着环形山和陨石坑，看到木星有自己的卫星。伽利略还把望远镜用作显微镜，据说他曾告诉一位来客：“我看到了像羊羔那么大的苍蝇，发现它们身上长满了毛，足尖非常锐利。”

15年后，意大利医生马切洛·马尔皮基（Marcello Malpighi）开始用显微镜观察更小的东西。为了弄明白血液如何在体内流动，他用所谓的“跳蚤镜”观察活青蛙裸露的肺，并成为第一个看到血液流过动脉和静脉间毛细血管的人。

伽利略用望远镜这种新工具探索无垠的太空。马尔皮基则用望远镜的“小弟弟”显微镜观察无穷小的世界。突然，宇宙变得比我们过去想象的更加广大。

硅

地壳约1/4是硅元素，比例仅次于氧。几乎所有类型的石头都含有硅。利用硅的化合物“硅石”，我们制造出了水泥和玻璃这两种看似完全不同的材料。位于每台计算机心脏的“硅芯片”是纯净的硅晶体。

折射与反射

伽利略的望远镜是“折射型”的。在这种望远镜中，光线将通过一块凸透镜和一块凹透镜。折射型望远镜的问题在于，不同颜色光波的偏转角度略有不同，会造成影像的模糊。为解决这一问题，牛顿在望远镜中安装了曲面反射镜，对光线进行了聚焦。使用反射镜的望远镜称为“反射型望远镜”。

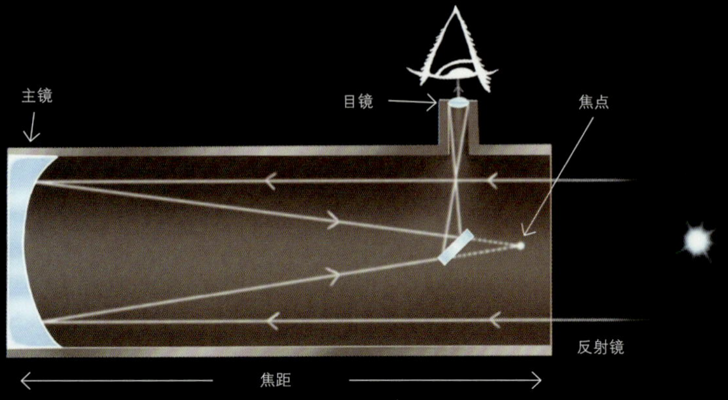

反射型望远镜

折射型望远镜

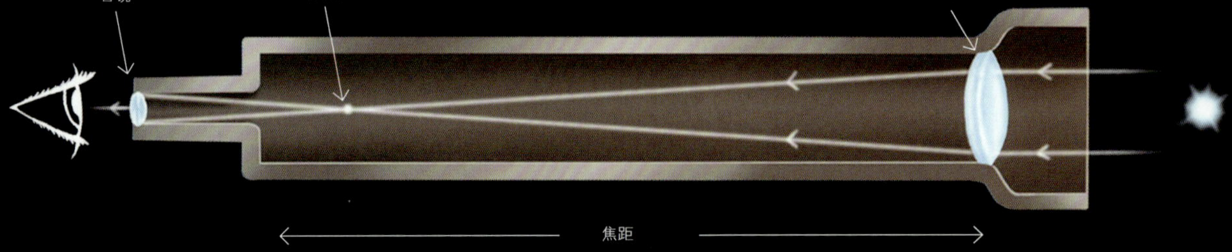

17 世纪末，船运业是新型全球经济的命脉，通过复杂的出口、进口和再出口体系，它把欧洲同美洲、非洲和亚洲联系起来。大英帝国是这个体系的核心，每年的外贸额相当于今天的 8 亿美元。英国商人从印度购买香料和茶叶，从新英格兰购买木材和毛皮，从加勒比购买蔗糖和烟草，然后将它们运到伦敦的码头。他们把布匹和金属器皿带到非洲，把制造品和啤酒送到美洲的英国殖民地，把白银运到印度和中国。对新兴资产阶级来说，曾经只有富人才买得起的奢侈品现在开始变得可以负担。生活稍稍变得容易些了。

伽利略用科学方法的新工具改变了我们

对宇宙的认识，其他科学家则致力于更实际的问题，让商人们把货物和思想带到更远的地方成为可能。从“航海家”亨利王子的时代开始，欧洲水手们就依赖星图导航，但那些星图错误百出，且极不完整。船员和船只经常在海上迷失方向。错误的代价是金钱和生命：船只延迟几天到达就可能会造成利润大减，海难则可能让人破产。

约翰·弗拉姆斯提德（John Flamsteed）宣称，解决办法显而易见，那就是更为精确的星图，有了它们，水手可以确定船只的经度。

查理二世国王被弗拉姆斯提德的观点打动了。1675 年，他在格林尼治建立了皇家天文台，并任命弗拉姆斯提德为首任皇家天文学家。在正式任命状中，国王委派 29 岁的弗拉姆斯提德“修正天体运动的图表和恒星的位置，以满足导航时对经度位置的迫切需求”。

获得了一所天文台，一座小房子、一个显赫头衔和一点微薄的收入后，弗拉姆斯提德开始了工作。他面临的首要问题是观测仪器的缺乏。弗拉姆斯提德早就学会了打磨透镜和亲手制作望远镜。现在，他开始全力为新的天文台制造精确的仪器。经过几次失败的尝试后，弗拉姆斯提德在 1689 年秋天完成了所谓的“墙弧仪”（mural arc），该设备堪称 17 世纪的哈勃太空望远镜，将帮助他绘制出精确的星图。这件制作精良的仪器上配有 140 度的弧形轨，从地平线到北极星的天空尽揽其内；它还配有望远镜，长 7 英尺，所装的凸透镜可以折射光线，放大星辰的样子。弗拉姆斯提德的仪器比此前的所有设备精确 15 倍，比肉眼精确 40 倍，强大到可以测出超过 1 英里外的一枚 25 美分硬币的直径。

在随后的 40 年里，弗拉姆斯提德与同时代的科学家展开了激烈的争论，并以前所未有的精度记录恒星的位置。他共进行了 2.8 万次测量，绘制了 2935 颗恒星。他还制作了新的星表（star catalog），上面记录的恒星是原先已知的 3 倍。

今天，水手们仍在使用根据弗拉姆斯提德的工作绘制的航海图。弗拉姆斯提德不仅推动了航海事业的变革，他为精确度树立的新标准还影响了天文学的进程。在长达几十年的时间里，他的星表一直是天文学家的标准参考资料；对恒星的命名至今仍在使用“弗拉姆斯提德编号”。利用弗拉姆斯提德首创的工具和技术，美国航空航天局的科学家为第一艘前往月球的太空船编写了计算机程序。

领航员用星图计算船只位置

1750 年，宾夕法尼亚的费城。把雷电等纯粹的自然现象视作上帝发怒的观点在当时广为流行，市民科学家本杰明·富兰克林对此感到愤怒。为此，他刊文建议用实验一劳永逸地证明闪电与上帝无关。富兰克林已经对电做了好几年实验，他确信，作为大自然最神秘和最致命的力量之一，闪电仅仅是云端释放的电光。一旦有机会，他非常乐意证明这点。

不幸的是，作为白手起家的商人、政治家、发明家、作家和报人，富兰克林是个大忙人。他总是找不到合适的时间和地点做实验……

恒星

每天晚上，伴随着地球的自转，遥远的恒星看上去会升起并在空中划过弧线。我们从几千年前就开始研究恒星和行星，希望对天体的了解能够为我们的船只和命运指明方向。我们以恒星为导航穿越海洋和沙漠。从巨石阵到 18 世纪斋浦尔（Jaipur）大王贾伊·辛格（Jai Singh）营建的巨型天文仪器，我们用纪念碑式的建筑来追踪恒星在天空中的运动。古代中国人记录了日月食、超新星、彗星和太阳黑子，它们被视为宇宙秩序受到破坏的征兆。阿拉伯天文学家绘制了精确的星图，帮穆斯林确定麦加的方位。

今天我们知道恒星的距离不可思议地遥远，体积难以置信地庞大：它们是氢和氦的炼狱，体积是地球的 100 多倍。仅在我们的银河系中就有超过 2000 亿颗恒星。除了太阳，与地球最近的恒星相距超过 4.2 光年。银河系中某些最遥远恒星发出的光需要 9.5 万年才能抵达地球。

窃取上帝的雷电

1752年6月15日。人们仍然相信，雷电是发怒的上帝所为。遗憾的是，富兰克林还没有时间证明他们是错的。这天，他收到了一封信，上面提到有法国人先他一步，准备手举40英尺长的铁棒站在闪电出没的地方。

他的额头上出现了深深的皱纹。他说道："该死的！那个笨蛋会要了自己的命。"

儿子威廉说："爸爸，暴风雨快来了。我们为什么不现在就做实验呢？天空正暗下来，强风也刮起来了。"

富兰克林说："那好吧，威廉。这也许就是我们的机会。"他放下信，臃肿的身躯快速从椅子上站了起来。

父子俩迅速收拾好了实验所需的材料：一只顶端绑着金属线的丝绸风筝，一团风筝线，一把铁钥匙和一根丝带。然后，他们急匆匆地来到富兰克林的农场。

远方雷声隆隆，富兰克林父子在地上铺了一块帆布，把自己的装备铺在上面。他们快速做着准备，不时看一眼天空。富兰克林将钥匙绑在风筝线上，为了保护自己的手，他把绝缘的丝带也裹在风筝线上，然后走到距离儿子几码远的地方。

富兰克林的避雷针

富兰克林让威廉手持线团站在一边，自己把风筝放上了天。隆隆的雷声越来越近了。儿子仍然站在可怕的云层下，富兰克林赶忙跑到了他身边。

富兰克林说：“快过来！雨会很大的！”然后拖着威廉走进了牛棚。他们紧紧靠在一起等待着，威廉看着父亲手里的风筝线和钥匙。

威廉面露焦虑地问道：“你能肯定闪电沿着风筝线传下来时不会烧伤手吗？”

富兰克林笑着向威廉保证道：“我几乎可以肯定，儿子。”

“那我们怎么才能知道天上有电呢？”

“如果暴雨云带电荷，风筝线会把它引导到这把钥匙上。我认为我们无论怎样都会知道的。”

父子俩再次把目光投向天空，云层散开，暴雨倾泻而下。他们脚下的土地很快变成了一片泥浆。

一道闪电划过天空，然后是前所未有的巨大雷声，威廉不由自主地跳了起来。他喊道：“看啊！”手指着一道与父亲的风筝擦肩而过的电光。

富兰克林伸长脖子，暴雨模糊了他的视线。

正在这时，闪电击中了风筝顶部的铁丝。两双眼睛仿佛看到了电荷沿风筝线传下。

富兰克林感到风筝线的温度发生了变化，他用另一只手碰了碰钥匙，手背上立刻出现了一圈电火花。

威廉倒吸了一口气。富兰克林发出一声尖叫。他咧开嘴,笑着说：“证明完毕！”

坏血病

对帆船时代的长途旅行者而言，导航不是唯一的难题。

在海上，坏血病是比海盗、风暴或沉船更可怕的灾难。从哥伦布的第一次远航到 19 世纪发明蒸汽船前，超过 200 万名水手死于坏血病。远洋船上至少一半的船员可能会命丧这种被称为“灰色杀手”的疾病，此类情况并不鲜见。如果船只较大，航程较长，问题会更严重。

坏血病是由缺乏维生素 C 引起的，会对人体的结缔组织造成破坏。它的症状包括疼痛、疲劳、黑斑和瘀青，以及皮肤苍白、牙齿松动、牙龈出血和口气腐臭。如果得不到治疗，它将造成缓慢而痛苦的死亡。

苏格兰外科医生詹姆斯·林德（James Lind）为一家英国水手医院工作，他接触过数千名坏血病患者，了解诱发疾病的船上生活状况。在早期的临床实验中，他使用了各种流行的方法治疗水手，包括醋、苹果酒、海水和水银膏。1753 年，他发表论文，证明饮用橙汁、柠檬汁可以治愈坏血病。从此，青柠檬等柑橘属水果在英国船只上变得非常流行，以至于水手们被戏称为“青柠人”。林德无意中使用了维生素 C，让它像胶水那样把人体黏合起来——这对航海时代的长途海上旅行至关重要。

维生素类化合物和它们对健康的重要性直到 1912 年才获发现。1928 年，人们分离出了维生素 C。

富兰克林对尚无法解释的自然现象着迷，如旋风、水龙卷、暴风和墨西哥湾流，特别是闪电和电。在他创办的《宾夕法尼亚时事报》（*Pennsylvania Gazette*）中，富兰克林刊登了他所谓的“雷暴恶作剧”和闪电造成的破坏的报道。

18 世纪 40 年代，电实验在受过教育的欧洲人中间风行一时。自从 1747 年在朋友家中接触到电实验后，富兰克林展开了一系列开创性的实验，直至最后那次危险而革命性的风筝实验。他证明了雷电并非上帝的愤怒，与作为客厅魔术的静电实验原理相同。这不仅是重大的科学突破，也震惊了虔诚的基督

帆船上的水手购买抗坏血病的水果

徒。与一百年后的达尔文进化论一样，它同样受到激烈的反对。

富兰克林的成功实验被写进了1767年的《电的历史和现状》(*History and Present Status of Electricity*)。作者援引证据指出，富兰克林没有直接碰触电流，也没有站在导电路径上，否则他可能会像其他尝试过同一做法的人那样面临电击的危险。

富兰克林本人写道："被雨水淋湿的风筝线可以自由导电，只要用指关节靠近钥匙，你就会发现有大量电流涌出，可以用这些电流给莱顿瓶充电……因此，我们彻底证明了闪电就是电。"

不满足于闪电就是大规模静电的理论发现，富兰克林还为其找到了实际应用：避雷针。避雷针的原理与通过潮湿的风筝线传导电流如出一辙：安装在屋顶上的尖铁棒会吸引闪电，并通过相连的金属线将其导向地面。260年来，这项发明几乎没有改变，至今仍在保护着世界各地的建筑。

埃比尼泽·马杰特(Ebenezer Mudgett)不是唯一通过新英格兰丰富的木材资源致富的殖民者。殖民者用木头建造房屋，制作船只、木桶和马车，搭建田地的围栏，或是作为燃料。但让马杰特等人致富的并非殖民者对木材的需求。在整个新英格兰，伐木工、木材商人和造船商的收入来自将这种"绿色金子"卖到急需木材的英格兰。

闪电

优美、壮观而危险的闪电每秒大约就会袭击地面100次。每年有约2000人死于雷击，雷电引发的野火毁掉了数百英亩的森林和草原。

发生雷击时，电能转化成热能，温度比太阳表面高5倍。高热让闪电周围的空气剧烈膨胀，然后冷却收缩，由此产生的声波就是雷。

虽然闪电非常危险，但一些科学家认为，正是它带来的能量让地球上出现了生命。

美国人的反抗

1772 年 4 月 13 日，新罕布什尔的南威尔（South Weare）。埃比尼泽·马杰特的伐木场迎来了繁忙的一天。其实这里的每一天都很繁忙。马杰特是一名木材大亨——他是英国造船业最大的木材供应商之一，也是当地木材加工场场主们的领袖。

在副手约翰·奎格利（John Quigly）的陪同下，该县的治安官本杰明·怀廷（Benjamin Whiting）骑马进入了伐木场。马杰特的工人们纷纷停下工作，看着治安官下马。他们手持工具的姿势和晃动身体的方式流露出威胁的意味。他们知道治安官此行的目的。没有人把目光投向伐木场的一个偏僻角落，那里放着一堆标有白色箭头的木材，上面盖着帆布。

怀廷宣读了针对马杰特的逮捕令，罪名是盗窃王室财产，并宣布白松木归皇家海军所有。马杰特提出异议，但无济于事。两名警官逮捕了他，将他带走。

当天晚些时候，在马杰特的要求下，怀廷释放了他，同意他第二天上午前来缴纳保释金。

马杰特被捕的消息传开后，支持者们聚集到了他家。有人提出帮助支付保释金，但马杰特关心的不是保释金。他想要复仇。

黄昏前不久，马杰特和他的支持者在松树客栈外集合，怀廷和他的副手当晚留宿在那里。伐木工们用煤灰和泥土抹黑了脸，手持刚刚削好的木棍。马杰特敲响了怀廷的房门，表示自己是来交保释金的。怒气冲冲的怀廷还没来得及穿好衣服，人们就冲进了他的房间。治安官忙着去拿手枪，但为时已晚。暴徒抓住了他，并用木棍狠狠地抽打他：伐木场场主被责令为多少棵树支付罚款，他们就打他多少下。

马杰特等人拉开了美国殖民地摆脱英国法律重负的序幕。很快将有更多人这样做。

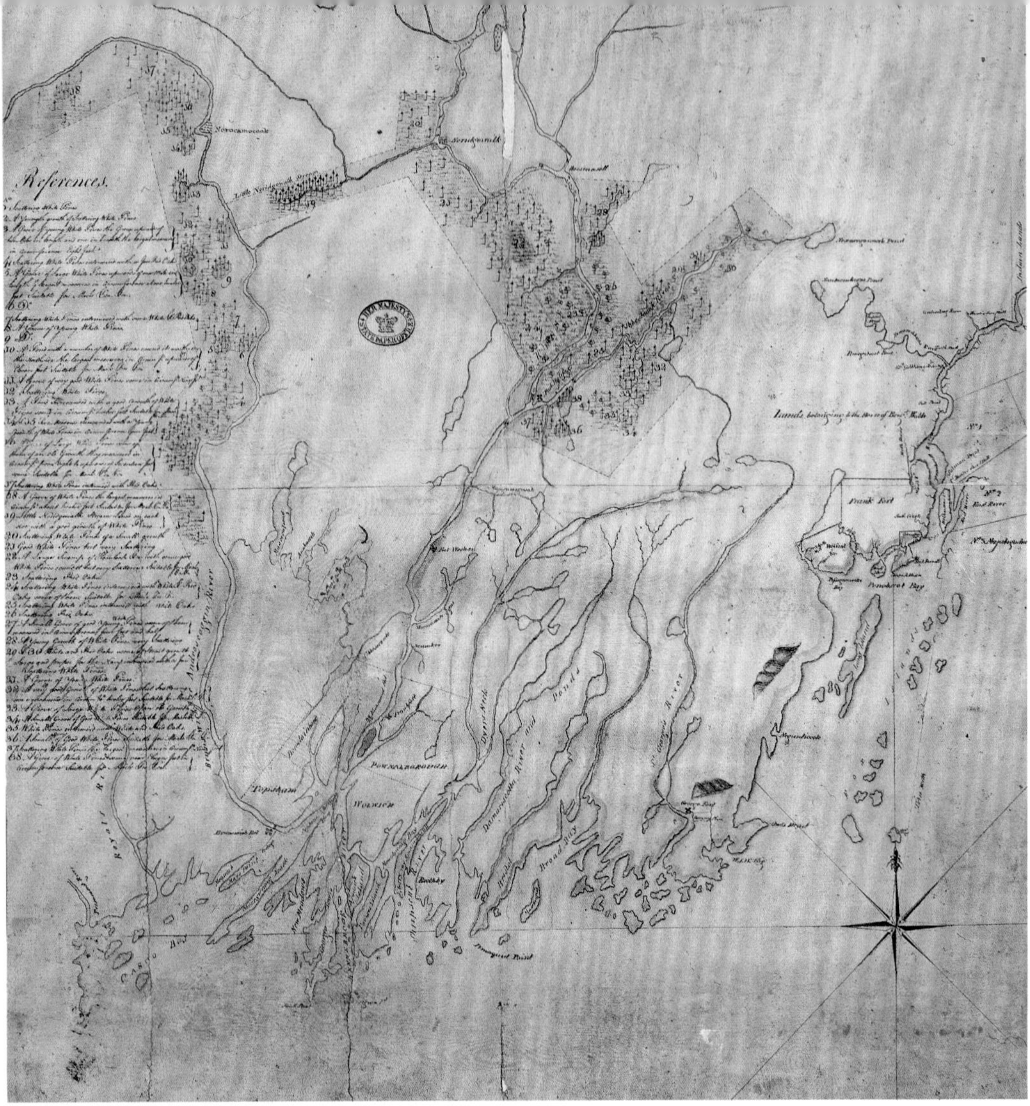

上图详细描绘了 1772 年时，新罕布什尔哪些地方的森林被划归英国皇家海军专用

新罕布什尔和缅因州的白松特别珍贵，因为它们的树干巨大，一棵树就能制成桅杆，而欧洲的树木较小，桅杆要多棵树拼接起来。英国急于控制这种对其强大海军极为重要的资源。17 世纪末，在没有王室特许状的情况下，砍伐直径 24 英寸及以上的白松被视为犯罪。皇家勘探官巡视当地森林，将准备用作皇家海军桅杆的树木标为王室财产。砍伐每棵这样的树要罚款 5 英镑。现在，北美殖民地最好的树木不属于生活在这里的人。

许多年来，白松法令一直令人不满。法国—印第安人战争结束后，这些法令让英国人和殖民者之间本就日益激化的矛盾雪上加霜。反英人士开始砍伐这些树木，用它们制作地板。作为回应，英国人开始打击非法使用王室木材的行为。1771年，新罕布什尔的副勘探官下令搜查木材加工场。他的手下在6家加工场中找到了几百根标有王室箭头的巨型白松木，并对场主做出了犯罪指控。其中一些人支付了罚款。怀廷治安官受命前去逮捕埃比尼泽·马杰特，后者是顽固场主的领袖，由此引发了所谓的“松树骚乱”。

虽然经常被遗忘，但作为北美殖民地对大英帝国权威的第一次积极反抗，松树骚乱堪称森林中的波士顿倾茶事件。20个月后，波士顿的反叛者将把矛头指向一项遭人憎恶的新法令，毁掉了价值100万英镑的英国茶叶，从而离革命又近了一步。这场革命将让民主传播到整个世界。

为了世界上有限自然资源（如毛皮、盐、黄金、渔场、牧场、油田等）的消费和控制权，人类在历史上不断上演激烈的争斗。许多人相信，下一次大规模冲突的导火索可能是人类的最基本必需品，比如饮用水和耕地。与此同时，人类还在努力合成无法继续在野外找到的东西。除了从风、太阳和地热中获得能源，科学家还在尝试各种计划，大到摩天楼农业，小到为非洲村庄提供可持续的清洁水源。如果无法通过狩猎、捕捞、挖掘或种植获得它，我们就制造出它。

或者为剩下的东西展开殊死搏斗。

在松树骚乱和波士顿倾茶事件中，美国殖民者都把矛头指向了他们眼中的压迫性法令

10

革命

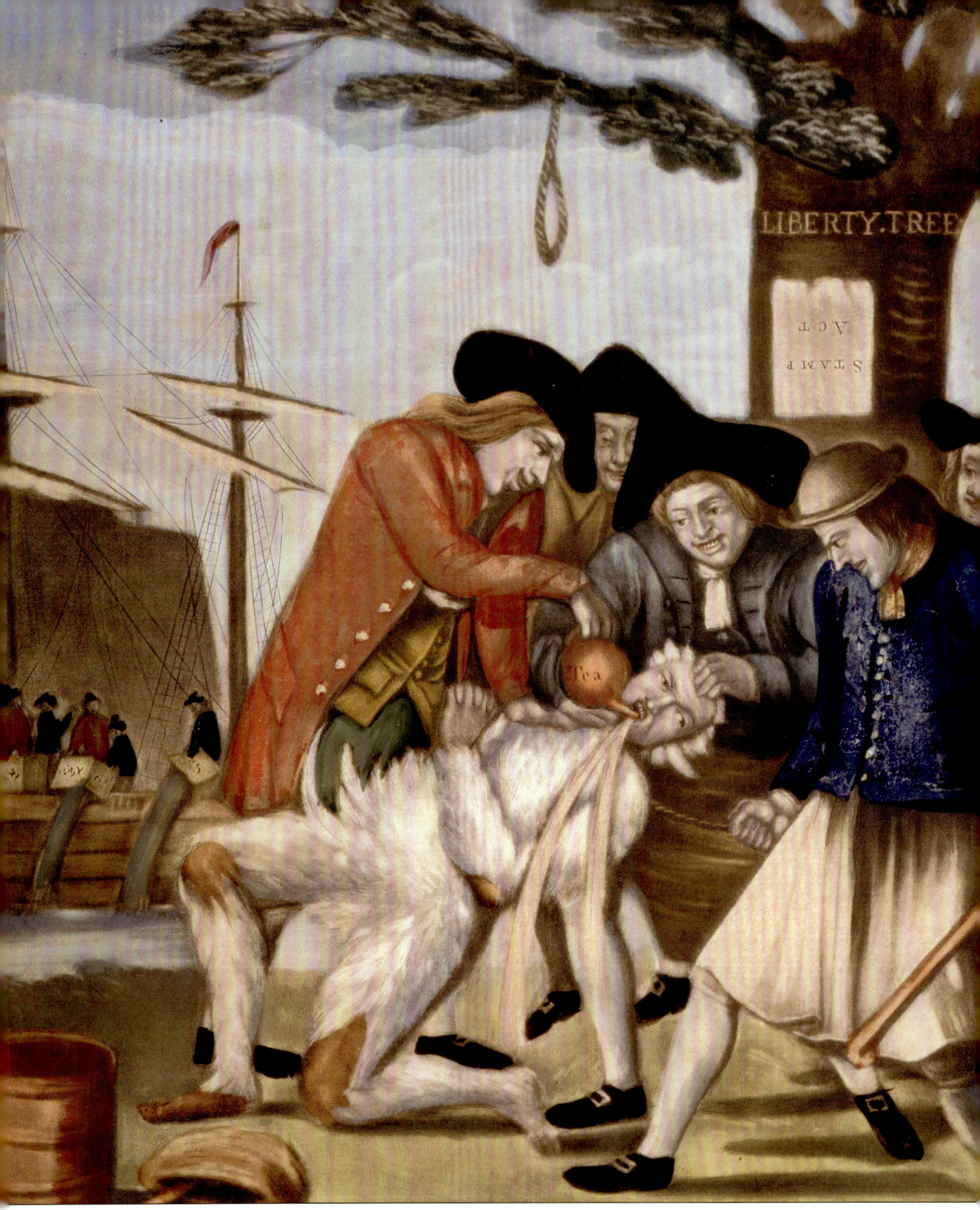
LIBERTY.TREE
STAMP ACT
Tea

17 世纪来了又去，18 世纪正式开始。世纪初已经出现了无法预见的变化：人类发起的两场大革命将彻底改变世界。

在北美，英国殖民者对暴政发起反抗，创造了强有力的自由和民主观念。在英国，凭借机器和新近被驾驭的动力，一些富有灵感的发明家让从前需要很多人做的工作只需几个人就能完成。

这两场革命都不完美。美国革命并未完成。革命的发起者只把自由给了一部分人。不到一个世纪后，美国建立时遗留的问题将让这个新生国家陷入非常血腥的战争。工业革命最初带来的更多是痛苦而非自由，它摧毁了一种生活方式，用新创的方式取而代之。在随后的两个世纪里，人类将不断为这两场革命所许诺的自由而战：无论是巴黎街头还是酷热的海地，无论是在纠察队伍里还是反对游行中，无论是用剑还是选票。

但最终，民主和工业化将会胜出——它们将共同缔造出新生的美国乃至整个近代世界的特点。

左：殖民地对向茶叶、纸张和其他进口商品征税的所谓“不可容忍法案”发起抗议，并经常演变成暴力

上：攻占巴士底狱，巴黎，1789 年

康华里投降

1781 年 10 月 20 日，约克镇。腾奇 · 提尔格曼（Tench Tilghman）中校骑马离开了约克镇外的军营，准备把乔治 · 华盛顿将军的书信交给费城大陆会议的主席。提尔格曼是华盛顿最信赖的副官。1776 年战争爆发后，他一直跟随华盛顿，为其传递信息，起草书信，备份重要文件。

现在，提尔格曼带着最重要的消息：查尔斯 · 康华里（Charles Cornwallis）投降了，战争结束了。

提尔格曼疲惫而虚弱，早在踏上前往费城的漫长行程前，他就开始发烧。他本可以更省力地把这项工作交给他人，但还是决定挑战自己的体力极限，并尽快赶到目的地。

不久，提尔格曼抵达了约克河——行程的前两站要坐船。

他首先坐着小船沿约克河顺流而下前往安纳波利斯（Annapolis）。船只在约克河的沙洲上搁浅，浪费了宝贵的时间。

终于登陆后，提尔格曼换乘一艘普通的班轮，很快向石山（Rock Hill）驶去。由于没有风，班轮停了下来，让他损失了更多时间。等待令人痛苦。

最终，班轮抵达了石山。提

1781 年，华盛顿、拉法耶特和提尔格曼在约克镇，后者手持宣布康华里投降的公文

费城议会厅

尔格曼第一个走下船，急于弥补损失的时间。他一边快马加鞭在老驿道上飞驰，一边高声向行人宣布 :“康华里投降了！战争结束了！”

抵达切斯特顿（Chesterton）后，他停下换马，并在父亲的家里休息了几个小时。然后，他再次上马出发。道路几乎就是烂泥小径，秋雨过后的松软泥土深达 1 英尺。他日夜兼程，只在有机会换马时才停下。

10 月 24 日凌晨 3 点刚过，因为寒冷和发烧而瑟瑟发抖的提尔格曼抵达了费城。他几乎不间断地赶了四天路。他放慢骑行速度，前

1781 年 10 月 24 日，提尔格曼在费城议会厅台阶上宣布康华里投降的消息

往老朋友托马斯·麦基恩（Thomas McKean）的家里，后者现在是大陆会议的主席。不久，他就赶到了那里。

他跳下马，从鞍囊中取出书信，把额头靠在马鞍上喘了口气，然后跑上台阶，敲响了麦基恩家的大门。

没有回应。提尔格曼退后几步打量窗户，希望看到有烛光从屋子里传出。但什么都没有。他举起手，正要再次敲门，一个路过的巡夜人抓住了他的胳膊，准备以骚扰休息为由逮捕他。就在这时，麦基恩开门了。

提尔格曼长出了一口气，把书信塞到老朋友手中，告诉他“康华里投降了”。

巡夜人开始报时。“一切顺利，康华里投降了”的消息传遍了整个城市。家家户户的窗口都亮起了灯。人们涌上街道。议会厅敲响钟声。提尔格曼挣扎着爬上借来的床，这次艰难的旅程让他精疲力竭，发起高烧。

1776年，大陆会议的成员带着感伤签署了《独立宣言》。在他们看来，是长期的积怨迫使自己从忠诚的英国公民变成了美国人。

问题的源头可以追溯到法国—印第安人战争，英国军队在这场战争中把殖民地志愿者视作乡巴佬。1763年，战争结束后，英国人和殖民者出现了根本性的分歧。在英国人看来，刚刚结束的这场昂贵战争是为美国殖民地而打的，他们理应为此支付费用，而为了保护新获得的加拿大，英国增加了驻军人数，他们的费用也应由殖民地支付。但在美国殖民者眼中，他们已经在战场上付出了鲜血和汗水。现在，英国政府又宣布禁止在从法国获得的富饶西部领地定居。议会通过的新税收方案让几乎各个阶层的美国人团结起来反对英国政府。美国人开始反击，既有像抵制英国商品这样的非暴力方法，也有像松树骚乱这样的暴力手段。

殖民地是火药桶，只需一点火花就会导致战争爆发。

到1774年，英国和殖民者的关系已经长期处于危机之中。作为对波士顿倾茶事件的报复，英国人关闭了波士顿港，并占领了该城。马萨诸塞各地的市镇随即纷纷组织了民兵。这年年末，13个殖民地中的12个派出56名代表，在费城召开了第一次大陆议会。

1775年4月4日，列克星敦和康科德出现了这样的火花。

最初，美军看上去不过是装备简陋的地方民兵组成的乌合之众，他们不愿接受中央权威的命令，把他们维系起来的信仰只是华盛顿经常提到的北美自由的“光荣使命”。许多民兵在法国—印第安人战争中获得了一点军事经验，但很少有人参加过正规军。华盛顿成了弗吉尼亚民兵的司令，但自觉无法胜任新组建的大陆军的总司令。他从未指挥过如此规模的复杂军队。

战争的前14个月，在列克星敦、康科德、查尔斯顿和泰孔德罗加堡（Ford Ticonderoga），士气高昂的美军趁英军重新集结之机取得了惊人的胜利。但随着1776年夏天英国远征军抵达纽约港，连胜的步伐和兴奋都戛然而止了。敌军阵容强大，包括500多艘战船，3.2万名英国和德国陆军士兵，还有英国海军40%的兵力。直到将近170年后的二战登陆日之前，英国再也没有派出过如此规模的军队。

美军在长岛和曼哈顿遭遇惨败，许多美国志愿兵以为革命已经结束，纷纷开始返乡。华盛顿却从这些失利中学到了不同的东西：美军在人数和武器上都处于劣势，不能按照英国人的方式与之交战。华盛顿既不能募集到足够的士兵，也无法训练他们像欧洲人那样列队作战。于是，美军对自己和作战方式进行了改革，创造出以狙击手、长来复枪和游击战术为基础的边区作战风格。

1777 年 9 月，得益于游击战术和美国的荒野，美军在纽约州的萨拉托加（Saratoga）击败了绰号“绅士约翰”的伯戈因（Burgoyne）将军。这场胜利让法国人相信，美国人有机会获胜。1778 年 2 月，法国人与 13 个殖民地订立了正式盟约。

法国人的参战改变了一切。美国人突然拥有了强大的海军和装备精良的陆军。更重要的是，他们的敌人不得不改变重心。随着法国人的参战，英国人现在不仅要保卫美洲大陆的领地，还要保护西印度群岛重要的蔗糖殖民地。

1781 年，最后的决定性战役在弗吉尼亚的约克镇打响，美法联军将查尔斯·康华里将军率领的英军围困在陆地上，法国舰队则封锁了海上的退路。经过 3 周的围困，康华里于 10 月 19 日投降。

严格来说，战争并未结束。英国人仍然控制着查尔斯顿、纽约市和萨瓦纳（Savannah）。但他们已经失去了继续战斗的意志。在英国，美国人在约克镇的胜利导致弗雷德里克·诺斯勋爵（Lord Frederick North）的主战政府倒台。议会主和派领袖罗金汉侯爵（Marquis of Rockingham）查尔斯·沃特森·温特沃斯（Charles Watson Wentworth）接替诺斯成为首相。罗金汉派掌权后，英国人和他们从前的

《康华里爵士投降》，约翰·特伦布尔（John Trumbull）绘制，1820 年

美国的命运危在旦夕，尽可能延长战争是我的职责。除非有必要，我的策略是尽量避免大规模战斗，乃至避免一切冒险。

——乔治·华盛顿

我羞耻地通知阁下，我不得不放弃约克和格鲁斯特要塞，并率军投降……成为美法联军的战俘。

——查尔斯·康华里将军，一世侯爵

殖民者有机会开始和谈。

民主和民族自立的概念（再加上美国反抗军的成功）引发了一场又一场革命。1789 年，法国人率先效法美国人发动革命（1830 年和 1871 年又两次重演）。1791 年，海地的奴隶和自由黑人起义反对法国人的统治。19 世纪 20 年代，西班牙美洲的革命让墨西哥、委内瑞拉、哥伦比亚、巴拿马、厄瓜多尔、秘鲁和玻利维亚获得独立。19 世纪二三十年代，欧洲的希腊人、比利时人和波兰人都开始为民族独立而战。

在美国殖民地酝酿革命的同时，一场不同的革命正在英国悄悄发芽。

英国人口在 18 世纪中叶出现大幅增长，这一定程度上归功于新世界的粮食作物，尤其是土豆，改善了穷人的饮食。人口增长意味着对各类商品需求的上升，包括廉价布料。

在此之前，布料一直由手工制作。农闲时节，整个农村家庭都会参与在屋舍中进行的织布活动。现在，它将改由机器生产。

最初的变化并不大。约翰·凯伊（John Kay）的飞梭，刘易斯·保罗（Lewis Paul）的梳毛机和詹姆斯·哈格里夫斯（James Hargreaves）的珍妮纺纱机都提高了产量，但它们没有改变该行业的基本结构。人们只是在屋舍旁加盖了房子，好在操作织布机和纺纱机时拥有更大空间。

英国纺织业真正的变化始于 1769 年。这年，一名普通的假发制造商和理发师理查德·阿克赖特（Richard Arkwright）为他的水力纺纱机申请了专利。在钟表大师约翰·凯伊（John Kay）的帮助下，他制造的这种水力机械可以纺出完美的棉纱，比人类纺纱工更加迅速、廉价、质优和可靠。

与珍妮纺纱机不同，水力纺纱机是专为工厂设计的。阿克赖特通过动力、机械、半熟练劳动力和原材料的结合实现了大规模生产，比亨利·福特的第一家汽车制造厂早一百多年。他很快将成为世界上第一个工业大亨。

工厂体系不仅是新的生产方式，也是新的生活方式，是自从 5000 年前农业诞生以来

阿克赖特工厂骚乱

1779 年 10 月 3 日，英格兰北部的乔利（Chorley）。一群暴徒正在四处搜寻，他们的目标不是人，而是一台机器。

愤怒的纺织工人逼近了理查德·阿克赖特的棉纺厂，他们一边前进，一边敲着鼓。两天前，他们被阿克赖特和邻居赶走。今天，他们挥舞着斧子、火器和砍刀，做好了战斗的准备。来自煤矿和其他行业的工人加入了被解雇的纺织工人行列，一起向棉纺厂进发。通往工厂的小路上有一排士兵把守，但工人们很轻易就冲破了封锁。

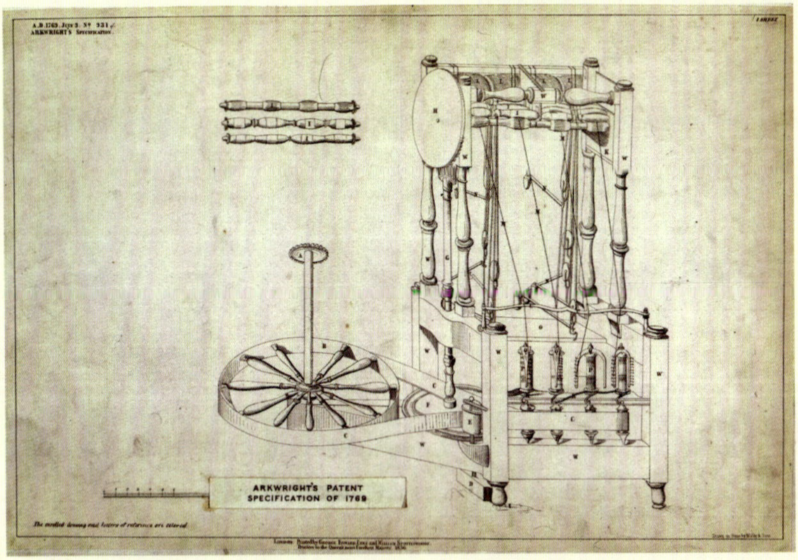

上：理查德·阿克赖特 / 下：阿克赖特的纺纱机

他们的目标是伯克埃克（Birkacre）棉纺厂，那里是阿克赖特的旗舰工厂。

阿克赖特早就预计到了骚乱，已经委派工厂经理约翰·查德威克（John Chadwick）保护工厂。查德威克不愿冒险。他叫来了军队。理查德·克莱顿爵士（Sir Richard Clayton）率领 50 名荷枪实弹的步兵守卫工厂，好笑的是，他们所在的团被称为“老弱残兵团”。

两名士兵站在工厂大门前力图保护入口。人群把他们推开。屋顶上的士兵向空中鸣枪示警，但对方的人数是他们的 60 倍。暴徒撞开门，蜂拥而入，然后开始破坏室内的纺纱机。

士兵们跟了进来，但他们完全不是数千名愤怒工人的对手，只好又撤了出来。

这天结束时，2 名骚乱者死亡，另有 8 人身受重伤，带头者被投入监狱。90% 的纺纱机被毁，工厂成为废墟。但工厂被焚烧只是暂时的挫折，阿克赖特会重建它。还有新厂主会建起更多的工厂。工业化已经在这里扎根。

左：阿克赖特的水力纺纱机 / 右：棉花梳毛机

1908 年，在南卡罗来纳州兰卡斯特棉纺织厂
工作的许多儿童中的一个

新的城市贫民

与从狩猎-采集过渡到农业一样，在推动长期社会进步的同时，工业革命在短期内降低了许多人的生活水平。

城市无法满足新涌入居民的需求。工人阶级的聚居区供水不足，还可以看到露天的阴沟。许多街道只是狭窄泥泞的小路。现有的房屋被一再分割，以便腾出更多空间。新的房屋同样拥挤不堪，质量低劣。许多新工人甚至买不起最廉价的食物。他们衣着褴褛，睡在稻草堆上，每天工作16个小时。疾病横行，死亡率很高。但城市仍在继续扩大。

今天，同样的情况正在发展中国家重演。昔日的农业经济逐渐消失，取而代之的是廉价城市劳动力从事的制造业。许多人同家人分离，住在棚屋里，每周工作六七天。这些工人维系着从玩具和运动鞋到电脑和手机等各类商品的全球制造和销售。

19世纪晚期的罗马贫民区

人类的生活和工作方式经历的最大一次变化。工人和农业劳动者都要投入长时间的体力劳动。但农业工作是季节性和多样化的，工厂工作则非常单调，而且很少有休息。随着机械使用的扩大，包括许多妇女和儿童在内的非技术劳动者代替了技术熟练的织工。为了在工厂中谋得位置，工人们纷纷从乡村迁入，城市开始了史无前例的增长。

第二波工业浪潮紧接着到来。纺织厂带来了对新工具、新机械和更多动力的需求。发明家和工程师改善了锻造钢铁和开挖煤矿的方法。他们设计了更快、更专业化的机械，并用新方法使用机器，从而提高了单个劳动者的产量。换句话说，他们学会了如何在更少的时间里制造出更多产品。

在阿克赖特发明水力纺纱机后的两个半世纪里，动力和机械的组合从工厂走向了我们生活的各个方面。

早在蒸汽机车诞生前，英国的采矿业就发明了钦路。从1630年开始，马或人就在木质或金属的轨道上拉动满载的运煤车。

蒸汽机的诞生同样与煤有关。它们最早用于抽出矿井中的积水，后来被英国的纺织厂用来驱动机器。19世纪初，发明家开始设法将蒸汽机改造成交通工具。最早的蒸汽机车只是马拉煤车的简单升级。

1825年，蒸汽机车走出煤矿，进入了公众视野。自学成才的诺森伯兰（Northum-

长来复枪

纵观历史，武器的变化也变革了战争的方式。公元前1200年左右，拥有铁制武器的士兵对使用青铜或石制武器的人大占优势。奥斯曼人在包围君士坦丁堡时使用了加农炮，对围城战产生了革命性的影响。火枪的传播标志着盔甲骑士时代的终结。在独立战争中，美国士兵使用的武器挑战了西方的战争传统。

英军使用的是燧石扳机滑膛火枪。这种枪可以快速装填弹药，适合传统欧洲战场上的短兵相接。它们不太精准，但如果射击目标是一排肩并肩冲锋的人，精准性并不重要。只要开火，你肯定会有所斩获。在短兵相接时，火枪上的刺刀经常比火枪本身更重要。

但对美国农民来说，武器的精准性非常重要，因为他们食物中的很大一部分来自狩猎。长来复枪有时也称作肯塔基来复枪，这种枪拥有长达4英尺的带膛线枪膛，从而提高了精准性。对神枪手而言，殖民地的来复枪可以精确击中远至300码外的目标，射程相当于火枪的3倍。常用的练习靶子是100码外火鸡的头部，或者200码外火鸡的身体。甚至，击中400码外的马身也并不困难，英国骑兵发现这一点后尤为气馁。

来福线（枪膛内壁的螺旋形槽线）提升了枪支的精确性，但也提高了装填弹药的难度，因为弹药必须紧贴膛壁才能让膛线发挥作用。在战争环境下，装填弹药会变得更加困难，因为反复射击后残留的火药会塞满膛线。

长来复枪在欧式战场上效果不佳，因为它装填缓慢，而且无法装配刺刀。但在以突袭、野战和狙击为特点的美式战场上，它却是完美的武器。

上：列克星敦战役公园里的民兵塑像

下：宾夕法尼亚制造的肯塔基燧石扳机长来复枪

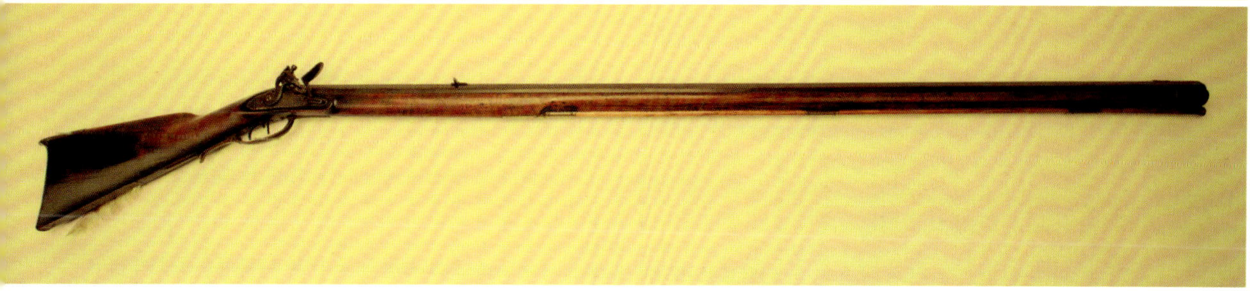

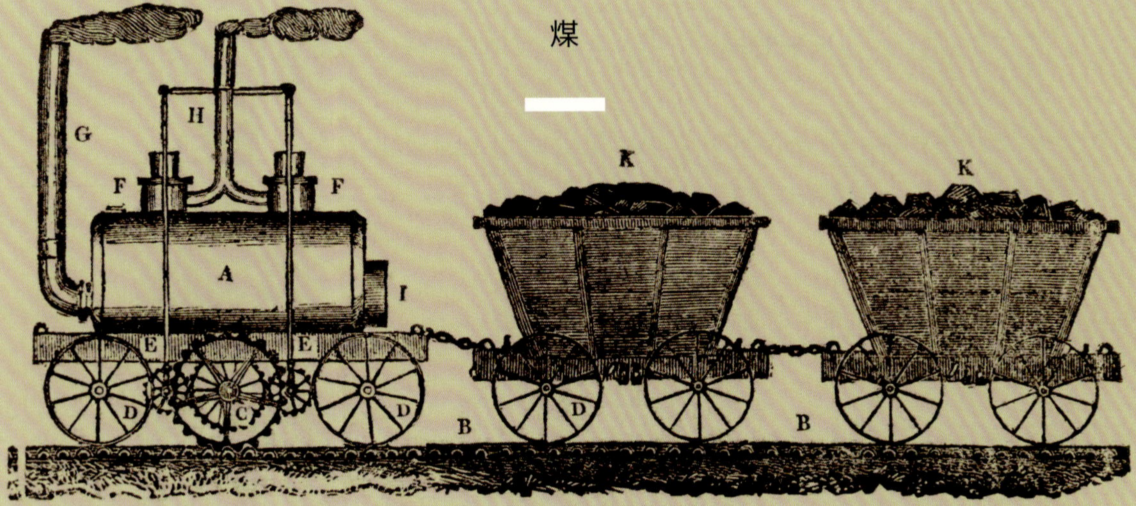

煤

19 世纪是由蒸汽驱动的——自从我们的祖先学会控制火之后，这是人类力量获得的最大增强。蒸汽机为工厂、轮船和火车提供了动力，还可以抽出矿井里的积水。工厂不必再建造在水源旁。交通运输不必依赖役畜和风力。

让这一切成为可能的都是深埋地下的神奇原料——煤。

3 亿年前，地球上覆盖着茂密的热带雨林。巨型蕨类、木贼、针叶树和苔藓生长在广阔的沼泽地上。当这些茂盛的绿色植物死后，它们会倒下并堆积在沼泽的温暖浅水中，开始慢慢地腐烂。几千年间，这些缓慢腐烂的植物堆积得越来越厚。新的植物残骸把老的压到更深处，先是将其变成泥炭，经过高温过程后就成了煤。受高温影响越久，煤就会变得越硬和越黑，作为燃料的效果也越好。

今天，蒸汽机已经被淘汰，但煤对于 21 世纪的生活仍然不可或缺。它仍然是我们最重要的能源之一，全世界 40% 的电力和现代钢铁业 64% 的产量都由煤提供。

berland）工程师乔治·斯蒂芬森（George Stephenson）最初是煤矿火车上的司闸员，后来开设了第一条公共铁路。斯托克顿和达灵顿铁路公司（Stockton and Darlington Railway，S&DR）的第一班车搭载了 60 名乘客，在 3 小时内行进了 26 英里；1 个月后，常规客运服务开通。铁路让英国人陷入了狂热。在 19 世纪三四十年代，投资者成立了 600 多家铁路公司，总共铺设了超过 1 万英里的铁轨。

蒸汽机车同样激发了美国人的想象力。在伊利湖运河开通的同一年，史蒂芬森建立了斯托克顿和达灵顿铁路公司。将新的蒸汽机车引入美国正逢其时。巴尔的摩商人们担心，新运河将让纽约在与西部各州展开贸易时获得巨大优势，后者已经开始寻找更加快捷的方式，将人员和货物运到阿巴拉契亚山脉以西的俄亥俄河谷。用马车运送货物到西部要花费很长时间。由于没有天然的东西向河道系统，而马里兰西部边界的群山又意味着开挖运河很不现实，于是铁路似乎就成了完美的解决方案。

1827 年 2 月，一群巴尔的摩商人联手开始修建第一条美国铁路。这是信仰上的大胆跨越。当时唯一运行的铁路是两年前建成的斯托克顿-达灵顿（S&DR）铁路，这条建于平坦地面上的直铁轨仅长 26 英里。而新的巴尔的摩-俄亥俄（B&O）铁路将穿越近 400 英里的崎岖路面，面临着架设桥梁、开挖隧道等工程难题。

贯穿大陆的联邦-太平洋铁路

第一次将东西海岸连接起来

新的铁路线将永远改变美国乃至世界交通运输的面貌。1830 年 1 月，巴尔的摩和俄亥俄铁路完成了最初 1.5 英里铁轨的铺设；公司以象征性的价格让好奇的公众参加了试运行。到 1840 年，美国铁路的长度已超过英国；1860 年，美国的铁路长度已经超过世界上其他地区的总和，而且还在延长。1869 年 5 月 10 日，第一条横贯大洲的铁路完工，距离 B&O 公司的最初尝试仅仅过去了 39 年。

铁路连通了各个乡镇、城市和地区。铁路沿线的城镇开始壮大，远离铁路的则开始衰退。

内莉·布莱

1889 年，美国记者内莉·布莱（Nellie Bly）登上了报纸的头版：她只花费不到 80 天就环游了地球，确切地说是 72 天 6 小时 11 分钟。如果没有全球铁路网，她的旅程耗时将是 5 倍。

金伍德隧道

1852 年 1 月 16 日，西弗吉尼亚。巴尔的摩–俄亥俄铁路是北美最大的建筑项目之一。完工后的铁路全长 379 英里，将巴尔的摩与俄亥俄河谷连接起来。金伍德隧道（Kingwood Tunnel）是铁路建设中最大的挑战，人们需要在页岩和石灰岩的山中开凿 4100 英尺。负责人是自学成才的工程师小本杰明·拉特罗布（Benjamin Latrobe Jr.），他是美国国会山设计者的儿子。为了加快进度，拉特罗布决定冒险同时从两端开挖。

三年来，300 人夜以继日地

工作，用锤子、钻头和黑火药移走20万立方米的泥土和岩石。他们经历过工人骚乱、机器故障、塌方和恶劣天气。这是一项危险和高度专业化的工作。受伤和死亡经常出现。但工程就要完工了。

最后一段待挖岩体两侧的工人们竞相打赌，认为自己将首先打通隧道。因为急于获胜，其中一队工人忙不迭地准备用火药炸开岩体，但没有按照惯例发出爆破信号。爆炸打通了隧道，也造成1名工人死亡和多人受伤。

随着铁路在美国的扩张，还有许多工人将死于这项工作。

上起顺时针方向：

1854 年的美国快速火车

19 世纪 80 年代纽约市的机车与客车车厢

1876 年的闪电蒸汽印刷机、电报、机车和蒸汽船

1882 年伊利诺伊中央铁路的海报

芝加哥成了东西部铁路的重要枢纽。西部农民可以将产品销往东部。南方棉花种植者可以用船把原材料运到北方的纺织厂，或者将其运到码头，由等在那里的英国船只运回英格兰。东部的制造商、进口商和新的目录零售商获得了一个比以往更大的市场。人们开始吃上产自其他气候带的食物，食谱也变得更加多样化。人在一生中遇到的他人也成倍增加，因为前往临近城镇乃至更远地方的旅行变得更方便了。

铁路创造了成千上万新的工作、矿井、钢铁厂、城镇和市场。铁轨、机车和客车车厢有待生产。煤炭有待挖掘。时刻表有待印制。火车本身则催生了司机、消防员、搬运工、售票员和火车站站长等全新的工种。

铁路在加拿大、澳大利亚、西伯利亚和阿根廷开辟了新的土地。它们把橡胶运出比属刚果，将阿萨姆（Assam）高原种植园的茶叶带到印度西部的港口。在欧洲，它们跨越边境，缔造了前所未有的联系。1889 年，全世界运营中的铁轨长度已经达到 20 万英里。到 1900 年，铁轨里程数再次翻番。人们可以实现比过去更远更快的旅行。

与之前的鼠疫类似，霍乱也是沿着古老的贸易路线从亚洲传往欧洲的。这种疾病在印度已经流行了至少两千年，从那里经由阿富汗、波斯和土耳其传播到俄国和欧洲各地。工业革命时期肮脏而过分拥挤的城市为霍乱的流行提供了极佳的温床。只需极少量含有霍乱病菌的人类排泄物就能

马力

在人类历史上的大多数时候，马是无与伦比的速度和动力来源。骑马旅行的人可以比步行的人走得更快更远。马背上的武士是终极的战斗机器。和铁一样，马对文明的传播不可或缺。它们被用来清理森林，开垦土地，拖拉车辆。

难怪当我们的先人制造出第一台机械发动机后，他们要用自然界的机车——马——来衡量它的力量。

苏格兰工程师詹姆斯·瓦特在 18 世纪发明了“马力”一词。他希望找到某种方式，将自己的新型蒸汽机与用来把煤车拉出矿井的马相比较（煤、蒸汽和铁路总是相互关联）。他计算得出，1 匹马平均每分钟能够拉 22000 英尺磅。出于他自己才最清楚的原因，瓦特武断地把这个数字增加了 50%，让 1 马力相当于每分钟 33000 英尺磅。这意味着 1 匹马或 1 马力的发动机每分钟可以拖着 330 磅的煤行进 100 英尺。

1808 年，理查德·特雷维西克（Richard Trevithick）让自己的小型蒸汽机车“看谁能追上我”（见上图）与马赛跑，伦敦民众兴奋地付钱观看了这场比赛。

霍乱流行

1854年8月18日，伦敦布罗德街（Broad Street）。两岁的弗朗西丝·刘易斯（Frances Lewis）已经病得奄奄一息。当天早上6点，她开始呕吐。她的粪便呈绿色，水样，即使按照当时伦敦街区的标准也显得臭不可闻——那里弥漫着屠宰场、加工厂、内脏铺和满溢粪池的臭味。她的母亲莎拉（Sarah）已经派人去请医生。在等待的过程中，她又为女儿换了一次尿布，将白天的脏尿布浸到一桶水里。小女孩睡着后，她提着水桶走下楼，将水倒进所租房屋地下室的粪池里。

她没有意识到，在随后的几星期内，数以千计的人将因为她的这些举动而失去生命。

污水通过粪池的裂缝渗透到了布罗德街的水井中，这口井是莎拉家和邻居们的饮用水来源。有人率先喝了井里的水，随后又有更多人喝了。

另一场流行病开始了。

几个小时后，孩子死了，这让莎拉悲痛不已。托马斯·刘易斯（Thomas Lewis）试图安慰妻子，但他正在发高烧，不得不躺下休息。莎拉的丈夫很快也出现了导致女儿死亡的那些可怕症状：咳嗽、腹痛和腹泻。不久，他也将死去。

孤儿列车

孤儿一直是人类社会中最容易受到伤害的成员。没有成年监护者的他们需要仰赖整个社会的照顾。不同的文化在面对这个挑战时体现了不同程度的人性。在古代中东文化里，孤儿受到保护；而在其他文明中，比如罗马帝国或玛雅文化，孤儿则沦为奴隶，或者被作为人祭。

19 世纪中叶，由于内战和移民的上升，美国城市中的孤儿人数成了一个巨大的社会问题。孤儿院和救济团体不堪重负。有的组织开始利用现代技术解决这个古老的问题。1854—1929 年，“孤儿列车”（Orphan Trains）把来自纽约贫民窟超过 10 万名无家可归的儿童送到了美国农村的新家。

孤儿列车是儿童救济协会（Children's Aid Society）一项雄心勃勃的计划，旨在帮助 19 世纪 50 年代在纽约街头流浪的数千名无家可归的儿童。计划的发起人是查尔斯·洛林·布雷斯（Charles Loring Brace）牧师，他希望急需劳动力的农民家庭能够接受这些孩子，并把他们视同己出。许多家庭的确这样做了，其他的则仅仅把孩子们视为廉价劳动力。

安德鲁·伯克（Andrew Burke）和约翰·布雷迪（John Brady）是被孤儿列车带到西部的两名流浪儿童，他们后来的成就超过了绝大多数人，分别成为北卡罗来纳和阿拉斯加的州长。

污染饮用水。曾经仅局限于南亚次大陆的霍乱成了第一种全球性的大流行疾病。

1854 年的伦敦是地球上最富有的城市，也是最拥挤的城市之一。城市人口在 50 年内翻了一番。2.5 万人挤在方圆 30 英里内，超过一半生活在昏暗、污秽和没有下水道的贫民窟中。卫生设施仅仅是从伊丽莎白时代延续下来的粪池和“倒夜香工”（负责把排泄物从粪池中捞出并运到城外），无法应付拥挤的现代城市所产生的人类排泄物。

按照维多利亚时代的标准，刘易斯家所在的布罗德街完全算不上贫民窟。那里混居着贫穷的工人和中产阶级商人。与周边地区的许多水源不同，布罗德街的水井以干净甜美著称。

在弗朗西丝·刘易斯死后的三天里，布罗德街水井周边有 127 人死亡。3/4 的居民逃离了该街区。两周内共有 616 人死亡。

19 世纪 50 年代初，大多数医生相信，霍乱是通过有毒空气或肮脏地区的“瘴气”传播的。但有人开始质疑这种理论。

约翰·斯诺（John Snow）在附近的福斯街（Firth Street）上生活和行医。和其他具有新思想的人一样，斯诺也相信，测量和细致的科学调查是理解疾病乃至整个宇宙的关键。布罗德街霍乱疫情暴发时，他已经因为对麻醉的研究和实践在英国声名鹊起。

新的霍乱疫情暴发后，斯诺开始将死者信息绘制成图，系统地寻找他们之间的联系。

霍乱

细菌是地球上最古老和最成功的生命形式。早在地球仍处于形成过程中时，炎热的化学溶液中已经有了细菌的身影。随后，它们发展成数以百万计的单细胞有机体，能够在更复杂生命无法存活的环境中生活。它们有的从空气中吸收氮，有的靠硫或其他元素生活，还有的则寄生在人体内，比如霍乱菌。

感染霍乱的唯一途径是摄入致病细菌，通常是因为饮用了被霍乱患者剧烈腹泻（这是该疾病最明显的症状）所污染的水。

乍看之下，这种疾病似乎不太可能流行。在大多数情况下，人们不愿饮用明显被人类排泄物污染的水。但事实上，一杯看似干净的水可能包含2亿个看不见的霍乱细菌，足以在几小时内要你的命。

19世纪拥挤的工人聚居区使用露天的下水道，水源不足而且路面泥泞

他很快确信，布罗德街上的汲水井就是疫情的源头。但他需要证据才能说服教区议事会关闭这处水源。

证据来自一个看似反常的死亡病例。在距离布罗德街6英里外的汉普斯特德（Hampstead），一名老妇人死于霍乱，这是该街区报告的唯一病例。起初，斯诺认为该病例推翻了自己细心得出的结论。但他随后注意到，死者名叫苏珊娜·埃利（Susannah Eley）。埃利兄弟在布罗德街上开了一家雷管厂，已有70名工人死于霍乱。斯诺很快发现，苏珊娜是埃利兄弟的母亲。她几年前迁往汉普斯特德，但偏爱旧居井水的口味。伊利兄弟是孝子和好雇主。他们每周日都会从布罗德街的汲水井取十几升水带给母亲，还保证工人每天有充足的干净饮用水。他们的慷慨是致命的。

斯诺找到了联系。

9月7日，布罗德街的第一起霍乱病例出现8天后，斯诺将自己的证据提交给了教区议事会。当天晚些时候，他们拆掉布罗德街汲水井的把手，结束了霍乱疫情。

约翰·斯诺的侦查工作令工业化城市的致命威胁褪去了神秘色彩，这比医学界确认细菌致病理论早了20年——他开创的方法至今仍被流行病学家用来追踪疾病暴发。斯诺的发现催生了人类最伟大的工程奇迹之一：最早的现代污水系统。工程师约瑟夫·巴扎尔盖特（Joseph Bazalgette）设计的系统由2000多英里长的地下砖石隧道组成，可以将污水从人们家中带走。1866年，伦敦大部分地区都纳入了新的污水网络。

这个系统将成为世界各地大城市的模板，最终让霍乱和伤寒热等疾病在西方城市中基本绝迹。

一边是非法的毒品卡特尔，一边是致力于保护民众免受毒瘾和毒品暴力之扰的当局，两者的正面冲突并不新鲜。1838年，作为中英历史上的黑暗一章，世界上最古老和最年轻的贸易帝国因为鸦片爆发了战争。

18世纪末，英国东印度公司主导着繁荣兴盛的三方贸易，核心就是鸦片。英国人在印度种植鸦片，并通过拍卖将其出售给持有特别许可证的商人。然后，这些商人把鸦片销往中国，用所得款项购买茶叶、丝绸和瓷器，再运回英国销售。

到19世纪20年代，约有1200万中国人成了瘾君子——相当于今天美国海洛因成瘾者的15倍。越来越多的瘾君子引发了社会问题，任何关注新闻的人对这些问题都不会陌生。鸦片摧毁了吸食者和他们的家庭。毒品的高价还导致了暴力和腐败。大量白银落入

干净的水

人们向来知道，干净的水比脏水更有利于健康。早在公元前2000年，古代梵文文本就描述了如何通过煮沸和过滤去除水中杂质。公元前500年左右，出于同样的目的，希腊医生希波克拉底发明了最早的家用滤水器，俗称“希波克拉底之袖”。但直到1676年安东尼·范·列文虎克(Antonie van Leeuwenhoek）发明显微镜前，人们只能通过闻味和品尝来确定水是否干净。

今天，水处理厂成了现代城市的标准设施，但我们仍未解决水源污染的问题：

· 世界上1/6的人口无法获得安全的饮用水；

· 在过去10年间，死于痢疾的儿童人数超过二战中死于战火的全部人数；

· 每天有约6000名儿童死于同缺乏安全饮用水和卫生设施不足相关的疾病；

· 在水源和卫生技术上，世界上近半数人口还不具备两千年前古罗马人的水平。

外国毒品商人之手，对经济构成了威胁。

1800 年，中国皇帝下令禁止吸食、进口和制造这种正在摧毁其国家的毒品——鸦片由此成为世界上第一种非法毒品。与今天针对大麻、可卡因或海洛因的法律类似，这项禁令同样效果不佳。中国的瘾君子们继续吸食，英国商人继续销售。

1838 年，皇帝任命林则徐为钦差，全权负责禁烟事务。在林则徐的主持下，官方囚禁甚至处决了 2000 多名中国鸦片贩子。和今天的美国同行一样，中国缉毒人员也很快意识到，他们需要切断毒品的源头。

理论上说，控制外国毒品商人应该不难。当时的中国政府对外贸实施严格的管控。欧洲商人只能在广东进行交易。他们只在每年10月到次年3月间获准入城，而且只限在特别的街区生活。他们还只能同获得授权的中国商人交易。

林则徐向那些继续将已属非法的毒品带入中国的英国商人发出了警告。如果对方继续从事鸦片贸易，林则徐就会下令把他们围困在仓库里，直到他们交出货物。他从广东的英国人仓库中收缴了2万箱非法鸦片并销毁。

美国的自由理想曾经为世界各地的革命带来灵感，但就在美国本土，自由权却打了折扣。

以此为借口，英国派出16艘战舰前来中国。战舰攻击并封锁了中国的港口，击沉中国船只，占领了上海，并沿长江而上，对南京构成了威胁。由于英国人拥有蒸汽机和枪支，世界上人口最多的国家被迫向人口最少的国家之一屈服。

在地球的另一边，一个国家的南北双方即将爆发战争，导火索是其中一方拥有的某种“商品”：南方经济基础，奴隶。

独立战争后仅仅80年，美国就迎来了工业时代的第一场内战。

北方和南方各州在许多问题上存在分歧。最大、最丑陋的问题是蓄奴制。400万美国人归他人所有。他们被当作商品买卖，好像他们是动物而非人类，受到的待遇甚至经常不如主人的牲畜。

蓄奴制本身是个严重问题，但它背后是导致国家分裂的经济矛盾。即使在90%的美国殖民者生活在城市之外的殖民时期，北方的小农场和以奴隶为基础的南方种植园就存在差异。19世纪二三十年代，东北部城市开展了工业革命，南方则没有。在北方纺织厂主向南方种植园购买棉花的同时，北方的废奴主义者也开始声讨蓄奴制的罪恶。

国家在一步步走向战争。1860年，当亚伯拉罕·林肯当选总统后，南方各州开始担心蓄奴制将很快遭到废止。林肯当选后仅1个月，南卡罗来纳州就脱离联邦，美国陷入了长达四年的血腥战争。

美国内战使用了最新的技术，但也沿用了属于之前时代的战术。大规模制造的新式武器造成了战场上的大规模伤亡。作为机枪的鼻祖，加特林机枪（the Gatling gun）每分钟可以不可思议地射出200发子弹。铅弹具有更好的空气动力学效果，配备了它的来福火枪把普通士兵变成了神枪手。自从中国宋朝使用枪炮以来，普通士兵第一次可以有相当把握击中远距离的目标。步兵冲锋的时代结束了，尽管西点军校训练出的军官们仍然会向一列持枪步兵发起英勇的自杀式冲锋。即使远离火线的士兵也学会了利用壕沟和堡垒保护自己，这预示了第一次世界大战中的壕沟战。

除了新式武器，工业革命还从其他方面影响了美国内战，并促成了南方的最终失利。美国的大部分铁轨、电报系统和制造业都位于北方。得益于发达的铁路网，联邦军可以比南方更快地将人员和物资运到前线。新成立的美国军事电报兵团在战争的第一年就架设了超过4000英里的电报线，与前线间的往来电报达100多万份。这让林肯总统可以监督战况，并与将军们召开实时军事会议。北方工厂输出了大批武器、弹药和军装——战争期间，仅塞缪尔·柯尔特（Samuel Colt）的工厂就制造了7000支来复枪、11.3万支火枪和38.7万把六连发左轮枪。

纽约和宾夕法尼亚各自的工业实力都要超过脱离联邦的各州总和。最后，北方的制造实力让南方无力抵抗。

1865年4月3日，弗吉尼亚里士满。战争来到了转折点。菲利普·谢里登（Philip Sheridan）将军在五岔口（Five

《1865年4月2日夜，弗吉尼亚州里士满的陷落》，细部，科利尔和伊夫斯公司（Currier and Ives）的平板印刷品

致命的铅

19世纪时，武器制造商用地球上最柔软但也是密度最大的常见金属制造出了有史以来最致命的弹药——米尼式子弹（minié）。美国内战期间，士兵们称其为“米尼弹”（minié balls）。米尼弹用柔软的铅制成，由中空的圆柱形底部和圆锥形弹头组成。与传统的枪弹相比，米尼弹的这种设计使其填装更容易，射程更远，而且更加精准。米尼弹在接触人体后会被压扁，撕裂肌肉和骨头。被子弹击中后，骨头会碎裂成数百个锋利的骨片，在子弹的推动下扎进肌肉和皮肤。

除了米尼弹，铅还可以通过其他方式致人死亡。铅有毒，我们的身体完全不需要它，但如果你接触了铅，它会像钙一样在人体内累积。累积量较低时，铅中毒会引起食欲不振、胃痛、疲劳、头痛和失眠。严重的铅中毒会损害大脑和肾脏。过去，人们在需要延展性和抗锈蚀性时会使用这种金属。罗马人用铅制造水管和排污管（在罗马的浴室里至今还能见到古罗马的铅管）。许多个世纪以来，人们还在颜料、化妆品和瓷釉中加入铅。事实上，美国直到1978年还在使用含铅颜料。居然还有人活下来，这真是个奇迹。

随着对铅的危害性认识加深，我们已经缩减了铅的使用范围。今天，铅主要被用来进行辐射防护，制作电焊材料和铅酸电池。

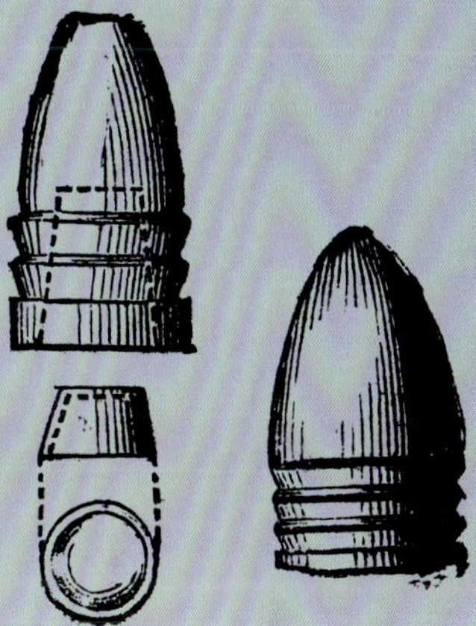

Forks）突破了邦联军的防线。罗伯特·李（Robert E. Lee）将军再也无法阻止联邦军前进了。

谢里登的军队将在这天上午抵达邦联的首都。里士满已经做好了撤离准备。平民和士兵在街道上慌乱穿梭，尽可能多地带上自己的财产。有人骑马，更多的人把财产装在拖车、马车和货车上。少数人搭上了离开该城的最后几班火车，其他人则通过运河驳船、小帆船和较大的船只离开。

作为里士满的两位民兵，赫灵（Herring）上尉和林登·肯特（Linden Kent）副官正在政府办公楼前焚烧官方文件。有人纵马向他们跑来，马蹄扬起了尘土。两名士官连忙伸手摸枪，但马上就放松了下来，他们发现来者是撤退行动的负责人，卫戍司令伊萨克·卡林顿（Isaac Carrington）。

卡林顿向他们传达了李将军的最新指示。撤离还不够。这已经不再是战略撤退。他命令肯特和赫灵烧毁一切有价值的东西，不让

塞缪尔·柯尔特

在塞缪尔·柯尔特之前，手枪每次发射后都要重新装填弹药。19 世纪 30 年代，柯尔特设计出了革命性的转轮，上面有 6 个弹巢。扣动枪支的击锤可以使转轮转动，从而让子弹连续射出。

但柯尔特对武器世界的改造不仅是发明左轮枪。19 世纪初，枪支是手工生产的，每次只能制作一把枪。柯尔特引入了大规模生产的概念，由机器生产出数以千计的相同部件，然后在流水线上手工把它们装配起来。

柯尔特三型龙骑兵左轮枪

它们落入联邦军之手。两人急匆匆开始执行李将军的命令。

不久，他们走进一座堆满干烟叶的仓库。烟叶干得就像火绒，但肯特和赫灵还是在烟叶和仓库墙壁上浇了煤油。两人走到外面后就点燃了仓库。火舌舔舐着煤油浸湿的墙壁，在接触到干烟草后扩大成一片火海。

在城中各地，后卫部队的其他成员也在点燃仓库和武器库。很快，着火的商店冒出的火焰和文件的余烬开始扩散，各处的火汇合起来，直到整座城市陷入火海。当大火烧到特雷德加尔钢铁厂（Tredegar Iron Works）时，存放在那里的弹药开始爆炸，窗户被震碎，门被整个掀翻。很快，空中升起了浓浓的黑色烟柱。

后卫部队的最后成员骑马离开，留给联邦军的是一片燃烧的废墟。

又经过五天的艰苦战争，李的弗吉尼亚军队被包围了。他们别无选择，只能向联邦军将领尤利西斯·格兰特（Ulysses S. Grant）投降。

美国内战为美国乃至世界标识出了一个转折点。无论是武器和军事战略，还是记录战事的方式，或者支持战争的工业基础设施，今天的我们对此都已熟悉，但这些都大异于之前的战争。现代元素也曾经出现在更早的战争中。克里米亚战争（1854—1856 年）第一次使用了电报，第一次出现了战地摄影和真正的战地记者，并见证了现代

在美国内战中，联邦军的“莫尼特号”（Monitor，右）和邦联军的“弗吉尼亚号”（Virginia，左）
这样的铁甲舰第一次投入使用

护理的诞生（克拉拉·巴顿 [Clara Barton] 将第一个向可敬的南丁格尔小姐致谢）。在 1857 年的印度起义中，铁路扮演了关键角色。现代元素在上述战争中显得非常重要。

对美国内战而言，这些创新决定了战争的性质和结局。人类正站在美丽新世界的边缘，即将迎来史无前例的技术革命。

11

拉近距离

距离美国内战结束已经过去了半个世纪，创新和移民成了这个时期的特色。美国开始了第二次工业革命，人类将很快进入现代世界。

从缝纫机到流水线，从空调到T型车，美国的天才发明创造了（并仍在创造）那些终将造福全人类的新技术。具有商业头脑和远见的人接受了纯粹的科学发现，并将它们转变成实用创新。一些新技术只是让日常生活稍稍方便了些，另一些则彻底改变了世界。

数百万新移民为美国的第二次工业革命提供了动力。这些人来自世界各地，他们雄心勃勃而且敢于冒险，希望分享美国的繁荣。美国改变了他们，而他们也改变了美国。他们在新行业催生的工厂中工作，并参与建设日益壮大的城市。他们还站在创新的前沿。在专利局，与喜欢鼓捣小发明的扬基佬站在一起的是来自德国、波兰和俄国的移民。美国不仅是民族的熔炉，也是思想的熔炉。

通过铁路、蒸汽船、电报和广播，人类的联系比以往任何时候都要紧密。人员流动和信息传播的速度是一百年前无法想象的。物质进步不仅改变了我们的生活方式，也深刻地改变了我们和地球、和彼此的关系。它还带来了前所未有的现实挑战和道德困境，并最终揭开人性中最好和最坏的方面。

左：1902年，移民正在埃利斯岛（Ellis Island）上等待检查

上：菲尼克斯工人学校的机械培训车间

左：托马斯·艾尔瓦·爱迪生 / 中：20 世纪初的吸尘器 / 右：肖尔斯和格里登（Sholes and Glidden）打字机

在美国内战结束后的岁月里，世界由蒸汽和铁的时代进入了电和钢的时代，从机械时代进入了机电时代。我们在交通、通信、制造和建筑等领域取得了巨大飞跃。

思想以前所未有的速度产生并获接受。1863 年，美国专利局仅仅批准了不到 4000 项专利；到 19 世纪末，它经常每周里都要收到 100 份专利申请。科学发现与发明间的反馈回路变得更快。蒸蒸日上的出版业把科学突破的消息传递到发明爱好者和富有远见的人手中，并被他们转化成有用的工具。

美国人善于接受其他国家的发明和重要想法，并把它们发展成影响巨大的实际应用。利用英国发明家亨利·贝塞麦（Henry Bessemer）的新式炼钢技术，安德鲁·卡内基（Andrew Carnegie）对钢铁业实施了革命。1885 年，德国工程师卡尔·本茨（Karl Benz）与戈特利布·戴姆勒（Gottlieb Daimler）各自独立发明了内燃机，亨利·福特将其与大规模生产技术结合，使得汽车成了日常生活的一部分。以百折不挠著称的实验家托马斯·爱迪生在总结把科学发现转化成创新时表示：“我们必须造出某样东西。我们不能像那些德国教授一样，一辈子都在研究蜜蜂身上的绒毛。”

工厂开始蓬勃发展。1860 年，制造业只占美国国民生产总值的 12%；到 1894 年，工业产值增长了 2 倍，超越农业成为美国财富的主要来源，而美国也成了世界头号制造国。

第二次工业革命的短期效果并非都是积极的。1870—1890 年，由于工业对劳动力的需求，

左：福特 T 型车的流水线，约 1913 年 / 右：辛格缝纫机，约 1850 年

美国最大的三座城市纽约、费城和芝加哥的人口增长超过了 2 倍。城市内的街区拥挤肮脏，就像第一次工业革命时伦敦的各处贫民窟。在这些街区，很少有街道经过铺设或配备路灯，或是拥有下水道和输水管。想要让一个五口之家获得温饱，每年至少需要 500 美元，但 40% 的美国工人阶层年收入达不到这个水平。

> 我们将把电灯变得非常便宜，只有富人才会点蜡烛。
>
> ——托马斯·爱迪生

随着时间的流逝，第二次工业革命的好处开始显现。美国人的发明和对其他民族发明的借鉴改变了日常生活，这些变化的方式很可能令第一次工业革命的先驱们大吃一惊。现在，普通人也可以享有曾经是富人专有的商品和服务。爱迪生的灯泡推动了中央化发电和输电系统的建立，廉价的电力最终把光和动力带到了千家万户。他的留声机让农民和工人第一次听见了伟大乐团的演奏。艾萨克·辛格（Isaac Singer）的缝纫机是最早的家用设备，它不仅将妇女从手工缝纫的枯燥工作中解放出来，而且缔造了制衣业。穷人不再只能穿自己制作的衣服。福特的自动化生产线将汽车从奢侈品变成了大众商品。第二次工业革命的起点是 1869 年贯洲铁路的完工，完成的标志则是飞机和汽车成为实用交通工具。在世界上的新兴工业化国家，人们获得

莱特兄弟的首飞

1903 年 12 月 14 日，北卡罗来纳州的基蒂霍克（Kitty Hawk）。这是一个飞行的好日子。莱特（Wright）兄弟抛硬币决定由谁试飞他们的最新滑翔机。获胜者是威尔伯（Wilbur）。

但飞行不像计划的那么顺利。飞机升起了几英尺，还在继续上升……然后突然坠落到沙地上，摔断了一个制动器。

他们只好回到制图板前……

1903 年 12 月 17 日。过去的三天，莱特兄弟一直待在被用作飞机库的棚屋里，修理威尔伯坠机造成的损坏。现在，他们准备再次试飞。这次轮到奥维尔（Orville）驾驶。

天气变了。凛冽的北风时速达 20 英里。最近一次降雨留下的积水冻成了冰。奥维尔认为这是飞行的完美天气。但其他人就没那么热情了。在被邀请见证今天试飞的观众中，只有 5 人冒着严寒前来。但奥维尔毫不气馁。

他点燃引擎和推动器，先预热几分钟，并解开了固定飞机的绳索。然后，他躺到下层机翼上，抓住了起飞控制杆。为了让飞机在光滑的表面上滑行，莱特兄弟铺设了木轨，现在飞机开始在木轨上移动。兴奋的威尔伯随着飞机一起奔跑，托住一只机翼帮助飞机保持平衡。奥维尔推动了起飞控制杆……

突然飞机升空了，呼啸着从威尔伯头上掠过！这是他们的首飞！

飞行仅仅持续了 12 秒，距离只有 120 英尺。但坚持不懈的莱特

兄弟今天还将试飞 4 次。最终，这架引擎驱动的小滑翔机因为被大风吹得翻滚起来而受损，但在此之前，它在 59 秒内飞行了 852 英尺。

虽然他们的飞机受损，但莱特兄弟的激动之情并未受到影响。经过多年努力，他们终于实现了前人不曾有过的成功：让比空气重的东西飞起来。突然间，人类的极限变得和天空一样广阔。

15 世纪 80 年代，列奥纳多·达·芬奇第一个对飞行做了系统研究，留下了 160 页飞行器和机翼构造的草图

了比过去更大的流动性。

人类一直向往飞行。我们早就研究过地球上那些长着翅膀的动物，试图从它们轻松的御风而行中找到实现我们梦想的线索。

公元前 400 年，中国人根据他们对风和空气动力学的了解发明了风筝。风筝的构造是载人气球和滑翔机的原型。

公元 9 世纪，伊斯兰科学家阿巴斯·伊本·费纳斯（Abbas Ibn Firnas）把自己对鸟类的观察结果应用到了已知最早的悬挂式滑翔机飞行中。

15 世纪 80 年代，列奥纳多·达·芬奇对飞行做了认真研究。他在笔记本上留下的灼见和数百幅按比例绘制的草图为现代的直升机带去了灵感。

1783 年，在法国宫廷和数千名观众的注视下，约瑟夫-米歇尔（Joseph-Michel）和雅克-艾蒂安·蒙戈尔菲埃（Jacques-Étienne Montgolfier）兄弟展示了他们的热气球。燃烧产生的烟雾充满了丝质的气球，把它送到了巴黎上空。它载着 1 头羊、1 只鸡和 1 只鸭子飞行了近 2 英里，然后安全着陆。

随着莱特兄弟在1908年和1909年的公开实验，这场乘坐比空气重的机器飞行的竞赛画上了句号。在他们的早期实验中，奥维尔和威尔伯回顾了载人飞行的历史，研究了风筝、气球和滑翔机的空气动力学，最终制造出了605磅重的飞行器。他们称之为“飞行者”（Flyer），并在基蒂霍克进行了试飞。

莱特兄弟的成功在欧洲和美国引发了新一轮的实验热潮。路易·布雷里奥（Louis Blériot）、法尔芒（Farman）兄弟和莱昂·勒瓦瓦瑟尔（Léon Levavasseur）设计的飞机很快会让法国人站在了航空业的前沿。事实上，法国的飞机设计进展很快，1913年制造的飞机更加类似三四十年后的机型，而非莱特兄弟在基蒂霍克试飞的类型。

在两次世界大战之间，飞机变得日益引人瞩目。1927年，查尔斯·林德伯格（Charles Lindbergh）从纽约前往巴黎，第一个飞越了大西洋。20世纪30年代，又有一系列创纪录的飞行让人们浮想联翩。竞赛、纪录和特技让飞行带上了光环。

飞机为战事增添了新的恐怖，也造就了一批新的战场英雄。二战期间，同盟国和轴心国的先进战机投下的大量炸弹把欧洲最古老的城市变成了废墟，日本两个人口密集的工业中心遭遇了人类无法想象的恐怖毁灭。

与同时代的任何其他发明相比，飞机更明显地区分开了过去和未来。飞机颠覆了对速度和长途运输成本的原有预期，在商业用途上，它们很快超越了火车和蒸汽船，并且直到20世纪30年代仍能与汽车分庭抗礼。莱特兄弟设计的原始单人飞机最终发展成可以

上：二战期间，飞机在敌方领土投下炸弹和传单 / 下：1932—1937年，商务航线的乘客增长了1倍还多

最早的汽车

从公元前两千多年发明车轮到今天的混合动力车，人类一直在寻找更好的陆上旅行方式。

18 世纪中叶，受到工业革命中的蒸汽机启发，工程师和发明家开始构想不用马拉的四轮大车。1769 年，法国工程师尼古拉-约瑟夫·居纽（Nicholas-Joseph Cugnot）造出了第一辆成功的机械车：这是一辆三轮炮车，由装在唯一前轮上的两个圆柱形蒸汽机驱动。它每小时可以行进 3 英里，负载达到 5 吨。但它有一个重大缺陷：没有刹车。难怪居纽发明的不仅是第一辆汽车，也是第一辆出车祸的汽车。

居纽汽车的车祸没有让发明家灰心。对蒸汽汽车的研究持续到了 19 世纪 30 年代，最终蒸汽火车取代了蒸汽汽车。

又过了 50 年，卡尔·本茨和戈特利布·戴姆勒发明了最早的实用内燃机。从 1885 年开始，人们重新开始研究用于在公路上行驶的机械汽车。最早的汽车是奢侈品。每 100 万名美国人中只有 1 人买得起汽车。有车族和无车族的经济状况差距巨大，以至于后来当选总统的伍德罗·威尔逊（Woodrow Wilson）感慨地说："在这个国家，没有什么比汽车更能传播社会主义情感了……它们是富人傲慢的写照。"

福特最早的广告宣传几乎就像是在号召革命："甚至连你也买得起福特。"

左：亨利·福特与 1921 年的 T 型车 / 右：居纽蒸汽炮车的复制品 / 下：公元前 5 世纪的葬礼马车

乘坐数百人的大型客机。

莱特兄弟的首飞之后仅仅40年，查克·叶格（Chuck Yeager）就实现了超音速飞行。以叶格的伟大工程和物理成就为基础，我们实现了自己最古老的梦想之一：飞往月球。今天，无人火箭正在前往遥远行星的途中。我们希望，作为人类的机械延伸，它们带回的影像和物品能够为我们在宇宙大爆炸中的起源提供线索。

始于美国的第二次工业革命，其传播速度和范围要超过第一次工业革命。在半个地球之外，日本经过精心筹划，从中世纪世界一跃进入了现代世界。

从12世纪到1868年的明治维新，武士（samurai）一直统治着日本，他们是古代武士精英的最后遗存。理想的武士常被与欧洲中

武士之魂

武士是日本人中唯一获准在公共场合佩刀的阶层。武士最珍贵的财产是两把带鞘的刀，长的称为“打刀”（katana），短的称为“胁差”（wakizashi）。刀被视为“武士之魂”，是他们职务的标志和荣耀的象征。

打刀由钢铸造而成，铸刀师被尊为艺术家。这种刀是地球上最锋利的武器，可以毫不弯折地刺穿盔甲。

铸刀几乎被视作一个神秘过程，笼罩着仪式的外衣。在开始铸造前，铸刀师和助手会进行祈祷，并禁忌吃肉和性事，以净化自己的身心。锻炉需要经过神道教祭司的净化。在锻造开始后，铸刀师还会用神道教的冷水进一步清洁自己。

武士刀的铸造方法是在公元六七世纪发展起来的。每把刀都使用两种材质的钢，外面所包的钢较为坚硬，内芯部分稍微柔软。内外两层的钢材都经过反复折叠和捶打，然后将内芯部分插入外层包钢中。接着，这种复合金属会被加热和捶打，以保证两层钢材之间没有空气和灰尘。随后，裹上黏土的滚烫刀刃被浸入水中。由于黏土厚度不同，刀的外侧冷却得更快，因而也更坚硬，它将被打磨成锋利的刀锋。黏土较厚的刀背则保持了相对较好的韧性。这样做既保证了刀锋的坚实，较有韧性的刀背和内芯部分又可以吸收冲击。

最后的工序是抛光刀身，时间可能长达三周。

岩崎弥太郎

1862 年，东京。27 岁的岩崎弥太郎是来自日本一个贫穷村子的下层武士，他穿过繁忙的城市街道，准备做一件不可思议的事。

和其他武士一样，他穿着宽大带褶的袴和无袖肩衣，这是法律对所有武士的要求。他前半部分的头发被剃掉，后半部分的头发挽成武士标志性的顶髻，这同样是在遵守法律的规定。顶髻原本是为了在打仗时固定头盔，被视作武士权威的终极象征。在传统上，剃掉它代表可耻的失败。

在岩崎看来，顶髻是过去对自己的桎梏。

他走进理发店，最后看了一眼镜子，深吸了一口气，然后下定决心点了点头。理发师打开直刃剃刀，岩崎的顶髻掉到了地上。

走进理发店时的岩崎是武士，出来时已经是一名先驱者，摆脱了植根于过去时代的传统。

钢

传统的武士刀和三菱公司的货运船队有一个共同点：高品质的钢。

钢是铁和极少量碳的合金。它廉价而耐用，在其重量等级上可谓非常坚实。钢可以浇铸成任何形状，或是拉成钢丝，或是压成钢板。

高品质的钢在工业革命前非常昂贵，因为与铁相比，生产需要大量的劳动力和燃料。钢用于制造单位重量价格高昂的小物件，特别是剃刀、手术工具和刀剑。随着工业革命的创新者发明了坩埚法和搅炼法，钢的产量开始上升。

炼钢业真正的飞跃出现在19世纪50年代。亨利·贝塞麦发明了新的炼钢法，贝氏转炉不用高热，而是通过吹入空气去除铁水中的碳杂质。氧化过程自然产生的热量会让铁保持熔融状态。从前，将3～5吨铁炼成钢需要24小时，使用贝氏法后仅需10～20分钟。劳动力和燃料的节省让大规模炼钢第一次变得可以负担。

大规模炼钢的能力改变了工业和建筑的面貌。数英里长的钢缆支撑着世界各地的悬索桥。钢板变成了远洋轮和蒸汽锅炉。钢梁让摩天大厦这种全新的建筑成为可能。

今天，从固定断骨的钢针到发射航天飞机的火箭推进器，我们每年要使用8亿吨钢。我们每年所用的金属中有93%是钢。

世纪的骑士相比较，他们严格遵守的未成文准则既包含儒家对荣誉和勇敢的信仰，也融合了日本人的绝对忠诚传统。事实上，“武士”的本意就是“侍者”。

在德川幕府时期，武士阶层的成员发现自己陷入了尴尬的处境，他们无仗可打，尽管政府仍然严令他们维持武士传统。一些武士积极参与了外省的统治，另一些则成为文吏或商人。更多的人（特别是在大城市）变得无所事事，勉强依靠微薄的薪俸度日。

从1871年所有的武士被要求剃掉顶髻，到1876年3月的《废刀令》剥夺了武士佩刀的权利，明治维新时期的一系列举措正式废除了武士阶层。

贝塞麦法炼钢，1914—1918年

现代世界的其他缔造者

与莱特兄弟和亨利·福特一样，某些参与缔造了现代世界的发明家和工业家的名字变成了象征现代性的注册商标，以至于我们几乎忘记了这些品牌曾经是充满梦想之人的名字，如伯宰（Birdseye）、固特异（Goodyear）、胜家（Singer）、李维斯（Levi Strauss）和西屋电气（Westinghouse）。其中一些成为了英雄，如亚历山大·格雷厄姆·贝尔（Alexander Graham Bell）、伊莱·惠特尼（Eli Whitney）、托马斯·爱迪生和约翰·迪尔（John Deere）。

另一些重要的创新者今天已经几乎被遗忘：

·1907 年，比利时移民列奥·亨德里克·贝克兰（Leo Hendrik Baekeland）发明了第一种真正的塑料，并称其为“胶木”（Bakelite）。胶木最初用于电器绝缘和桌球，这种制造方便的材料在第二次工业革命中扮演了和钢同样重要的角色。胶木廉价，不会着火或融化，不会导电，还可以加工成无数需要的形状，用途从面包机和洗衣机直到地铁轨道和汽车点火系统。

·1886 年，德国移民奥特玛尔·梅根塔勒（Ottmar Mergen-thaler）发明了自动排版技术。自从古腾堡发明活字字模以来，梅根塔勒的莱诺整行铸排机（Linotype machine）是印刷业最重要的发明。更方便的新式排版技术促成了书籍、杂志和报纸印刷的爆发式发展。随着普通人也可以买得起印刷品，识字率有了大幅上升。爱迪生称之为世界第八大奇迹。

·1853 年，艾利莎·奥的斯（Elisha Otis）设计出电梯制动装置，让高层建筑有了现实可行性，从而彻底改变了现代城市的面貌。

·20 世纪 20 年代初，画家威廉·罗森塔尔（William Rosenthal）和妻子伊达（Ida）一起发明了现代胸罩。女性不必再受紧身胸衣的束缚，可以自由地行动和呼吸。在让女性获得更多自由这点上，内衣的简单改进几乎与投票权同样重要。

·1886 年，工程师威廉·斯坦利（William Stanley）发明了变压器。变压器可以提高电压，让电流沿电线长距离传输，然后再把电压降低到家用电器和灯具所需的水平。斯坦利变压器对现代电网的发展至关重要。

1877 年的萨摩藩大叛乱是武士的最后反击，政府的新式军队和武器对上了使用传统武器的武士。许多叛乱武士宁愿使用传统武器战死，也不愿依靠现代武器活下来。他们毫不意外地被镇压了。

1874 年，岩崎弥太郎已经是一个白手起家的现代日本人。27 岁时，他让自己的外貌焕然一新。现在，他有了新的投资：从政府手中低价购入的 13 条蒸汽船。

1870 年，岩崎成立了三菱船运公司，并开始稳步发展。日语中“菱”常用来表示钻石，岩崎家的族徽就由三颗钻石组成，难怪三菱

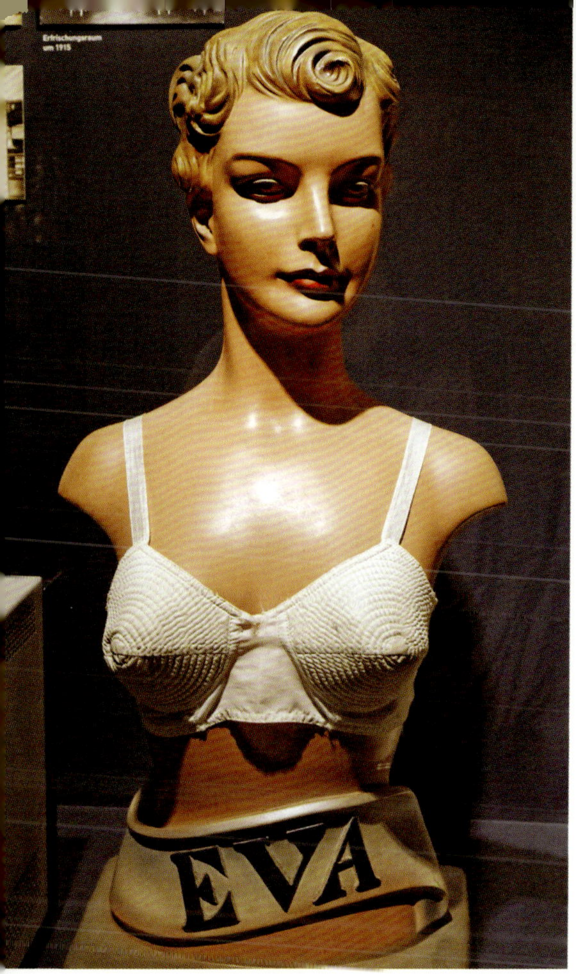

左上起顺时针：

戴着夏娃牌胸罩的人体模型，约 1925 年 / 奥特玛尔・梅根塔勒 /

胶木收音机，20 世纪 40 年代末 / 早期的莱诺整行铸排机，约 1915 年 / 奥的斯电梯广告，1891 年

古德伊尔改造橡胶

在纽约一座肮脏公寓的四楼，囊中如洗的查尔斯·古德伊尔（Charles Goodyear）正在拥挤的厨房里试验一种接近黑色的黏胶，这种黏胶来自亚马孙热带雨林的橡胶树。在长达十年的时间里，古德伊尔不断试验这种物质，在天然橡胶中加入各种化学品。

这位年轻的发明家没有受过专业的化学训练，但他清楚地看到，橡胶将给人们的生活带来巨大的改变。多年来，他一直沉迷于把生橡胶变成有实用价值的东西。古德伊尔从来无法在某个地方长久立足（有时甚至因欠债入狱），只能栖身宾夕法尼亚、康涅狄格和马萨诸塞州等地的小公寓和村舍，在厨房和阁楼上开展气味刺鼻的实验。

他在胶乳中加入各种化学品，也尝试过加热和冷冻。但每当他以为找到了正确的配方时，他的橡胶制品总是会在夏天融化。

不过，古德伊尔具备成功发明家的两个必备素质：对理想永不动摇的信心，从错误中吸取教训和加以改进的能力。

在纽约的公寓中，这位自学成才的化学家觉得自己可能找到了神奇的配方。凭借着直觉和多年尝试积累的经验，他决定推陈出新，在胶乳中加入新的化学品——这次他准备加入硫黄和氧化镁，并用高温对其加热。

一开始，他担心自己会再次失败。经过更仔细的观察，他发现橡胶没有像糖蜜那样融化，而是开始变焦，并在周围形成一圈干燥而有弹性的

棕色物质。

就这样，古德伊尔发现了如何把生橡胶变成工业时代最有价值的商品之一。(“固特异”品牌即以古德伊尔的姓氏命名。)

他把这个过程称为“硫化”(vulcanization)，“伍尔坎”(Vulcan)是罗马的火神和锻造之神。很快，他的柔韧而耐热的“硫化橡胶”将在新兴工业化世界中获得无数应用。

公司的标志同样是三颗钻石。

他的重大突破出现在1874年。这一年，日本政府出兵侵略台湾（这是日本的第一次近代军事行动），岩崎主动用自己的船只运送军队和给养。这年夏天，三菱公司的船只共24次往返台湾，送去了人员、大米和弹药。作为回报，政府以低价将13艘蒸汽船出售给该公司，并与其签署了邮政业务合同。在岩崎的领导下，三菱成了日本最大的船运公司。

不久，在弟弟弥之助的主持下，三菱公司开始了多元化经营，逐步收购了煤矿、铜矿、铁路和保险公司等等。

1884年，岩崎租下了长崎炼铁厂，将其改为长崎船坞，用于修理本公司的船只。1887年，三菱买下了船坞，并很快将其扩展为造船厂。1895年，那里造出了日本的第一艘铁皮蒸汽船。二战期间，三菱制造了日本当时最大的战舰“武藏号”和令人胆寒的“零式”战斗机。

截至本书写作时，日本是世界上第二大船只和汽车制造国，也是第三大经济体。所有这些都来自一位具有进步思想的武士，来自他独特的远见。

在第二次工业革命中，发明家和资本家把原材料转变成可用的产品，并出资建立了流水线，他们创造的财富和物质进步是史无前例的，人类由此进入了现代工业化世界。不过，对于为新工业提供原材料的成年男女和儿童来说，自己的生活与辛劳的先人相比并没有多少差别，就像16世纪时的银矿工，或是1世纪时罗马公路和水道的修建者。这是因为对珍贵自然资源及其产品的需求永远居高不下。

1839年，随着纽约市廉价公寓中的一位业余科学家有了意想不到的发现，这种情况将愈演愈烈。

古德伊尔的配方让橡胶变得像白银一样珍贵。这种神奇的材料推动了巨大的技术飞跃，包括现代世界最伟大的发明之一——汽车。除了轮胎，福特的T型车上另外600个部件也用橡胶制成，避免了汽车被震成碎片。

今天，硫化橡胶的产品已经达到5万种，它们都要归功于古德伊尔在第二次工业革命中的发现。这是一场辉煌的革命。

但并非对所有人都这样。

工业革命从一开始就显示出阴暗的一面，比如难以糊口的工资、血汗工厂、童工和新兴工业城市的贫民窟，还有因为接触工业化学品引起的疾病和缺乏安全设施造成的机械事故。第二次工业革命中最丑陋的一幕出现在中非。工业化对橡胶软管（普通管、强化管）、垫片和绝缘材料日益膨胀的需求引发了全球性的橡胶热，但也在刚果开启了恐怖统治的序幕。

19世纪末，欧洲大国开始疯狂地争夺帝国殖民地，史称“瓜分非洲”。15世纪起，欧洲人就在不同程度上介入非洲。他们在大陆沿岸成立贸易站，并在阿尔及利亚和南非建立殖民地。但他们并未染指非洲内陆。

橡胶

橡胶来自生长在热带雨林中的数百种橡胶树的乳状树脂。它的用途多得惊人，可以塑造成各种形状，不导电而且防水。

不幸的是，自然状态的橡胶几乎没有用处。它在天热时会变成黏糊糊的一团，天气转冷时又会变脆。如果遇到油脂或酸等制造业世界的常见物质，橡胶会分解，并释放出可怕的臭味。

但如果把橡胶与硫黄混合并加热，它会变成一种神奇的材料，这就是所谓的硫化过程。它可以被拉伸，并马上回到原先的形状。它在烈日下不会融化，在低温下也不会破裂。

我们的世界是橡胶造就的。橡胶对于机械化所带来的巨大改变不可或缺。橡胶带、垫片、接头、阀门、O 形环、垫圈、轮胎、封套和其他无数机器部件都离不开天然或人造橡胶。轿车、卡车、轮船、火车和飞机等机械化交通工具改变了人员和物资的流动方式。工业机械化改变了我们的工作内容和方式。农业机械化推动了城市的发展，让我们从农村社会进入了城市社会。橡胶在上述领域都扮演了至关重要的角色。

橡胶也许还决定了我们对未来世界的探索，作为空间站、宇航服、火箭和航天飞机的关键组成部分，这种材料正在帮助我们探索地球以外的空间。

19世纪70年代，欧洲大国突然开始瓜分非洲大陆。名义上，瓜分活动的理由是“基督教、商业和文明”，就像传教士和探险家大卫·利文斯通（David Livingstone）所概括的那样。但真正的动因是欧洲国家间的竞争。英国是其中最重要的角色，它扩大了南非殖民地，占领了埃及，并把尼日利亚划入势力范围。很快，没有参加过这场帝国游戏的国家也加入了竞争，用德国皇帝威廉二世的话说，是为自己寻找“阳光下的位置”。

比利时国王利奥波德二世急于染指“非洲大蛋糕”。他摆出慈善家的样子，表示自己的意图只是制止奴隶贸易，并向非洲人送去医疗援助，但乘机在刚果河谷攫取了一大片私人领地。受利奥波德二世的委托，探险家亨利·摩根·斯坦利（Henry Morgan Stanley）在刚果境内修建了1500英里公路（其中200英里穿越丛林），沿途设有数百个驿站，还与2000名非洲酋长签订了协议。1884年，欧洲列强在柏林集会，商谈存在争议的欧洲国家命运。它们不情愿地同意把一块面积相当于密西西比河以东美国的土地划归利奥波德二世。他把自己的新王国称为刚果自由邦。

但利奥波德二世的政府没有帮助非洲人，而是把他们变成了事实上的奴隶。最初，整个国家都被组织起来猎取象牙。19世纪90年代，利奥波德二世把注意力转向雨林里的橡胶树，试图从中获利。数以千计的非洲人被强迫收割这种珍贵的作物。每个成年刚果男性必须每周收获6 ~ 9磅橡胶。未能完成每日指标的人将

左：刚果奴隶橡胶工 / 右：利奥波德二世国王暴政的受害者

爱丽丝·哈里斯的传教

1904 年 5 月，比属刚果的巴林加（Baringa）。浸信会传教士约翰·哈里斯（John Harris）牧师的家，他的妻子爱丽丝（Alice）是一位业余摄影师。这对英国夫妇从 1898 年起就生活在刚果自由邦。

哈里斯夫妇来巴林加是为了向刚果的“邻人”传播“善道”。但一则紧急消息将彻底改变他们工作的性质，让他们登上世界舞台，为一个更加迫在眉睫的问题摇旗呐喊。

爱丽丝·哈里斯听见有人敲门。她感到纳闷，心想究竟是谁？于是迅速扎好头发，赶忙前去开门。

过去六年里，爱丽丝和丈夫已经赢得了邻居的信赖，她也可以叫出许多人的名字。但她不认识这个现在站到自己面前、胸前捧着一包树叶的刚果男子。不过，看到他脸上明显流露出的虚脱、无助和绝望的神情，爱丽丝还是把他请进了屋。

男子流着眼泪告诉爱丽丝，自己名叫恩萨拉（Nsala）。他想要说明来意，但哽咽着说不出话来。他用颤抖的手打开包裹，让爱丽丝看里面的东西：小孩子被割下的一只手和一只脚。爱丽丝倒吸了一口冷气。

他忍住抽泣说："这是我女儿。"

爱丽丝一时没明白，于是问道："她怎么了？"

恩萨拉恨恨地回答说："我们没完成份额。"然后，他瘫倒在地，仍然抓着女儿血淋淋的肢体。他再也控制不住痛苦，哀号声响彻屋子，把哈里斯牧师从书房里吸引了出来。

他问道："究竟……？"

爱丽丝打断了他，瞪大眼睛问道："为什么——为什么他们要这么做？！"

传教士轻轻把恩萨拉扶到椅子上坐下，然后让伤心欲绝的父亲讲述事情的来龙去脉。这是一个简单而恐怖的故事：由于恩萨拉没能上交每周 6 磅胶乳的份额，作为惩罚，利奥波德二世的雇佣军砍了他女儿的手脚。

哈里斯夫妇当即决定，自己必须做点什么。

传教士说："我知道这很难，但我们必须让世人看到你和你的民族遭遇了什么，让他们看到今晚你勇敢地向我们展示的东西。"

爱丽丝马上拿出了照相机。她说服恩萨拉，允许自己拍摄一张他拿着女儿肢体的照片。她用颤抖的双手安装好玻璃片、三脚架和照相机，拍下了恩萨拉坐在门廊上的照片——后来，她还将拍摄更多详细描绘比利时在刚果残暴统治的照片。

哈里斯夫妇度过了繁忙的几个星期。依靠蒸汽船、划艇和步行，他们沿着刚果河及其支流跋涉了 5000 英里，拜访了一个又一个村子。两人分别用相机和笔记录下了殖民地官员和士兵对刚果人犯下的暴行。爱丽丝拍摄了 300 多张照片，描绘了利奥波德二世统治下刚果的状况：各种恐怖统治着世人看不见的这片非洲内陆地区，照片中可以看到遭受鞭笞、戴着锁链的刚果人，被大火夷为平地的村子，还有被砍掉手脚的男女和孩子——这是利奥波德二世的士兵对他们的惩罚。

但无论照片多么生动，仅有它们是不够的。哈里斯夫妇知道，自己必须成为恩萨拉和其他刚果人的代言者。为了这些人，他们回到了英国。

伦敦的一座教堂里座无虚席，近百名衣着光鲜的英国公民前来聆听哈里斯牧师的布道。他首先感谢人们到来，然后心潮澎湃地停了半晌，接着说："善良和敬神的朋友们，作为文明人，我们必须呼吁结束非洲大陆正在上演的恐怖，这让整个人类蒙羞。"

然后，他开始回忆那个可怕的夜晚，描述恩萨拉如何带着女儿被砍下的手脚出现在自己门前。作为鲜活的证据，爱丽丝·哈里斯默默地用幻灯片展示了自己的照片。

教堂里到处响起了倒抽气声和"不！"的惊叫声。

星星之火就这样燃起了。

被处以鞭刑，所用的长鞭由河马皮拧成。掌刑者通常也是非洲人，如果拒绝从命，他们自己也会遭受鞭笞。对于上交份额不足的村子，利奥波德二世的“军队”（雇佣军暴徒）会绑架那里的妇女和儿童作为人质。

在欧洲，哈里斯夫妇的故事和爱丽丝的照片激起了民愤，一场旨在终结比利时人对刚果暴行的运动拉开了序幕。每周都有新的名人加入刚果改革协会，让这个问题始终处于聚光灯下。刚果自由邦成了20世纪初最臭名昭著的丑闻之一，利奥波德二世最终被迫将其交由比利时政府管理。

他的暴政直接和间接导致约1000万人死亡。

利奥波德二世名誉扫地，并被赶下了王位，但欧洲殖民统治在非洲留下的伤疤远远没有因为他的暴政结束而消失。又经过60年斗争，非洲许多地区才重获自由。

在帝国主义和独立斗争改变着非洲命运的同时，美国正因为人类历史上规模最大的自愿迁徙而变得富有。1880—1923年间，2100万人涌入了美国。到1912年，每天都有20艘船在纽约市靠岸。早期移民潮以德国人和爱尔兰人为主。20世纪初的许多移民则来自东欧和南欧。与早前的移民一样，有人来美国是为了寻求自由、逃避迫害，但更多的人怀揣着致富的梦想。

上：欧洲移民在埃利斯岛上岸，约1907年/右：1921年刚刚抵达埃利斯岛的欧洲移民

从欧洲前往美国的船票非常昂贵。一家人通常只能买得起一张票，于是父亲或长子就成了先行者。有人搭乘特别为运送移民而设计的船只。大部分人待在位于客轮底部的统舱。事实上，运送移民是笔大买卖，对许多大型客轮而言，从统舱乘客身上赚得的钱要超过豪华甲板上的高价乘客。

穿越大西洋的航程需要 6 天左右。抵达纽约港，船只首先停泊在曼哈顿，让一等和二等舱的乘客上岸。然后，渡船会把统舱里的移民送到埃利斯岛，这里从 1892 年起设为移民检查站。

许多移民把埃利斯岛称为“眼泪岛”。移民排成长列，等待获准进入美国或是被遣返回欧洲。他们需要接受精神病、传染病、虱子、外观残疾和沙眼检查。有时，如果有一个成员没能通过体检，家庭就会遭受被拆散的命运；有时，年仅 10 岁的孩子也会被单独遣返回欧洲。如果有移民被控“道德堕落”，比如推崇无政府主义或实行一夫多妻，他也可能被拒之门外。还有少数人倒在了一个狡猾的问题上：当被问及是否有工作在等待他们时，正确的答案应该是“否”（来美国时已经被安排好了工作是违反移民法的）。检查人员用粉笔在他们的衣服背后做上标记，显示他们被接受、拒绝还是有待进一步检查。

成功通过埃利斯岛的检查程序后，许多移民会留在纽约，那里很快成了地球上人口最多样化的地区。其他人则分散到美国各地，在匹兹堡、芝加哥和底特律等新兴工业城市寻找工作。他们炼制的钢铁造就了现代美国，他们建造的新摩天楼改变了城市的面貌。

大多数移民刚到来时几乎或完全不会说英语。他们与来自母国的人聚居在同一街区，将那里变成小意大利、小波兰和小德国。他们阅读母语报纸，光顾出售熟悉食物的商店。他们的工作非常辛苦，但工资很低。大多数移民生活在拥挤的城市廉价公寓里，完全没有享受到第二次工业革命带来的舒适。

即使在这样的条件下，他们仍然能够存下钱。他们把大笔钱寄回家，用于支付亲友的船票。凭借运气和辛勤工作，移民有可能实现自己的梦想：他们会买下了自己的房子，

美国之外

1830—1930 这百年间，超过 6000 万欧洲人背井离乡，寻找新的机会和资源。大多数人去了美国，但也有许多欧洲移民前往澳大利亚、加拿大、拉美、新西兰和南非那边的所谓“不毛之地”。在此过程中，他们赶走了当地的原住民。法国农民来到北非定居。英国和荷兰种植园主则在印度和印度尼西亚安了家。

一位“泰坦尼克号”的幸存者

1912年4月14日，皇家邮轮“泰坦尼克号”三等舱的甲板上。特奥多尔·德·穆尔德（Theodor de Mulder）邀请四位同船的乘客一起到自己狭小但整洁的客舱里打牌。这位36岁的比利时人为此次美国之行花费了9英镑10先令，相当于今天的1000美元。他把妻子和两个孩子留在家里，自己一个人外出寻找机会，准备赚到大钱后再回家。

德·穆尔德思念家人，但他从来没有像现在这样整个星期都不工作。在这一周里，他有时在甲板上散步，有时听其他乘客演奏手风琴或小提琴，有时与一位美丽的姑娘调情，有时打牌。

他呷了一口酒，看了看自己的牌，慢慢咧嘴笑了。他猛地把决定胜负的一手牌拍在桌子上，从椅子上一跃而起，兴奋地欢呼起来。客人们摇了摇头。德·穆尔德整晚运气都很好。他又喝了一杯威士忌为自己庆祝，脸上因兴奋和微醺而泛红。

皇家邮轮“泰坦尼克号”，在处女航中即因触碰冰山而沉没，1912年

“泰坦尼克号”上的餐厅

见好就收。他向客人们道晚安，看着他们步履蹒跚地回了自己的客舱。他倒在床上，马上就睡着了。

但他没睡多久就醒了。电灯开始忽明忽暗。那是什么吵闹声？德·穆尔德坐在床上，仿佛在侧耳倾听。自从起航以来，他听到的都是轮船发动机一成不变的响声，以至于他后来对此充耳不闻。但现在，他注意到发动机的声音消失了，取而代之的是过道里嘈杂的惊呼。发生了什么？

德·穆尔德把脚放到地上。水已经从舱门下渗了进来。他挣扎着

TITANIC

TITANIC
LIVERPOOL

“喀尔巴阡号”（Carpathia）的侧舷上挂着“泰坦尼克号”的三艘救生艇

跳下床，冲到走廊上。

他看见到处都是乱糟糟的景象。惊恐的乘客们挤满了过道，所有人都在同时说话。德·穆尔德问：“发生什么了？”船员们既不给出指令，也无法提供信息。

15 分钟后，三等舱已经进水。德·穆尔德和其他船员想要奋力冲出拥挤的过道。但昏暗的灯光和迷宫般的走廊让他迷失了方向。他来到一个楼梯井边，但发现门被锁住了。他回身挤开迎面而来的人群，猛地右转进入了另一条过道，并在狭窄过道的尽头找到了另一部楼梯。

但门又被锁住了。

德·穆尔德明白了原因：美国移民法。这些门被锁住是为了防止三等舱乘客进入船上的其他区域。

走廊正被快速淹没。人们尖叫着互相推搡，他们与家人失散，陷入了绝望之中。

德·穆尔德找到了另一部楼梯，这次门没有锁。他奋力攀爬，终于来到了甲板上。

船正在沉没！人们正在登上救生艇！他尝试挤上一条救生艇，但几次都失败了；很少有统舱乘客成功。几分钟过去了，然后是一个小时，两个小时。最后，德·穆尔德眼睁睁地看着最后的救生艇被放到了海面上。

船开始倾覆，人们绝望地伸出手，试图抓住任何能阻止自己坠落的东西。有人抓住了能漂浮的东西，比如船的碎片和甲板上的家具，希望它们可以带来生的希望。另一些人什么都没抓到。德·穆尔德抓住了一只木椅。船带着包括他在内的乘客一起下沉。

夜还在继续。海面上漂浮着残骸和尸体，数以百计的人在几分钟内就死于体温过低、心脏病或坠落时所受的伤。

但德·穆尔德活了下来——他在冰冷的海水中牢牢抓住那把甲板上的椅子。

他奇迹般地漂到了“泰坦尼克号”的一艘救生艇（共 20 艘）附近，并大声呼救。救生艇上的乘客听到后把他救了起来。

四天后，特奥多尔·德·穆尔德抵达了目的地——“希望的国度”美国。他是幸运儿之一。

“泰坦尼克号”长 268 米，重量超过 4.6 万吨

送孩子上学，让其学习英语并成为美国人。

“泰坦尼克号”，是有史以来最大、最豪华的蒸汽船。

船只的建造者是爱尔兰贝尔法斯特的哈兰德和沃尔夫（Harland and Wolff）船坞，在设计时就考虑到了安全问题。他们把船体分成 15 个水密舱，理论上说，即使遭到碰撞并有两个舱进水，船只也不会沉没。哈兰德和沃尔夫宣称，水密舱的前沿设计让这艘船“根本不会沉没”。

对于一等舱乘客，船主的卖点更多是奢华体验，而非航行本身。船只的宣传材料中描绘了它豪华的装潢、丰富的娱乐设备与现代科技，包括全船电灯照明和马可尼无线通信设备。一等舱乘客可以享受游泳场、健身房、壁球场、图书馆和土耳其浴室，还有各式餐厅、酒吧和饭店。最昂贵的单程票售价 4246 美元，大致相当于今天的 9.2 万美元，乘客的套房包括一间客厅、两间卧室、两间梳妆室、一间私人浴室和一片享受海风的私人甲板。

除了一等舱，“泰坦尼克号”二等舱的设施也很豪华，超过了其他大多数客轮上的一等舱。

“泰坦尼克号”的乘客中有超过一半人购买的是统舱：这 710 人来自世界各地，包括 8 名中国人，他们准备前往美国开始新的生活。由于船主更看重舒适而非速度，“泰坦尼克号”

提供了当时最高标准的三等舱住宿条件。统舱的四层甲板大部分由容纳 2 ~ 4 名乘客的小客舱组成。尽管三等舱总共只配备了两个浴室，但每个房间都有自来水——对于许多三等舱乘客来说，这是他们在自己家里都享受不到的奢侈。统舱乘客仅有的公用空间包括一间大厅（铺设了经过粉刷的松木墙板，并配备了结实的橡木长凳和桌椅），一间吸烟室兼酒吧，以及一个大餐厅。

航行的起讫点是从英格兰的南安普敦到纽约市，本来预计耗时 1 周多，但船主和船长希望船只的处女航能在用时上创造纪录。

> 北纬 42—41.25 度，西经 49—50.3 度，这一范围有大量厚重浮冰和众多大冰山及冰原。天气晴朗。
>
> ——来自蒸汽船“梅萨巴号”（Mesaba）的浮冰报告

“泰坦尼克号”出航 4 天后，电报员杰克·菲利普斯（Jack Phillips）收到了前方有冰山的警告，这是其他船只发来的 7 条类似信息中的第一条。他把报告贴在信息中心，以便让爱德华·史密斯（Edward Smith）船长和其他船员看见，并采取相应措施。史密斯船长决定继续前进，但向南调整了航线——这个决定将导致世界上最大蒸汽客轮的沉没和数百人的死亡。

这天晚上天气晴朗，严寒刺骨。海面上风平浪静。瞭望员被要求像往常一样注意观察是否有冰山。晚上 11 点 40 分，距离第一条冰山警告已经过去了两个小时，瞭望员弗雷德里克·弗利特（Frederick Fleet）发现了冰山。他三次敲响警钟（表示前方有危险的信号），并向船舶驾驶台发去了紧急信息。但为时已晚。船员无法让这艘巨轮及时调头避开冰山。冰山撞塌了船身，导致船头三个舱破裂。海水灌入了两个锅炉房。船上的水泵每小时可以排出 2000 吨水，但每 5 分钟就有同样多的水灌入“泰坦尼克号”。

12 点 05 分，碰撞发生 25 分钟后，史密斯船长意识到了受损的严重性，命令船员准备弃船。在随后的 2 小时里，船上的人完全陷入了混乱。自从离开南安普敦后，“泰坦尼克号”一直没有进行过救生艇演练。无论乘客还是船员都不知道应该前往何处做些什么。由于船员不知道救生艇在达到最大荷载时也可以下水，救生艇并没有坐满。一些乘客拒绝上救生艇，因为他们觉得待在甲板上更安全。许多人没有从客舱里取出救生衣。

电报员哈罗德·布莱德（Harold Bride）和杰克·菲利普斯向所有船只发出了求救信号：“CQD CQD SOS，泰坦尼克，位置，北纬 41.44 度，西经 50.24 度，需要紧急援助。速来。我们撞上了冰山。正在沉没。”布莱德和菲利普斯不清楚是否会有人回复。无线电报诞生还不到 15 年。很少有船只配备电台，即使配备电台的船只也主要用它传递私人和商务信息。关于它的使用还没有公约。

摩尔斯码和 SOS

早在 1838 年塞缪尔·摩尔斯（Samuel Morse）发明摩尔斯码之前很久，人类已经开始用编码进行长距离信息传输了。他们的方法也许有所不同——非洲人的鼓声，土著美洲人的烟，军号和旗语——但原理都是将信息分解成编码信号。

摩尔斯码利用相同的原理，通过电报传输信息。单词中的每个字母都用一系列或长或短的信号表示。最常用的字母所用的信号数量最少。

20 世纪初，马可尼无线电操作员用摩尔斯码发送了第一条无线求救信号：CQD，意为“危险，速来”（come quick danger）。1906 年，《国际无线电报公约》推出了一种更加便于用摩尔斯码传输的新信号：SOS。但人类是习惯的动物，无线电操作员继续使用老信号。在“泰坦尼克号”事故中，遇险船只第一次使用了 SOS。从此，SOS 成了标准的国际求救信号。SOS 通常被认为表示“救救我们的船”（save our ship），但事实上，选择这三个字母完全是因为它们便于记忆和输入。

“泰坦尼克号”的无线电操作员哈罗德·布莱德在船上的马可尼室（电报室）里工作，他在事故中幸免于难

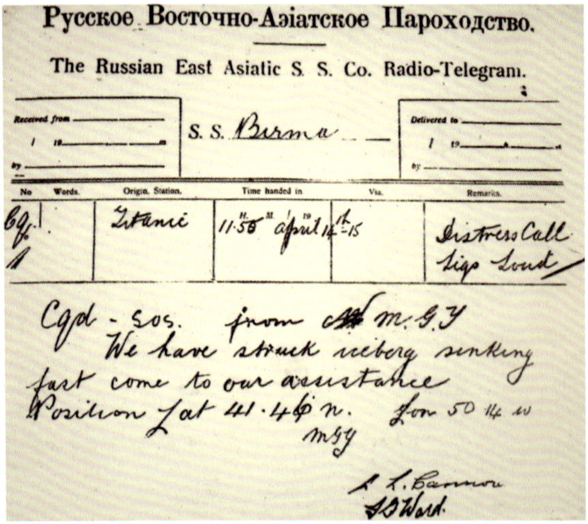

Русское Восточно-Азіатское Пароходство.

The Russian East Asiatic S. S. Co. Radio-Telegram.

Received from ... S. S. Burma ... Delivered to ...

No	Words	Origin. Station.	Time handed in	Via.	Remarks.
Cq.		Titanic	11.50 April 14-15		Distress Call Sigs Loud

Cqd - sos. from M.G.Y
We have struck iceberg sinking
fast come to our assistance
Position Lat 41.46 n. Lon 50 14 w
MGY

有一艘船相距只有 20 英里，但船上的无线电操作员当晚关闭了电台。位于“泰坦尼克号”沉没地点以南 58 英里处的客轮“喀尔巴阡号”听到了无线电呼救信号，做出了反应。这艘船用了 4 个多小时才从分散的救生艇上救起了约 700 人。

不到 3 小时，被设计者视作永不沉没的“泰坦尼克号”就沉到了海底。

晚上 11 点 50 分，蒸汽船“缅甸号”（Burma）收到的“泰坦尼克号”求救信号。

1909 年，因为对无线电报的研发，

年仅 35 岁的意大利发明家古列尔莫·马可尼（Guglielmo Marconi）获得了诺贝尔物理学奖

从第一位画家在洞壁上绘出野牛开始，人类就一直在寻找更好的传播方式。楔形文字、古腾堡活字字模、印加人的“基普”绳结、船尾上的信号旗和灯塔上的灯，都是为了满足同一个目的：与他人分享信息。

19 世纪，人类开始对一种叫作电的能量有了更多了解。塞缪尔·摩尔斯第一个把电变成了通信手段。他的电报利用电线上的电磁流传递信息，通过敲击一个键对信息进行编码。按下键时，电流会沿着电线流动，摩尔斯码中的点和线取决于操作员按键的时长。在电线的另一端，电脉冲转换成或长或短的嘀嗒声，或打印成点和线，供操作员解读。

人拨弦有多快，摩尔斯电报的传播速度就有多快。1843 年，美国国会批准在巴尔的摩和华盛顿之间架设了第一条电报线。到 1872 年摩尔斯去世时，西联公司已经在美国各地架设了近 25 万英里的电报线，另有 10 万英里的海底电缆将各大洲连接起来。

1876 年，在费城举行的美国独立百年展览会上，亚历山大·格雷厄姆·贝尔的电话呈现在世人面前。电话同样利用电磁流传声，事实上，贝尔将自己的发明描述为“谐波电报”。

电话和电报实现了长距离即时通信，这在仅仅 50 年前还是无法想象的。但两者都需要电线，而且传播距离有限。海上的船只无法联系到陆地上的人。大多数专家对信息可以长距离无线传播的想法嗤之以鼻。有人相信信号会消逝在太空，因为电磁波沿直线传播，而地球是圆的。另一些人则认为，让电磁波实现长距离传播需要很高的能量，这是无法实现的。

古列尔莫·马可尼证明了他们是错的。年仅 20 多岁时，他就开始研究让信息以光速进行长距离传播的方法，不必在发送者和接受者之间使用电线或其他实体联系。

1894 年，在读了海因里希·赫兹（Heinrich Hertz）关于长波电磁辐射的研究成果后，马可尼开始研发无线电报。赫兹证明，空气中存在看不见的电磁波，与可见光和声波一样，它们同样以波的形式传播。它们最初被称为赫兹电磁波，现在我们称之为“无线电波”。

在随后的六年里，以类似赫兹所用的机器及摩尔斯发信键为基础，马可尼制造出了可以无线传输电信号的设备。在自家实验室里，他首先成功地将一个信号传送到 9 英尺外。很快，他又让信息穿越了 1 英里宽的田地，然后是英吉利海峡。1901 年 12 月 12 日，他把天线装到连有 600 英尺长线的风筝上，发送了第一条跨越大西洋的信息。

到 1909 年，世界上所有的主要海军、300 艘商船和客轮都安装了无线电设备，但它们主要用来传送新闻以及乘客的私人和商务信息。1912 年，“泰坦尼克号”海难清楚地显示了无线电对遇险船只的价值。“泰坦尼克号”沉没三个月后，新的国际规章要求每艘远洋船必须安装无线电设备，并始终保持开启。

20 世纪 20 年代，这项曾经在大海上拯救了许多人生命的技术被用到了娱乐业。新闻和音乐是广播最早的内容，在随后的三十年里，节目扩大到了采访、演讲、综艺秀和被称为“肥皂剧”的戏剧（得名于它们的商业赞助者）。到了 1924 年，仅美国就拥有 250 万台收音机，广播电台超过 600 家。

电离层

中世纪的水手认为，如果抵达了地平线，自己就会从大地边缘坠下。和他们类似，19 世纪末的许多科学家也相信，抵达地平线时，电磁波会直直地逸入太空。事实显然不是这样。直到马可尼完成首次跨大西洋传输后 20 年，人们才明白了原因。1924 年，英国物理学家爱德华·爱普尔顿（Edward Appleton）发现了电离层。这是一层由太阳辐射产生的带电粒子，距离地球表面 62 英里，它会把无线电波反射回地面，然后再反弹到电离层。这个过程将一直持续到无线电波能量耗尽。

今天，马可尼无线电技术的影响无处不在，包括车库自动门、GPS系统、卫星通信、射电望远镜、移动电话和无线网络，还有越来越多的平板电脑、阅读器和其他依靠无线通信的设备。我们拔掉的线越多，联系反而越紧密。

细菌是我们最古老也最致命的敌人，到第一次世界大战开始时，人类在与它们的战斗中已取得了重大突破。英国外科医生约瑟夫·李斯特（Jossephn Lister）开创了在手术中使用消毒剂的先河。法国科学家路易·巴斯德（Louis Pasteur）等人确定细菌是造成霍乱、破伤风、白喉和肺炎等疾病的元凶。通过要求医生在接生前洗手这样简单而有争议的建议，奥地利内科大夫伊格纳兹·塞麦尔维斯（Ignaz Semmelweis）让死于所谓“产褥热”的人数减少到原先的1/20。不过，尽管取得了上述进步，细菌理论仍然没有被医生们普遍接受，即使相信这种理论的人也无法治疗细菌引起的感染。

亚历山大·弗莱明（Alexander Fleming）博士是全身心接受细菌理论的人之一。战争开始时，弗莱明是一名年轻的医生，也是伦敦圣玛丽医院的阿尔姆罗斯·赖特爵士（Sir Almroth Wright）疫苗研究所的研究员。英国参战后不久，赖特派出研究所的所有成员志愿为英军接种伤寒疫苗，并在法国开办了伤口治疗和研究中心。

在治疗战争创伤的同时，弗莱明目睹了数以千计的受伤士兵死于破伤风、血液感染和炭疽——这种情况从人类开始战争以来就有了。他很快意识到，李斯特的消毒法尽管在民用医院的受控环境下效果很好，但在前线几乎毫无用处。抵达战地医院时，士兵们身上的巨大创口已经受到了尘土、粪便、衣物碎片和榴弹片的污染——对于引发感染的细菌而言，这些都是最好的繁殖基。弗莱明指出，用浸泡过消毒液的绷带包裹伤口的标准做法不仅无法杀死细菌，而且还会破坏周边组织以及作为人体天然抗感染屏障的白细胞。他发明了一种处理伤口的新方法：尽可能多地去除坏死组织，然后用无菌盐水冲洗伤口，以便洗去细菌，并促进身体产生新的白细胞。

科学家们已经认定细菌就是敌人，但尚未找到对付它们的武器。

到战争结束时，弗莱明已经成为伤口感染领域的领军专家。从法国回来后，他决心找到治愈伤口感染的方法。他后来写道，周围都是因伤口感染而痛苦和垂死的人，但自己爱莫能助，这种经历让他“满心希望找到杀死那些微生物的方法，挣扎和等待已经太久”。

战争结束后，弗莱明回到圣玛丽医院的实验室，继续研究如何对抗细菌，他经常把自己的生活形容为“与微生物的游戏”。1928年，

由于培养和提炼青霉素困难重重，
弗莱明搁置了对青霉素的研究

因为发现青霉素，弗莱明被《时代》杂志评为20世纪百名最伟大人物之一

他偶然发现了青霉素，这要归功于他喜欢把没洗过的培养皿堆在工作台上的习惯。度假回来后，他注意到有一个培养皿上的葡萄球菌受到了霉菌的污染。别的研究者也在培养皿上看到过霉菌，随即不假思索地将其丢弃。但弗莱明观察得更仔细，他注意到霉菌周围的区域没有细菌。这个发现带来的可能性令他兴奋，他在一个干净的培养皿上放置了青霉菌，然后在其周围布上了放射状的细菌带，以便测量经过一段时间后霉菌的效果。几天后，他发现霉菌分泌的液体杀死了好几种致病细菌。弗莱明知道，自己的发现将改变世界。但当3个月后他发表自己的研究成果时，其他研究者对此漠不关心。他说服了一些化学家，请他们尝试从这种所谓的“霉菌汁”中提取有效成分。这些人很快放弃了，因为他们发现青霉素制取困难，而且很容易变质。

随着二战的爆发，新一代的士兵又开始

在战场上遭受伤口感染，这重新激发了弗莱明研究青霉素的兴趣。在研究天然抗菌物质时，牛津大学的两位研究者——澳大利亚病理学家霍华德·弗洛里（Howard Florey）和德国生物化学家恩斯特·钱恩（Ernst Chain）——发现了弗莱明1929年所写的关于青霉素的论文。与生物化学家诺曼·希特利（Norman Heatley）一起，他们找到了解决产量低和不稳定等问题的方法，正是这些问题让之前的研究者认为青霉素没有实用价值。

到1941年，各大报纸已经把青霉素称为神药，但在战时的英国，生产仍然是个难题。为此，弗洛里和希特利飞往美国，说服美国公司大规模生产这种药品。

1942年，美国的青霉素总产量只有11克。到1944年6月6日盟军登陆日，美国工厂生产的青霉素已经足够治疗所有的盟军伤员。与当年的弗莱明不同，医生们不必再无助地看着士兵们痛苦地死于伤口感染。

盟军士兵是这种最早的抗生素的首批受益者。战后，青霉素也投入了民用。弗莱明的“霉菌汁”及其更新的同类创造了一场医学革命。人类在与致病细菌的战斗中获得了一种强大的新式武器。

20世纪初，美国人和西欧人相信自己生活在一个进步的黄金时代。第二次工业革命改变了现代生活的方方面面。一切都变得比过去更大、更好、更快了。规模生产创造了规模社会，更多的人可以获得丰富的商品。炼钢技术的革新使建造更大的船只和更高的大楼成为可能，并催生了环绕地球的铁路网络。凭借新近被驯服的电和无线电波的力量，信息得以飞越大洲。在火车、蒸汽船和汽车的帮助下，人们的旅行速度变得更快。人类还有史以来第一次拥有了对付传染病的有效武器。莱特兄弟的首飞也许是最惊人的成就，它让人类最古老的梦想之一变成了现实。飞行带来新的自由和速度体验，天空似乎不再是极限。

但并非所有人都感受到了新的进步。人类也为工业化的扩大付出了代价：工人们几乎只是被当作社会机器的齿轮；传统技艺消失了；为获得进步所需的原材料，欠发达国家遭到了西方的掠夺；随着世界战争即将爆发，人类将把新获得的飞行能力变成致命武器。

随着人类继续前进，我们将逐步揭开自然的秘密，从而面对最大的挑战和机遇。

青霉菌株培养皿，1943年

12

遗忘或永恒

PIONEER

20世纪中叶，作为一种曾经相对缺乏自卫手段的哺乳动物，人类已经从地球的奴仆变成了它的主人。我们开发地球的财富，探索地球的偏远角落，并征服了地球上的各种地形。从巨石阵到摩天楼，一代又一代的人类用工程奇迹克服了难题。我们还找到了新的能源和沟通方式。

现在，随着人类从小发明家和独立研究者的时代过渡到大科学时代，我们跨入了新的世界。人们组成专业研究团队，致力于解决明确的问题，实现具体的目标。通过合作，人们揭开了原子、恒星和自身DNA的秘密。我们凭借从未利用过的资源改变了生活，通过科技弥补了自身的弱点，还超越大气层的界限进入了太空。从曼哈顿计划到人类基因组计划，大科学时代的突破可以与埃及金字塔和哥特式教堂相提并论，成为所在时空的标志性成就。

人类还第一次掌握了改造物种的知识和消灭它们的能力。

4000年前，玉米是人类最早的转基因作物：这种中美洲的野草被培育成了适应性很强的谷物。到20世纪中叶，玉米已经成为10亿人的主食。人们将其晒干并研磨成粉，制成玉米粥、玉米糊、粗玉米粉、玉米面包、薄饼和煎饼。经过碱水处理后，它们可以用来烹制玉米肉汤（pozole）。新鲜玉米则出现在印度人的酸奶沙拉（raitas）和美国人的玉米粒煮豆（succotash）中。美国的玉米产量超过地球上其他任何国家。现在，美国农民还把四种玉米糅合成超强的杂交品种，这将引发一场农业革命。

左：20世纪中叶，科学上的突破在美国引发了一场农业革命，艾奥瓦州农民和销售员罗斯威尔·加斯特是它的大力推动者

加斯特的杂交玉米

1936年，艾奥瓦州。罗斯威尔·加斯特（Roswell Garst）驾驶一辆破旧的皮卡行驶在农场间尘土飞扬的道路上，车上装着每包8磅的玉米种。他身着格子衬衫和背带裤，看上去更像是准备到镇上去的农民，而不是先锋高产种子公司（Pioneer Hi-Bred Seed Company）的销售员和合伙人。

为了开办公司，加斯特抵押了自己的牧场。他的公司销售一种将改变世界农业的革命性产品——如果有人买得起的话。他的杂交玉米每包售价5美元。这个价格比每包普通的玉米种子贵1美元，超过农业工人一周的收入。在艰难时期，种子的销售很不乐观。经济萧条和干旱袭击了美国的内陆地区。艾奥瓦州拥有美国的一些最肥沃的农田，但那里几乎一半的庄稼因为缺少降雨而受损，已经没有了收割价值。在俄克拉何马、堪萨斯和内布拉斯加州，损失更是严重得多。

加斯特已经销售了6年种子。他整天四处奔波，每天却只能卖出一两个蒲式耳。他的推销遭遇了揶揄、谢绝和敌意，有时甚至是一位走投无路的农民的枪口。

现在，和农民们一样绝望的他决定孤注一掷，免费分发玉米种子。他劝说农民在一半地里种上杂交种子，在另一半地里播撒普通玉米种。他所要求的回报只是从杂交种子获得的额外收益中分一杯羹。十年前，富足的农民也许会对这样的建议一笑了之。但现在，受到大萧条重创的他们已经没有什么可失去的了。

从牙膏到汽车轮胎，玉米及其衍生品在现代生活的几乎每个方面都占有一席之地

人类社会的规模和形态从一开始就受限于我们能为自己提供多少维生所需的食物。狩猎-采集者生活在小部落中。农业的到来催生了村镇和城市。蒸汽机车的发明让城市出现了爆炸性增长，因为商人们有能力在不同地区间运输食物。

20 世纪时，美国中西部的内陆地区开始了一场农业革命，它将为全世界提供食物。革命的发起者是艾奥瓦人罗斯威尔·加斯特，这位农民出身的销售员成了农业福音的宣扬者。加斯特本人并非科学家，但他意识到农学家亨利·华莱士（Henry A. Wallace）等富有创意的专家提出的想法非常重要，并通过普通农民可以理解和实践的方式展现了这些想法的价值。

1926 年，加斯特和华莱士在得梅因（Des Moines）相遇。当时，加斯特正在那里推销房产，而华莱士则是家族报纸《华莱士农民报》（*Wallaces' Farmer*）和《艾奥瓦农场报》（*Iowa Homestead*）的编辑。工作之余，华莱士也实验培育杂交玉米。当时，农民会把每年外观最漂亮的玉米穗留作种子，标准是均匀度和大小。华莱士早就证明——他后来在 1933—1940 年担任富兰克林·罗斯福总统的农业部长，并于 1941—1945 年任副总统——这些因素并不能保证它们来年还能产出最好的玉米。现在，他正试图通过杂交提高产量。

加斯特对杂交玉米的前途非常感兴趣，于是从华莱士手中买了几蒲式耳的种子回家种植。他连续几年观察了这种茎秆结实的高产杂交品种在自家田地里的表现，然后请求华莱士授权自己销售这种在艾奥瓦东北部几

氮

氮来自我们的行星诞生时的火山喷发，占据了地球大气层的近80%。氮无色无味，但地球上所有的生命都离不开它。植物和动物都需要它来合成氨基酸，后者是组成蛋白质的基础原料。

虽然我们呼吸的空气超过3/4是氮，但人类无法直接摄取它。植物从土壤中吸收可溶性的氮化合物。动物通过吃植物或其他植食动物获得氮。细菌在分解动物排泄物和动植物尸体时会释放出氮气，使其回归大气层。

每个氮气分子由两个紧密结合的氮原子组成。需要很高的能量才能打破空气中氮分子的化学键，使之与其他分子结合成氮化合物，这个过程被称为“固氮”。自然界提供了两种固氮的方法。首先是闪电，它产生的高热会迫使氮与氧结合。雨水把生成的氮氧化物冲到泥土中，然后被植物吸收。另一个自然固氮者是生活在大豆、豌豆、三叶草等豆科植物根部的细菌。这些细菌会把氮气转化成能被植物吸收的可溶性化合物。

当土地被过度耕种时，土壤中的氮会耗尽，导致肥力下降。许多个世纪以来，农民们一直轮流种植豆类和耗氮的谷物，以保护土壤的肥力。

20世纪初，德国科学家弗里茨·哈伯（Fritz Haber）发明了从空气中提取氮的技术。合成氮最初在一战中被用来制造炸药，后来成了世界上最早的人造肥料。曾被用作武器的氮现在带来的是生命，让我们可以恢复地球的繁育之力。

豆科植物的固氮根瘤

乎无人知晓的产品。

即使在好年景，想要说服农民们购买这种昂贵的转基因种子也并不容易，他们更喜欢自己地里结出的天然授粉的玉米穗。在大萧条期间，销售变得几乎不可能。加斯特必须想办法证明自己的广告语“产生神奇结果的神奇产品”所言不虚。他最成功的策略是“一半高产种子”。通过同时种植先锋杂交玉米和自己的玉米，农民们可以直观地感受到新品种的价值。在美国有史以来最严重的旱灾中，加斯特的杂交玉米不仅活了下来，而且长势喜人。这种玉米不但高产，还被证明抗旱。每英亩杂交玉米的产量平均要比普通玉米多出10蒲式耳。确信新品种的优点后，农民们

大尘碗

20世纪30年代，萧条和干旱袭击了美国内陆。

降雨在20年代就已经不正常了。1932年，雨水更是几乎完全消失。与历史性干旱相伴的还有历史性的高温和不寻常的强风。到1935年，最初的短暂干旱演变成美国有史以来最严重的旱灾。大平原成了“大尘碗”（dust bowl）。

荒凉的大平原比表面上更脆弱。20世纪20年代，起到保持水土作用的天然草原已经因开荒和过度放牧而受到重创。小麦耗尽了表层土壤的肥力。旱灾来袭时，没有东西能保护干燥的土壤不被风吹走。裹挟着沙尘的风被称为“黑色风暴”（black blizzards），以每小时60英里的速度向东袭来。由于风暴非常频繁，平原上的人们可以根据沙尘的颜色判断风来自何方。1934年5月，一波长1500英里、宽900英里、高2英里的沙尘暴最远影响到了纽约。风暴在赫伯特·胡佛总统位于白宫内的写字台上留下了一层尘土，还把草原上的沙土吹到了大西洋上离岸500英里的船上。

由于庄稼绝收，约250万人（约占大尘碗地区人口的1/4）无法支付租金或贷款，被迫离开自己被毁的农场。许多人搬到了最近的城市。另一些人则加入了流动农业工人的大军，辗转于佛罗里达和蒙大拿之间需要收割的农场，并在加利福尼亚城市边缘形成了贫民窟。

大平原地区直到1939年才恢复正常降雨。

把信息和种子推销给了邻居。对杂交玉米的需求出现了爆发。

在不到十年的时间里，美国玉米种植区超过一半的土地都种上了华莱士和加斯特的高产玉米。

高产玉米并非加斯特对美国农业革命的唯一贡献。20 世纪 40 年代，带着与推销杂交玉米时同样的热情，他开始销售新近研发的氮肥。他相信，老式的作物轮种法限制了农民土地的产量。加斯特再次使用了“百闻不如一见”的手法：在通往某个农场的道路旁，他在小山上标了字母“N”，表示那里使用了氮肥。深绿色的“N”出现在农村的各处田地上，合成肥料就此推广开来。

随着杂交种子、化肥和其他农业创新的使用，农民有史以来第一次打破了粮食生产的自然局限。即使二战后出现了婴儿潮，美国的农产品增速仍然超过了人口增速。

20 世纪 40 年代起，美国向发展中国家开展了援助项目，鼓励使用化肥、杀虫剂和新的高产谷物，希望更高的粮食产量能够提供稳定的食物来源，消除饥饿。1940—1944 年，全世界的化肥使用量上升了 50%，带来了惊人的产量增长。得益于水稻和小麦的高产，再加上政府出资改进灌溉设施，印度的成就尤为突出。

农业革命的另一面

加斯特对美国农业的改造也引发了担忧。早在 1962 年，蕾切尔·卡森（Rachel Carson）就在《寂静的春天》（*The Silent Spring*）中描绘了农用化学品对环境的影响。

今天，令环保主义者和食品安全活动家感到担心的不仅是广泛使用杂交种子对生物多样性的破坏，还有基因工程植物和氮肥产生的长期影响。

杂交玉米（左）与非杂交玉米（右）的比较

战争与人类形影不离。6000 年来，我们经历了超过 1.4 万次战争，付出了至少 35 亿条生命。土地、黄金、盐、牲畜和王位继承权都曾是我们发动战争的理由。永恒原则和小受折辱都能成为我们冲突的动因。被苍蝇拍击中脸部，水手的耳朵被割下，弗朗茨·斐迪南大公被暗杀：这些都曾让我们开战。我们在地面和海洋上作战，在过去的一百年间，我们的战场也扩大到空中。

人类从诞生伊始就开始了军备竞赛，利用自己的聪明才智创造新的武器和不同的作战方法。与纯粹依靠臂力相比，投矛器和后来的弓箭让我们的祖先可以把尖锐物投掷得更快更有力。我们发明了火药推动的炮弹，不仅可以阻挡身着盔甲的骑士，而且能够摧毁城墙。到了20世纪，我们学会了从空中攻击，将飞机和炸弹结合成终极武器。

飞机在一战期间首次被用作武器。诞生还不到十年，并不比现代超轻型机好多少的早期飞机就改变了战争。空中侦察的成功催生了战斗机，随着各国纷纷试图将敌机赶出自己的领空，一种新的战场英雄——战斗机飞行员——应运而生。从战斗机发展到轰炸机只有一步之遥。到战争结束时，人们清楚地看到，未来的战争将高度依赖制空权。

20世纪二三十年代，西方政府开始发展长距离轰炸机，希望战略轰炸能够迫使敌人更快投降。然而，新的轰炸机让参战国政府有能力从空中播撒恐怖。美国内战第一次告诉人们，在现代战争中，胜利取决于同时在战场内外击败敌人。有了可以深入敌军防线后方数百英里的长距离轰炸机，破坏关键战争物资的生产成为了可能。摧毁敌方的工厂和交通系统变得与杀死敌军的士兵、船员和飞行员一样重要。削弱平民的士气与抹平他们所在的工厂一样关键。

等到杜鲁门总统决定向广岛投掷原子弹时，二战已经爆发了6年，战火从欧洲蔓延到非洲，从美国燃烧到日本和太平洋。战争造成约5000万人死亡。毁灭性的新技术和遍及全球

上：1916年12月，埃伯哈特SE-5E（Eberhart SE-5E）的首飞

下：1945年，美军的“海盗式”（Corsair）战斗机向冲绳的日本要塞发射火箭弹

的战场让二战成为人类历史上最致命的冲突。

交战各国展开了竞赛，让战争变得更为致命。传统的爆炸物依靠的是化学反应。1942年，德国、日本和美国都在致力于开发出一种基于核反应的威力更大的炸弹。

美国的炸弹计划代号为“曼哈顿计划”，由物理学家罗伯特·奥本海默与美国陆军工程兵团的莱斯利·格洛夫斯（Lesilie R. Groves）少将负责。该计划高度保密，就连哈里·杜鲁门总统在接替去世的罗斯福出任总统时也只是听说过它的存在。1945年4月12日杜鲁门继任总统时，美国科学家预计原子弹在同年仲夏就能试爆。

曼哈顿计划的科学家们并不完全清楚这种炸弹的破坏力。奥本海默称，这种炸弹对城市造成的破坏类似投下许多吨高能炸药和燃烧弹，就像美国已经在德累斯顿和东京所做的那样。曼哈顿计划的物理学家知道，除了威力强大的爆炸，原子弹还会释放致命的辐射，当时估计影响半径可达1000米。由于该范围内的所有人都会被炸死，他们认为辐射无关紧要。

1945年5月德国投降后，战争的重心转到了太平洋。战争的结果已经明朗，问题只是何时结束以及双方还将牺牲多少人员。日本内阁决心避免投降的巨大耻辱，制定了“决号作战”的官方策略，旨在对美军造成可怕的伤亡，使其丧失战斗意志。神风特攻队的袭击次数成倍增加。日本还动员所有15—60岁的男性和17—40岁的女性组成民兵，准备用人海战术淹没美国入侵者。这些国民被要求不惜牺牲自己来杀死美军士兵。

最后的硫黄岛战役和冲绳战役中发生了

左：1945年7月16日，洛斯阿拉莫斯试验场，世界上第一颗原子弹爆炸中心的航拍图

右：身着原始防辐射服的科学家准备检查爆炸中心的情况

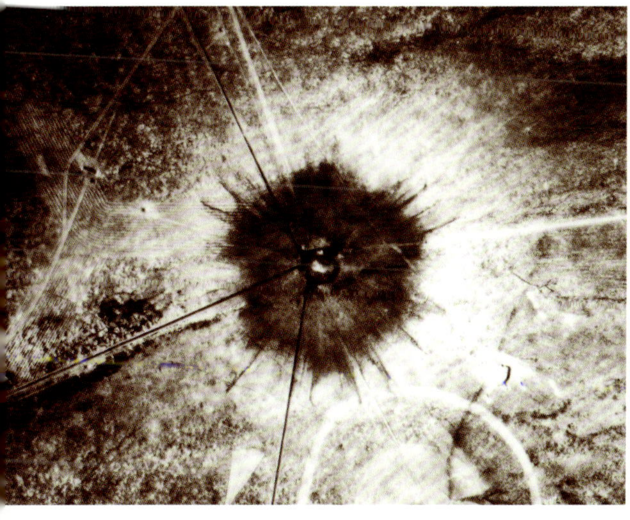

一些战争开始以来最残酷的战斗，日本人给美军造成了可怕的伤亡。所有人都相信，日本人在守卫本土的战斗中将变得更加凶残。人们预计，美军对日本两栖作战的伤亡数字将会是 193500 人（43500 人死亡）到 1202000 人（314600 人死亡）。

一些科学家和政府官员认为，向日本和平地展示原子弹的威力足以迫使其投降。另一些人则提出，在投掷原子弹前应该给日本人足够的警告，让他们有时间撤离城市。格洛夫斯将军等人却表示，使用原子弹是为了通过心理上的震惊让日本人屈服，事先警告的话就失去了这种效果。

获悉第一次试爆成功后不久，杜鲁门总统就下令美军准备就绪后马上对日本城市投掷原子弹。

广岛是日本第七大城市，也是为日军输送人员和给养的主要港口。尽管对帝国的战争非常重要，广岛却是少数几个还未被美军燃烧弹击中过的城市。当地居民知道，这种情况即将改变。数万人已经撤离了该城。为了清理出防火隔离区，军队拆毁了数千幢民宅，试图防止柯蒂斯·勒梅（Curtis LeMay）将军的 B-29 轰炸机群引发的大火扩散。

1945 年 8 月 6 日，一架 B-29 轰炸机出现在广岛上空，随即引发了防空警报。居民们纷纷进入防空洞。20 分钟后，飞机消失了，空袭警报再次鸣响，宣布恢复正常。

看到三架 B-29 轰炸机出现时，广岛居民感到的是好奇而非恐惧。这么少的飞机不可能是来发动大规模进攻的。当其中两架飞机下方出现打开的降落伞时，城郊的一群士兵发出了欢呼，他们以为飞机被击中，飞行员正在跳伞逃生。他们不知道，降落伞上悬挂的是科学仪器，用于测量“艾诺拉·盖伊号”（*Enola Gay*）轰炸机即将投下的炸弹的威力。

未知地点的原子弹爆炸：新墨西哥州的阿拉莫格尔多（Alamogordo）成功试爆了世界上第一颗原子弹，释放出 2.1 万吨 TNT 当量的能量，留下的弹坑宽近 2400 英尺

改变战争的行动

1945年8月6日。轰炸机驾驶员保罗·蒂贝茨(Paul Tibbets)上校、副驾驶罗伯特·刘易斯(Robert A. Lewis)上尉和投弹手托马斯·费雷比(Thomas Ferebee)少校正坐在“艾诺拉·盖伊号”B-29超级堡垒的压力舱内。他们的行动将永远改变世界。他们的目的地是日本广岛。

B-29是尖端的战争武器：这种战略轰炸机可以比过去的任何机型都飞得更高更远。但最重要的技术进步安放在驾驶室后面的弹舱里——一颗重达4吨、代号“小男孩”的原子弹，它蕴含了地球上最强大的力量。“小男孩”携带着一颗葡萄柚大小的铀球，它足以毁灭整个城市。

负责为此次行动安装炸弹的是威廉·斯特林·帕森斯(William

保罗·蒂贝茨上校(中)和“艾诺拉·盖伊号”B-29轰炸机的地勤组

Sterling Parsons）上尉，他从孔道爬进弹舱，身后跟着助手莫里斯·杰普森（Morris Jeppson）中尉。帕森斯对原子弹的了解要超过任何人。他曾经帮助奥本海默设计了这种炸弹，也是参与制造它的科学家之一。现在，他必须将它安装就绪，使其发挥出破坏力。

帕森斯在狭窄的弹舱里蹲下，杰普森把手电筒举在他肩上，照亮炸弹的背面。为了这一刻，帕森斯已经操练了数百次。他拧开火花塞，将其拔下。

“拧开火花塞。”

“完成。”

帕森斯拿起引火药。他的手上和脸上开始流汗。任何差错都将导致行动失败。

“装入引火药。”

“完成。”

帕森斯重新插入火花塞，将其拧回原位。炸弹已经安装就绪。行动现在就交到了蒂贝茨上校手中。

左：“艾诺拉·盖伊号”

右：1945年8月6日，广岛原子弹爆炸

当“艾诺拉·盖伊号”接近广岛时，指挥官蒂贝茨上校面临着一个危险的抉择。投弹目标仅有半英里宽。顶风飞行可以让投弹更精确，但这也会降低飞机的速度，导致更难逃出爆炸区。

蒂贝茨把行动的成功看得比安全更重要，选择驾驶飞机顶风前进。

他打开语音电台，提醒两架护航机自己即将投弹。60 秒后音乐停止，弹舱门自动打开。炸弹投下。

蒂贝茨只有 45 秒钟逃生。他让飞机快速俯冲，好加速逃离爆炸

区……他和机组人员成功脱险。

广岛的居民就没这么幸运了。

炸弹释放 43 秒后，内部的高能炸药激发铀弹，使其以每秒 1000 英尺的速度击中炸弹另一端的铀靶。铀弹和铀靶共同触发了链式核反应。2 秒后，原子弹在广岛上空 1900 英尺处爆炸，产生的爆炸相当于 1.6 万吨 TNT 炸药。爆炸中心的温度比太阳表面高出 1 万倍。爆炸的冲击波从中心向四周扩散，达到每平方英尺 4600 磅，将远至 1.25 英里的建筑都夷为平地。

遭到原子弹袭击后的广岛，图中为距离爆炸中心大约 0.4 英里处所受的破坏

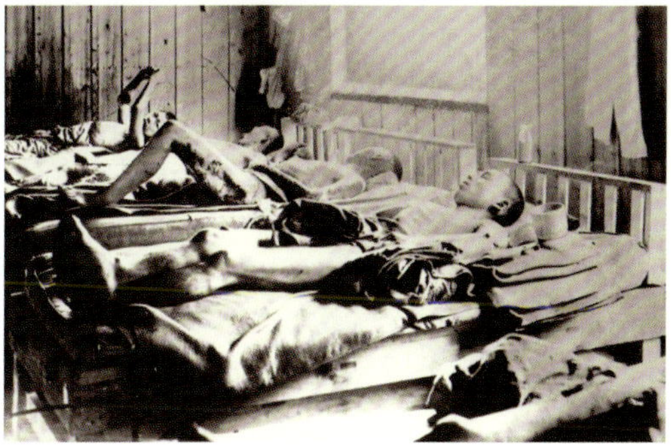

数以万计的人瞬间死亡。原子弹爆炸时，正下方的一切都被气化，尸骨无存者在石头和人行道上留下了可怕的人形阴影。距离爆炸中心半英里外的人变成了一小堆冒烟的焦炭。再往外1/10英里，爆炸时身处室外的人死亡十之有九。

许多人逃过了最初的爆炸，但未能在随后的大火中幸免。爆炸在接近爆心处造成极端高温，一切可燃物都起了火。更远些的地方，冲击波造成厨火扩散，电线杆倒下，电线也

上：广岛原子弹爆炸的幸存者

下：1945年，日本广岛的商业展览厅

武士道

1876年，武士阶层被正式取消，但名为“武士道”的武士规范仍在二战中扮演了重要角色。

武士道可以简化为两大基本信条：忠诚和荣誉。忠诚要求武士愿意为主人去杀戮或被杀，死亡则被认为要好过投降的耻辱。

在二战的“总体战”文化中，武士道信条以西方人无法理解的方式影响了日本人的行为。在日本人看米，选择投降而非死亡的战俘让自己蒙羞，只配唾弃。这种态度导致日本人对待战俘非常粗暴。神风特攻队的飞行员也会驾驶装满炸药的飞机直接冲向美国军舰，这种自杀式行为也是在服从军官的命令。有的日本人宁愿举家（包括孩子）跳崖或者自爆，也不希望落入美军之手。

日本“零式”战斗机，1939年

铀

铀诞生于60亿年前的恒星爆炸，然后就一直沉睡在地壳中，直到科学家们找到了剖开它的原子并释放出其中毁灭性力量的方法。

每个原子核都由带正电的质子和不带电的中子组成。由于同种电荷相互排斥，质子会产生彼此分离的力。如果质子相对中子不算太多，原子中的其他力可以将质子束缚住。当质子太多时，原子核会变得不稳定，或者说具有放射性。

铀是自然生成的元素中最重的。由于原子核中包含了92个质子，铀原子很难保持稳定，成了最容易裂变的原子。铀原子分裂后会产生链式反应，在1秒内就能击碎1024个原子。1克铀通过核裂变释放出的能量大约相当于燃烧1千克煤所获得能量的250万倍。

幸运的是，铀并不像煤那么常见——而且只在变成铀235时才有危险，它在自然界的铀中只占约0.7%。

铀并不集中存在。提炼1克这种元素需要许多吨矿石。提炼出的铀需要进一步浓缩，然后才能用于制造炸弹。

铀有三种形式的同位素：铀234、铀235和铀238。它们通常同时存在于铀矿中。只有当铀235的浓度达到20%时，铀矿才可能产生危险的链式反应。

华盛顿特区

立即发布

美国总统的声明

16小时前，美军飞机在广岛投下一枚炸弹，摧毁了那里对敌人的价值。那枚炸弹的威力超过2万吨TNT。它的爆炸力是有史以来应用于战场的最大炸弹——英国“大满贯”（Grand Slam）的2000多倍……这种炸弹让我们获得了新的革命性破坏力，进一步增强了我军的力量……它是一颗原子弹。它利用了宇宙的基本能量。太阳的能量来源被用来对付在远东挑起战端的人。

——哈里·杜鲁门总统发布的新闻稿

“我们携带着世界上第一颗原子弹。炸弹投下时，贝瑟（Beser）中尉会记录下我们对眼前情景的反应。这份记录将被载入史册。注意你们的语言，不要在对讲机里胡说八道。”

——保罗·蒂贝茨上校在“艾诺拉·盖伊号”起飞不久后对机组人员下达的指示

“小男孩”如何工作

核弹的研制始于德国科学家奥托·哈恩（Otto Hahn）和弗里茨·施特拉斯曼（Fritz Strassman）的发现。他们注意到，用中子轰击放射性元素铀后，铀原子核会一分为二，形成两种新的元素：钡和氪，它们的总质量要小于原来的铀。由此产生的问题是，其他的质量上哪儿去了？

后续实验证明，失踪的质量转化成了能量。元素分裂后的两块碎片相互排斥，强度超过类似的化学反应所释放出的力的1亿倍。此外，每个分裂的原子都会释放出几个中子，导致更多的原子分裂，从而引发链式反应。少量纯净的铀235中会自发出现裂变，但经过几次之后就会停止。如果铀235足够多（称为临界质量），新裂变的数量就会呈几何级数增长，直到所积累的能量将铀炸毁并终止反应。

“小男孩”的钢质弹壳内放置了一根管子，两端都有位于临界质量之下的铀235。一端看上去像颗圆头子弹，另一端由许多环组成。受到高能炸药的激发，子弹以高速穿过管子进入环中。两者合并后达到临界质量，并引发链式反应，在不到一秒的时间内就制造出摧毁了广岛的大爆炸。

“小男孩”复制品，约1945年

今日广岛

在广岛遭遇轰炸后的岁月里，幸存者没有简单地重建城市，而是将其变成了和平的展览馆。广岛和平纪念公园和园中的和平纪念博物馆建在被原子弹夷平的旷野上，它们不仅是为了缅怀死者，也是和平本身的纪念碑。

和平纪念博物馆每年要接待超过100万游客，但在广岛推进和平的努力中，实体纪念和博物馆只是很小一部分。每所学校都开展和平教育。该城还为儿童举办夏令营，为成人举行研讨会。此外，每当有国家试验核武器，广岛市长都会发表正式抗议。

每年的8月6日上午8点15分，数以万计的民众会在广岛和平纪念公园集合，并发表和平宣言。黄昏时分，他们会聚集到元安川畔，手持写有死难者名字的纸灯。活动参与者点燃灯里的蜡烛，让它们顺流漂入濑户内海。

迸出火花。由于城中房屋大多由木头和纸建造，广岛变成了一片火海，数千处起火点不断扩大并连成一片。

爆炸本身造成的破坏只是恐怖的开始。战争结束后很久，在广岛投下的原子弹仍然在造成死亡。火球释放出的辐射波的影响范围远远超出了曼哈顿计划科学家们的预计，对爆炸的幸存者造成了毒害。被称为“死亡之尘”的放射性尘埃摧毁了受害者的造血功能。在战后的十年间，每年都有数以千计的人死于辐射中毒的长期影响。

随着原子弹的发明，我们进入了一个新的世界，这种武器比鼠疫更致命，比 TNT 炸药破坏力更强。原子弹有能力毁灭人类甚至摧毁地球。它的发明对人类产生了深远的影响，关于使用原子弹的伦理问题引发了强烈的恐惧和激烈的辩论。

> “让这里的所有灵魂安息；让我们不要重复罪恶。”
>
> ——广岛原子弹遇难者纪念塔铭文

广岛和平纪念仪式期间，元安川上漂浮的灯笼；

背景中是原子弹爆炸圆顶屋，这座建于 1915 年的展览馆是在大爆炸中幸存的少数几栋建筑之一

DAWSON
CHAMPAGNE
P IN THE HEART OF TEXAS 3600 MI.
WR-821

人类诞生在非洲的偏僻角落，数千年来，我们一直在与地形做斗争。作为人类最基本的两个本能，探索的冲动和沟通的需求促使我们在地球上环境最恶劣的地方修建道路：穿越中亚的丝绸之路，撒哈拉沙漠中看不见的盐道，秘鲁印加高原上的山道。在波斯、中国、印度和罗马，数千英里的道路将帝国中心与边境连接起来。

和许多过去的道路一样，阿拉斯加公路显示了人类利用工程奇迹克服障碍的能力。公路的建设始于珍珠港事件之后。美国担心日本会继续跨越太平洋并攻击西海岸。当时还没有成为联邦州的阿拉斯加与美国本土分离，看上去特别容易受日本攻击。阿留申群岛距离最近的日本军事基地只有750英里。阿拉斯加兵力薄弱，广袤的土地上只驻扎着2万名士兵，另有12架轰炸机和20架战斗机。在给华盛顿的电报中，负责阿拉斯加防务的军官尖锐地指出："如果日本人到来，我无法守卫阿拉斯加。我没有凭借。"

从1865年开始，美国的战略制定者就多次考虑修建一条穿越加拿大前往阿拉斯加的公路，但没有人采取必要的行动。借助所有人脑海中对珍珠港事件的鲜活记忆，罗斯福总统终于推动了该计划的实施。

任务交给了威廉·霍奇（William M. Hoge）将军，他是一位工程专家和著名的战场英雄。他得到的命令看上去很简单：修建一条1400英里的公路，连接英属哥伦比亚的道森克里克（Dawson Creek）和阿拉斯加的德尔塔章克申（Delta Junction）。

过去，道路是以现有小径为基础修建的。但阿拉斯加公路经过的地方没有天然道路，需要穿过茂密的原始森林，经常还要穿越沼泽。由于地形恶劣，人们计划先由军方于1942年在荒野上建成可供卡车通行的临时道路。民间承包商将于第二年跟进，建造一条永久性的公路。

1942年春末，10670名美军士兵被派往阿拉斯加建造一个工程奇迹：他们在荒野上修建的道路将成为军需运输线，把兵源、食物和给养运往阿拉斯加腹地的战略要地。来自各行各业的人坐进推土机和运输卡车的驾驶室，他们几乎或完全没有受过培训，却被要求在冰冻的荒原上开辟道路。

最大的障碍是时间。工程队需要在8个月内建成公路，因为在阿拉斯加致命的冬天开展建设是不可能的。工程在三个地点同时

> 阿拉斯加公路经过的地方没有天然道路……最大的障碍是时间。

随着一队工程兵的到来，英属哥伦比亚的道森克里克成了阿拉斯加公路的起点，人口在一夜间增长到原来的3倍

1942 年，一名打桩机操作员正在河床上打桩，准备完成阿拉斯加公路上另一段路面的建设

开始，各分队在相距数百英里的地方修建自己那段道路。共有 7 个团参与了工程，其中 3 个由非洲裔美国人组成。起初，非裔美国人团只能为白人团打下手。但人们很快发现，如果想要按时建成道路，所有士兵都必须参与建设。黑人和白人团第一次开始从事同样的工作，虽然在设备上并不平等。与白人团相比，黑人团配备的推土机较少，更多使用手推车和铁锹。

工程兵知道如何在战争条件下快速完成基础设施建设，但阿拉斯加的亚极地环境对他们而言是陌生的。前往三个建设点的交通非常不便。给养、工人和机械经常在转运中受困，有的在整个工期内都无法动弹。军方经常向士兵们空投紧急给养。机械故障每小时都会发生。为了铺设栈桥，工程兵需要蹚过齐胸深的冰冷湖水。他们还要与蚊子、泥土和长满苔藓的北极沼泽作战。冻伤是他们永远的敌人。

最北面的建筑队遇到了永冻层的特殊问题。被推土机暴露在阳光下后，永冻层会开始融化，在看似坚实的路基下形成一层危险的泥浆样流沙。工程因此暂停长达 6 个星期——霍奇和他的建设队无法接受这样的时间损失。

美国的历史给了霍奇灵感：乔治·华盛顿曾在荒野上用木头修建道路，他的士兵为何不能效法？

工程兵成了伐木工，用亲手砍下的树木铺设路基。这种技术被称为“木排道”(corduroying)，早至罗马帝国时期，晚至美

永冻层

永冻层是冰冻至少两年的土层。它出现在年平均气温低于零摄氏度的地区。世界上大多数永冻层已冰冻了数千年。根据积雪、植被、附近水体和地面附近空气温度的不同，永冻层可能厚达5000英尺。

国内战期间都有使用。霍奇对它的使用达到了前所未有的史诗般的规模。木排道隔离了土壤，使其保持冰冻状态，但也造成工程进度缓慢。道路建设从每天14英里下降到只有1英里。随着北极冬天的快速临近，霍奇和他的工程队剩下的时间越来越少。

10月初，气温开始大幅下降。阿拉斯加有记录以来最寒冷的一个冬天降临了，气温接近零下50华氏度，足以在几分钟内致人死亡。金属机器被冻住，并开始破裂。人们在睡袋上打洞，将其改造成大衣。剩下的166英里道路交给了一个白人团和一个黑人团，他们必须努力在条件从恶劣变成不可能之前完成建设任务。

在不到8个月的时间里，霍奇的团队克服了极端天气以及训练和供给的不足，在荒野中铺设了1400英里的粗糙公路。一年后，民间承包商跟进，将路面升级为真正的公路。虽然从未被用于军事运输，但阿拉斯加公路连通了一个国家和一个大洲。现在，它已经是世界上最长的可行驶道路之一，连绵3000英里，从阿拉斯加一直延伸到阿根廷，并引发了对更多道路的需求。今天，世界各地的道路网络在长度上足够来回月球20次。

小里费恩斯·希姆斯（Refines Sims Jr.）下士是1942年春被军方派往阿拉斯加的10670名士兵之一。来自费城的他隶属于第97工程兵团，这个非裔美国人团受命修建阿拉斯加-加拿大公路的北段。和团里的许多战友一样，他大学还没毕业就应征入伍，渴望为保卫祖国出力。他完全没有建设和修路的经验，也完全不了解阿拉斯加北部的极地气候。

但让希姆斯名留史册的不仅是参与修建了一条贯洲公路。

> 上帝啊，真是太冷了。你呼出的气晚上都会在毯子里结冰。如果你赤手接触任何金属的东西，会把皮都扯下来。我们只得整夜在卡车下面生着火，否则第二天车就无法发动。
>
> ——克里夫顿·蒙克（Clifton Monk）中士，第97工程兵团

阿拉斯加公路

1942 年 10 月 25 日。下士希姆斯开着推土机驶过林间一段新铺好的木排道。在他周围，第 97 工程兵团的其他成员正在清理废物。突然他听见树林里发出了巨响。大树向他倒了下来。希姆斯拼命倒车。其他人也停了下来，下意识地聚到一起，试图防备荒野即将给他们带来的威胁。

灌木丛中突然冒出了另一台推土机，驾驶者是二等兵阿尔弗雷德·贾鲁夫卡（Alfred Jalufka）。他的脸上被灌木划出了血。道路的两端贯通了。希姆斯和贾鲁夫卡从各自的推土机上跳下，他们一个是来自费城的黑人士兵，一个是来自得克萨斯的白人士兵，两人开始握手拥抱。一位战友拍下了他们拥抱的场面，这张照片很快传遍了美国，它记录的不仅是人类对荒野的胜利，也显示了我们战胜自身偏见的可能性。

五年后，美军将首次实现种族融合。

让整个国家实现种族融合殊非易事。非裔美国人在二战中英勇作战，渴望取得所谓的“双重胜利”：他们不仅希望打败国外的法西斯主义，也想要打败国内的种族主义和种族隔离。但许多非裔美国人在回国后发现，不平等和种族主义仍然存在。他们把不满变成了行动，到了20世纪中叶，民权运动开始进入高潮。这场运动的种子早在19世纪就已埋下，但在20世纪五六十年代，非裔美国人争取平等和完全公民权的斗争获得了巨大的动力。

1942年11月，在阿拉斯加公路的竣工仪式上，
希姆斯下士（左）和二等兵贾鲁夫卡（右）共同举起了彩带

上：阿拉斯加公路上连接埃德蒙顿（Edmonton）与费尔班克斯（Fairbanks）的路段，1942 年

右：有人在营地内修理轮胎，推土机在开路

“血色星期天”

1965 年 3 月 7 日，亚拉巴马州塞尔马（Selma）。600 名非裔美国人两两结对行进在平日里空旷的城市街道上。他们的目的地是 54 英里外的州首府蒙哥马利（Montgomery）。他们的目标是结束种族隔离。

人群安静而有序。他们没有唱歌或鼓掌，甚至无人交谈。唯一的声音来自他们的脚与地面的摩擦。其中一位游行者，是 54 岁的家政老师阿梅莉亚·博因顿（Amelia Boynton）。两年来，博因顿一直在县政府志愿担任“登记员”，帮助其他非裔美国人填写选民登记表。尽管博因顿付出了努力，但在两年间，登记在册的非裔美国人选民数量仅仅从 150 人增加到 335 人。博因顿对缺乏进展感到沮丧，决心采取更大的、更引人注目的行动。

抗议者踏上了埃德蒙德·佩图斯大桥（Edmund Pettus Bridge），准备穿过亚拉巴马河。抵达桥中央时，他们停下了脚步。在对面的河岸边，一排身着蓝色制服的州军警拦住了他们的去路。军警还得到

了身穿卡其布军装的民防团的协助，后者的指挥者是治安官吉姆·克拉克（Jim Clark），这名种族主义暴徒有过殴打民权活动家的劣迹。克拉克身高 6 英尺 2 英寸，体重 220 磅，腰间悬挂的警棍让本就身材魁梧的他更显得威风凛凛。白人围观者挥舞着邦联旗站在路边，仿佛前来观看巡游。

游行者一动不动。

军警和民兵戴上防毒面具，取出了警棍。一名军警通过扩音器

ALABAMA

喊话：“这是非法游行。给你们两分钟回头。”

没有人从命。

拿着扩音器的军警下令道：“冲！”

最初，州军警手握警棍的两端，用它们将游行者推回。很快，他

们开始用警棍击打人群。一些游行者因为警察的攻击而后退，另一些人试图坚守阵地。催泪瓦斯罐击中桥面，释放出浓烈的瓦斯。游行者的眼睛和喉咙火辣辣地作痛，开始在桥上四散奔逃。随后，骑警发起了冲锋。

军警完全失控了。人群陷入了混乱和恐慌。人们奔逃和尖叫着，有人倒在了地上。

阿梅莉亚·博因顿呆立在人群中央，突如其来的暴力把她惊呆了，催泪瓦斯和喧闹声让她不知所措。一名军警击中了她的后脑勺。她转了半个圈。军警又击中了她的后颈。她脸朝下摔倒在人们的脚边。军警继续前进，以为博因顿已经死了。后来，她昏迷了两天。

从古腾堡的印刷机到马可尼的无线电，古往今来，传播技术的突破让我们可以更加快捷地与更多人交流。每种新技术都引发了社会的变革。克里米亚战争中，记者通过电报发回受伤士兵缺乏治疗设施的报道，促成了现代护理业的诞生。利用摄影这个新媒介，约翰和爱丽丝·哈里斯将正在刚果上演的暴行呈现在惊恐的世人面前。1965 年，电视会把民权运动的信息传递到世界各地。

1965 年，种族隔离仍在美国南方盛行。虽然 1964 年的《民权法案》禁止在学校、工作和公共场所实行种族隔离，但亚拉巴马州的塞尔马等城镇却对此置若罔闻。在餐馆、公交车上和电影院，黑人和白人仍然相互隔离。更糟糕的是，虽然 1964 年的法案禁止了隔离，但并没有保证投票权。与之前为女性争取投票权的运动类似，黑人活动家知道，没有投票权就无力实现改变。

亚拉巴马州的塞尔马是发起投票权运动的完美地点。在当地的大约 3 万人口中，有超过一半是非裔美国人，但登记在册的选民 99% 是白人。

登记过程被故意设计得非常困难。县政府大楼每个月只有两天接受申请。黑人申请者要接受不公平的文化测试，并支付不合理的选举税。哪怕是最小的错误也会导致申请被拒。申请者还要面对吉姆·克拉克治安官及其手下的恐吓与威胁。尽管困难重重，人们还是月复一月、年复一年地提出申请，然后遭到拒绝。

博因顿对缺乏进展感到沮丧，她和当地的其他活动者一起向马丁·路德·金博士与南方基督教领袖会议求助。

1965 年 1 月 2 日，金在塞尔马发起活动。几周内，和平示威者们纷纷前往塞尔马县政府登记，却遭到克拉克治安官及其手下的殴打和逮捕。

局面在 2 月 25 日激化：27 岁的抗议者吉米·李·杰克逊（Jimmie Lee Jackson）腹部被州军警击中两枪，最终不治身亡。在随后的周日布道中，詹姆斯·贝维尔（James Bevel）牧师激动地表示，自己准备把杰克逊的尸体带到蒙哥马利的州政府台阶上，让州长乔治·华莱士（George Wallace）亲眼看一看。

塞尔马游行不仅是美国民权运动的转折点，也是世界各地社会变革的转折点。

前往蒙哥马利游行的想法很快得到了拥护。在杰克逊的葬礼上，金博士宣布，从塞尔马向蒙哥马利的游行将在四天后开始。

华莱士州长谴责游行对公共安全构成了威胁，下令州军警对其加以阻止。在塞尔马，克拉克治安官要求所有 21 周岁以上的白人男性加入民兵。面对州县军警的暴力袭击，游行队伍只前进了不到 1 英里就被迫停止。

阿梅莉亚·博因顿希望获得公众的注意。

非暴力不合作的谱系

马丁·路德·金博士巧妙地使用了非暴力不合作，但他并不是这种策略的开创者。下面让我们来看一下他在非暴力运动历史上的位置。

1846年，美国作家亨利·大卫·梭罗拒绝支付选举税，虽然他知道这样做会被送进监狱。他的拒绝是一种公民不服从举动，旨在表达自己对奴隶制以及美国对墨西哥战争的不满。在三年后写下的《论公民不服从》（*Civil Disobdience*）一文中，他解释了自己的举动："在一个不正义地监禁人们的政府的统治下，正义之士的真正栖身之所是监狱。"

1907年，莫罕达斯·甘地（Mohandas Gandhi）的朋友送给他一本梭罗的《论公民不服从》。当时，他正在南非筹划第一次公民不服从运动。甘地把自己的非暴力不合作策略称为"satyagraha"，这个词在梵文中表示"真理的力量"。梭罗的书让甘地的策略获得了一个有意义的英语名字。

金博士毫不讳言甘地对自己的非暴力理念的影响，他表示："出身给予了我基督教理想，甘地教会了我行动技巧。"20世纪50年代初，还是神学院一名年轻学生的金就开始对甘地着迷。对甘地在印度独立运动中使用的消极抵抗策略了解得越多，他就越确信，甘地的非暴力哲学是"解决美国种族问题的唯一合理途径"。1955年，在"蒙哥马利公交车抵制运动"中，金第一次应用了甘地的策略。

纳尔逊·曼德拉也承认，非洲国民大会在1962年之前的非暴力政策受了甘地的影响。

左：莫罕达斯·甘地造访英国兰开夏郡的纺织工人 / 右：马丁·路德·金

她成功了。新闻摄影师劳伦斯·皮尔斯（Larens Pierce）抓拍到了军警袭击她的那一幕。当晚的ABC新闻中断正在放映的周日晚间电影《纽伦堡审判》，插播了关于这次事件（很快被称为“血色星期天”）的15分钟原始录影带。包括总统林登·约翰逊（Lyndon B. Johnson）在内，4800万观众恐惧而难以置信地看到，呈现在面前的暴力并非来自德国纳粹，而是出自塞尔马的军警之手。

塞尔马的“血色星期天”是民权运动的转折点。几天后，约翰逊总统提出了《选举权法案》的草案，禁止歧视性的选举规则。

两周后，马丁·路德·金博士发起了第二次从塞尔马向蒙哥马利的游行。这次的游行得到联邦法官的批准和联邦军队的保护。在游行的最后，金站在州政府的台阶上向2.5万民众发表演讲。他说：“我们已经开始行动，任何种族主义的逆流都无法阻止我们。”

美国黑人民权运动不是第一场为争取个人自由而展开的民众运动，但它是第一场通过实时媒体报道而被置于公众监督下的此类运动。同样的抗议、压迫和公众愤怒的模式在我们的时代一再上演，比如南非和21世纪北半球此起彼伏的浪潮。个人的权利是脆弱的，言论自由和大众媒体保护了它们。

1967年，克里斯蒂安·巴纳德（Christiaan Barnard）和他的18人团队成功完成了首例人类心脏移植。5个小时的精细手术背后是60年来世界各地科学家的研究成果。虽然路易斯·瓦什坎斯基（Louis Washkansky）18天后就因为肺炎去世，但他的心脏却有力地跳动到了最后。自从巴纳德完成突破性的手术后，心脏移植术已经延长了全球超过10万人的生命。今天，仅美国每年就要进行2500多例心脏移植术。

巴纳德的成就令此前的一切都黯然失色，开创了外科手术技术的新时代。医生们第一次将身体看作一系列可以替换和改善的部件的组合。现在，他们可以修复受损的器官，重塑残缺的躯体，并移植从心脏、肝脏到皮肤、角膜等许多不同器官。科学家正在尝试培育新器官乃至制作人造器官。他们用蜘蛛丝制成人造皮肤，用猪蛋白重塑人体的骨骼肌，并通过植入电极来刺激截瘫病人的神经网络。

克里斯蒂安·巴纳德医生，1967年

首例人类心脏移植

1967年12月3日，南非开普敦，格罗特·舒尔（Groote Schuur）医院。53岁的前运动员和业余拳击手路易斯·瓦什坎斯基被推进了手术室。他已经遭遇了三次严重的心脏病发作，心脏正在快速衰竭。他为合适的供体心脏等待了3周，情况变得越来越糟。

克里斯蒂安·巴纳德医生正在为手术做准备，清洗了自己的双臂和双手。虽然还不算太出名，但他已经是心脏手术方面的先驱者。巴纳德已经为50多条狗做了心脏移植，但还从未在人类身上做过这样的手术。谁也没有这样做过。

手术是一场豪赌。瓦什坎斯基在手术中活下来的概率完全未知。但如果不做手术，他只能活几星期。

当巴纳德走进手术室时，瓦什坎斯基还是清醒的。他说："你去哪儿了？我一直在告诉他们，在你来道别前，不要给我打麻药。"

"道别？"

"你不是准备给我一颗新的心脏吗？"

"是的。"

"所以是辞旧迎新啊。"

手术组给瓦什坎斯基接上氧气。他的眼睛仍然直视着巴纳德。他突然动了一下，仿佛要说些什么。为了听清他的话，巴纳德俯下了身。

"你告诉了我妻子手术一定会成功吗？"

医生点头微笑，说："我告诉她了。"

瓦什坎斯基也点点头，并眨了眨眼表示感谢。慢慢地，他闭上了双眼。

哈勃太空望远镜，与 17 世纪时由艾萨克·牛顿爵士发明的第一架反射式望远镜工作原理相同

今天的医学奇迹注定不仅仅是前沿的外科手术技术。科学家已经开始理解生命本身的组成。2001 年，科学家们完成了第一幅完整的人体基因组图谱——这 30 亿个 DNA 碱基对决定了人体的构造。除了自身的基因代码，我们也可以解读和控制致病有机体的基因，这种新能力彻底重塑了医学。研究者正开始从基因层面对付疾病，有望为老问题找到新的解决办法。有人相信，随着对 DNA 了解的深入，我们将可以决定人类的未来演化。

人类一直是旅行者和探险家，为了寻找资源、知识和冒险而探索新的疆域。今天，我们仍在探索大洋深处、北极的严寒水域和富有挑战性的峰巅。

20 世纪中期，随着 1957 年苏联发射人造卫星“伴侣号”（Sputnik），人类第一次穿越了地球的大气层。三十年来，太空项目的重心一直是探索我们的太阳系，这种情况因为哈勃太空望远镜的出现而改变。

1990 年 4 月，航天飞机“发现者号”将哈勃太空望远镜送入距地面 370 英里的轨道，使其免受地球大气层的干扰。天文学家希望这架望远镜能够看到宇宙的遥远角落，并回答一系列重要问题：宇宙有多古老，又有多大？黑洞是否真的存在？

但他们很快就失望了。发射两个月后，哈勃望远镜显然陷入了麻烦。望远镜内部的反射镜片存在问题，太阳能板和陀螺仪也出了毛病。美国航空航天局用了两年时间才想出解决办法。

1993 年 12 月 2 日，航天飞机“奋进号”（Endeavor）带着 7 名宇航员发射升空，他们将通过一系列复杂而危险的太空行走修复这架望远镜。宇航员返回地球后，天文学家们屏气凝神，等待看到修复后的望远镜传回的第一批图像。1993 年 12 月 18 日，午夜过后，图像终于到达。修复的效果超出了所有人的预期。

从 1993 年开始，哈勃望远镜改变了我们观察宇宙的方式。在银河系中，它带给我们火星大气的照片，向我们展示了土星的新卫星，并让我们近距离观看了彗星撞击木星的画面。它还向我们展现了遥远星系中恒星的诞生和死亡，疑似黑洞边缘的物质旋转，还有其他太

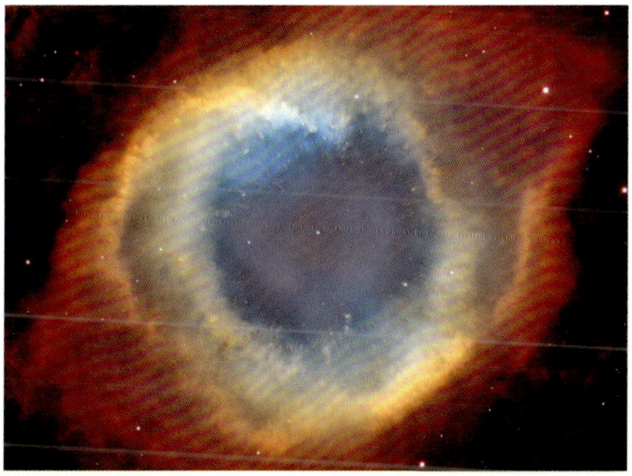

埃德温·鲍威尔·哈勃

哈勃太空望远镜得名于美国天文学家埃德温·鲍威尔·哈勃（Edwin Powell Hubble）。在哈勃之前，天文学家相信我们的银河是宇宙中唯一的星系。20 世纪 20 年代，通过在加利福尼亚帕萨德纳（Pasadena）威尔逊山天文台的开创性工作，哈勃证明宇宙中不止一个星系。他还发现，各个星系正在相互远离。哈勃定律奠定了大爆炸理论的基础，它暗示宇宙中的一切都在从最初的爆炸点向外扩散。

得益于哈勃的工作，我们知道了宇宙中存在数百亿个星系，每个都包含了数以亿计的恒星。

左：螺旋星云 / 下：埃德温·鲍威尔·哈勃

1997 年，宇航员史蒂夫·史密斯（Steve Smith）正在修理哈勃太空望远镜

棒旋星系的中心有棒状结构，可能是“恒星的育儿室”；最近的研究显示，棒状结构标志着星系已经接近完全成熟

阳系可能存在的首个证据。它告诉我们，夜空中的单个亮点是来自 1 万个星系的光。在解答老问题的同时，它也向我们抛出了新问题，比如神秘力量“暗能量”存在与否，这种能量似乎可以抵消同样神秘的“暗物质”的引力。最神奇的是，哈勃望远镜还可以看到过去，捕捉数十亿年前向地球发射的光。发出这些光的恒星形成于宇宙诞生之初，而且仍在时空中拉开与我们的距离。

如果把利用哈勃望远镜进行的各种科学研究放在一起，我们将会认识到地球是多么幸运，创造一颗支持生命的行星需要数以千计关键的“刚刚好”。

哈勃太空望远镜定于 2020 年左右结束使命。另一架巨型望远镜正处于筹划阶段，预计在 2018 年发射。这就是詹姆斯·韦伯（James Webb）太空望远镜，命名源自前美国航空航天局局长。它将比哈勃望远镜看得更远，甚至能回看历史，见证宇宙中的第一缕光，也就是大爆炸本身。

画家描绘的美国航空航天局的“好奇号”（Curiosity）火星科学试验车

医学奇迹和太空探索都离不开另一场技术革命——计算机的出现。1946年，第一台全电子计算机诞生于宾夕法尼亚大学，被称为“电子数字积分计算机”（Electronic Numerical Integrator and Computer），简称“埃尼阿克”（ENIAC）。这台真空管计算机占满了一个大房间，还需要一组全职工程师来维护它的运作。仅仅50年后，数以亿计的人已经可以通过个人电脑接入因特网，并拥有了埃尼阿克的操作员无法想象的计算能力。今天，电脑、移动电话和卫星导航系统以前所未有的方式将我们联结起来。

15万年前，最早的真正人类在非洲大裂谷以自己的双脚站立起来。从那时起，我们的历程就一直不可思议。我们发端于非洲的一小块区域，足迹逐渐遍布全球，从西伯利亚苔原到撒哈拉沙漠的各个地区都成了人类的家园。我们一直在改变和适应，每个历史时期都在发明新技术：从十字弓到加农炮，从楔形文字到活字，从帆船到大型喷气式客机。我们不断寻求进步和创新。我们重塑地貌，改变河道，移走山峦。我们建起金字塔、城堡、城市和摩天楼，还通过道路、高速路、船舶航道、飞机航线和光纤网络将世界联系起来。我们甚至即将对自身开展重塑工程。

15万年来，人类经历了努力适应、天马行空和创造发明。今天，我们正致力于探索遥远的太空和生命的基本结构。现在，我们有能力改变地球和自身，这些方式是我们的祖先无法想象的。

我们正在探索新的能源、人类心灵的形式和太空中存在生命的可能性。与此同时，我们的未来取决于数百万渺小而又不确定的事件结果以不可预测的方式结合在一起，创造出未来的“刚刚好”的时刻。

接 下 来 ， 人 类 文 明 的

这完全取

决于我们。

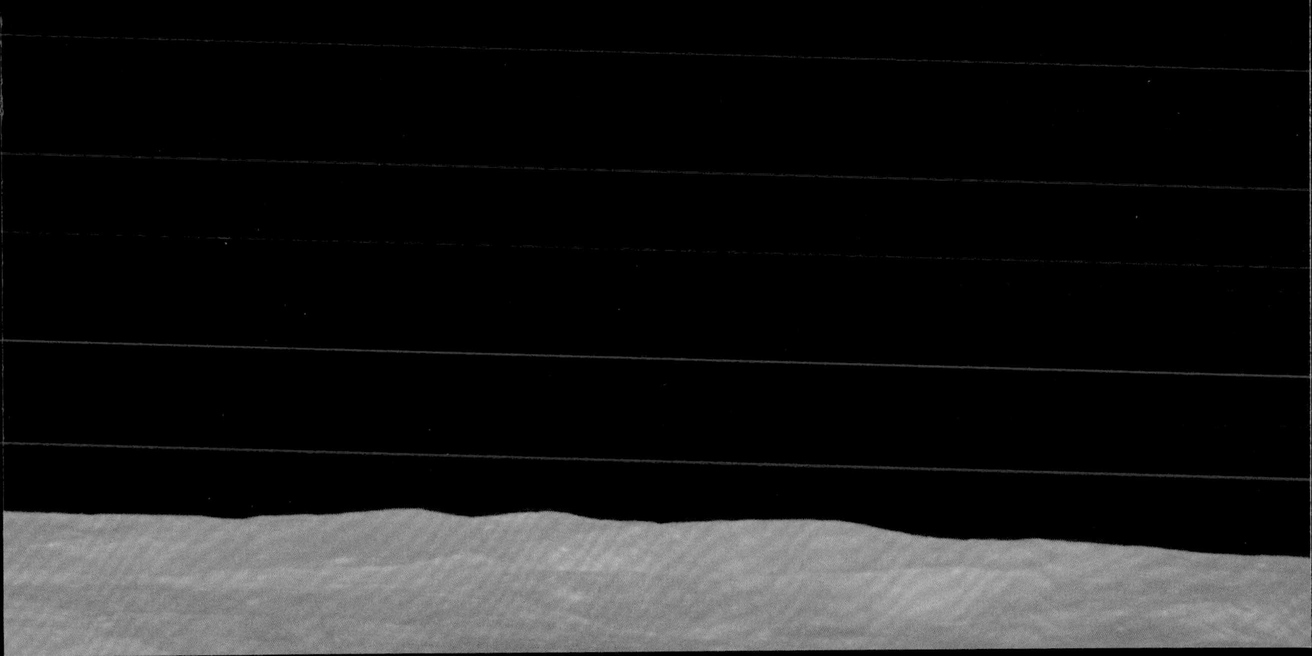

注释

（所有注释均为译者及编辑添加）

VIII “刚刚好”的时刻：Goldilocks moment，出自英国童话《金凤花姑娘和三只熊的故事》，金凤花小姑娘（Goldilocks）试过三只熊的吃穿卧榻，发现最小那只熊的“刚刚好”适合她，分寸不多也不少。

5 页 本书所涉英制单位与公制单位换算如下：

1 英尺 =12 英寸 =1/3 码 =30.48 厘米，

1 英里 =1.61 千米，

1 英亩 =40.47 公亩，

1 磅 =16 盎司（常衡）=14.58 金盎司 ==453.59 克，

1 蒲式耳（美）=35.24 升。

14 页 本书地图均为原书插附地图。

35 页 世界其他地方称为 maize 的植物：这里“其他地方”专指今日西方世界和部分词汇受西方影响的前殖民地。

37 页 德卢斯和阿什维尔：德卢斯，明尼苏达州位于苏必利尔湖畔的港口城市，人口约 8.6 万；阿什维尔，北卡罗来纳州城市，人口约 8.9 万。

71 页 波斯人一边是 30 万名职业骑兵：波斯军队主体是无盔甲轻骑兵，但也有少量重骑兵和轻重步兵，其中轻步兵也主要使用弓箭，而所谓“重”步兵的装备也只是藤编盾牌。面对希腊重步兵的盔甲、金属盾牌和剑矛，这些武器和防具实在不堪重任。

74 页 把被逐国王的侄子西底家立为新王：按圣经，西底家为被逐耶路撒冷王的叔叔，见《旧约·列王纪下》25：17。

80 页 获得了“秦国之虎”的绰号：史书上没有嬴政亲征和作战勇敢的记录。

90 页 早期中国的造纸：配图中人物造型错配为清朝人。100 页的剧照中呈现的汉朝服饰也有不确。

99 页 Sinae 或 Thinae：郑张尚芳认为这些词（包括前 1000 年左右古印度的 Cina 和今天英语中的 China）来自春秋的“晋”，而非“秦”。但仍不是定论。

105 页 西门看见两名妇人跪下：通行的说法是只有一位名叫维罗尼克的妇人用面纱为耶稣擦脸，传说耶稣治好了她的血漏（《马可福音》5:25-34）。

194 页 超过一半人口死于黑死病：数据存疑。

194 页 千禧年主义：其含义可见 130 页第二段。

224 页 在哥伦布发现新大陆之前，欧洲几百年来都认为在直布罗陀海峡之外，世界上只有唯一一片大洋，规模大于各种近海，叫“大洋海”（mare oceanus）。

227 页　包括猴子、鹦鹉、肉桂、辣椒…… ：肉桂原产于中国和斯里兰卡。

280 页　刘易斯和克拉克：二人均为下级军官，曾于 1804—1806 年带领了对美国西部著名的探险性远征。

307 页　大陆会议：严格说，1781 年 3 月，“大陆会议”（Continental Congress）已更名为“邦联国会”（Congress Assembled）。

334 页　柯尔特引入了大规模生产的概念：用可替换部件进行大规模生产的概念是由伊莱·惠特尼（Eli Whitney）在 1798 年率先提出，他曾和政府签订合同，提出在 28 个月内交付 1 万支枪（不过没能完成）。另两位新英格兰人西梅翁·诺斯（Simeon North）和约翰·霍尔（John Hall）设计出了可以将部件打磨到所需精度的铣床。1816 年和 1824 年，诺斯和霍尔分别把自己的设计变成了现实。马萨诸塞州斯普林菲尔德的国家军械库采纳了机械制造的可互换部件体系，那里生产的来复枪被称为斯普林菲尔德来复枪。

350 页　岩崎家的族徽就由三颗钻石组成：三菱的标志其实是土佐藩主山内家的三叶柏纹加上岩崎家三层菱纹合成的。

致谢

没有哪本书是凭空而来的，本书也不例外。我要向许多正式和非正式参与本书写作的人士致谢。首先是A+E网络的消费品部高级副总裁凯特·韦恩（Kate Winn），合作拓展部的主管和高级历史学家金·吉尔莫（Kim Gilmore），以及“历史”频道（HISTORY）系列节目的发行顾问大卫·威尔克（David Wilk），他们一直信赖我的工作。还要感谢我的编辑，奔跑出版社（Running Press）出版社的吉奥夫·斯通（Geoff Stone），他负责了方方面面的工作。感谢奔跑出版社的设计师比尔·琼斯（Bill Jones）和弗朗西丝·周苏萍（Frances Soo Ping Chow），以及“怪头脑”（Headcase）设计公司的保罗·开普尔（Paul Kepple）和拉尔夫·杰罗尼（Ralph Geroni），他们创造了一本如此美丽的书。感谢照片遴选者苏珊·小山（Susan Oyama）的不懈工作。感谢克里斯·纳弗拉提尔（Chris Navratil）和克雷格·赫尔曼（Craig Herman）的出版眼光。感谢我的代理人杰森·艾什洛克（Jason Ashlock），他在有需要时总能提供理性的建议。感谢我的朋友，历史学家凯琳·威特摩尔（Karin Wetmore），她慷慨地分享了自己关于科学史的知识。我还要特别感谢我的丈夫桑迪·威尔逊（Sandy Wilson），他读过本书的多版草稿，要求我解释其中的内容，给我鼓励，让我注意劳逸结合——当交稿期限临近时，他总是乐意奉上一片比萨。

——帕梅拉·托勒

搞定这种视野范围的项目实属不易，也注定免不了减省和忽略。但我们要对“历史”频道的同名系列纪录片中一些重要人物谨致谢忱，没有他们就不会有这本书。首先是系列片的顾问、斯坦福大学古典学与历史学教授伊恩·莫里斯，他的著作使我们深受启发，他的意见反馈也为我们保驾护航。还要感谢Nutopia（非乌托邦）人员——Nutopia是把节目做得栩栩如生的制作公司；以及“历史”频道工作人员，他们的出色统筹令我们的系列节目不断焕发光彩。名单如后。

——Julian P. Hobbs，执行制片

NUTOPIA

Jane Root and Ben Goold, Executive Producers
Tim Lambert, Series Producer
Helen Docherty, Assistant Producer

HISTORY®

Nancy Dubuc, President and General Manager, History and Lifetime®
Dirk Hoogstra, Senior Vice President, Development and Programming, History
Paul Cabana, Executive Producer, *Mankind The Story of All of Us*, History
Ian Luce, Director of Photography, A+E Networks
Brandy Crawford, Programming Coordinator, History

进一步阅读

Abulafia, David. *The Great Sea: A Human History of the Mediterranean*. Oxford University Press. 2011.

Adler, Robert E. *Medical Firsts: From Hippocrates to the Human Genome*. John Wiley & Sons. 2004.

Al-Khalili, Jim. *The House of Wisdom: How Arabic Science Saved Ancient Knowledge and Gave Us the Renaissance*.Penguin Press. 2010.

Ambrose, Stephen E. *Nothing Like It in the World: The Men Who Built the Transcontinental Railroad, 1863–1869*. Simon & Schuster. 2000.

Ansary, Tamim. *Destiny Disrupted: A History of the World Through Islamic Eyes*. PublicAffairs. 2009.

Axelrod, Alan. *A Savage Empire: Trappers, Traders, Tribes, and the Wars That Made America*. Thomas Dunne Books. 2011.

Benjamin, Thomas. *The Atlantic World: Europeans, Africans, Indians and Their Shared History, 1400–1900*. Cambridge University Press. 2009.

Bloom, Jonathan M. *Paper Before Print: The History and Impact of Paper in the Islamic World*. Yale University Press. 2001.

Boorstin, Daniel J. *The Discoverers: A History of Man's Search to Know His World and Himself*. Random House. 1983.

Boulnois, Luce. *Silk Road: Monks, Warriors & Merchants on the Silk Road*. Odyssey Books. 2006.

Bovill, E. W. *The Golden Trade of the Moors*. Oxford University Press. 1970.

Bown, Stephen R. *Scurvy: How a Surgeon, a Mariner, and a Gentleman Solved the Greatest Medical Mystery of the Age of Sail*. Thomas Dunne Books. 2004.

Brownstone, David M. et al. *Island of Hope, Island of Tears: The Story of Those Who Entered the New World Through Ellis Island—In Their Own Words*. MetroBooks. 2003.

Brownworth, Lars. *Lost to the West: The Forgotten Byzantine Empire That Rescued Western Civilization*. Crown Publishers. 2009.

Cahill, Thomas. *How the Irish Saved Civilization: The Untold Story of Ireland's Heroic Role from the Fall of Rome to the Rise of Medieval Europe*. Nan A Talese. 1995.

Chambers, James. *The Devil's Horsemen: The Mongol Invasion of Europe*. Atheneum. 1979.

Christian, David. *Maps of Time: An Introduction to Big History*. University of California Press. 2003.

Cipolla, Carlo M. *Guns, Sails and Empires: Technological Innovation and the Early Phases of European Expansion, 1400–1700*. Pantheon Books. 1965.

Crosby, Alfred W. *The Columbian Exchange: Biological and Cultural Consequences of 1492*. Praeger. 2003.

Crowley, Roger. *City of Fortune: How Venice Ruled the Seas*. Random House. 2012.

Dash, Mike. *TulipoMania: The Story of the World's Most Coveted Flower and the Extraordinary Passions It Aroused*. Crown Publishers. 1999.

Davenport-Hines, Richard. *Voyagers of the Titanic: Passengers, Sailors, Shipbuilders, Aristocrats, and the Worlds They Came From*. HarperCollins. 2012.

De Villiers, Marq and Sheila Hirtle. *Timbuktu: The Sahara's Fabled City of Gold*. Walker & Company. 2007.

Diamond, Jared. *Guns, Germs and Steel: The Fates of Human Societies*. W. W. Norton & Co. 1997.

Dolin, Eric Jay. Fur, *Fortune and Empire: The Epic History of the Fur Trade in America*. W. W. Norton & Co. 2010.

Dolnick, Edward. *The Clockwork Universe: Isaac Newton, the Royal Society and the Birth of the Modern World*. HarperCollins. 2011.

Dray, Philip. *Stealing God's Thunder: Benjamin Franklin's Lightning Rod and the Invention of America*. Random House. 2002.

Drews, Robert. *The End of the Bronze Age: Changes in Warfare and the Catastrophe ca. 1200 B.C.* Princeton University Press. 1993.

Egan, Timothy. *The Worst Hard Time: The Untold Story of Those Who Survived the Great American Dust Bowl*. Houghton Mifflin. 2006.

Erlichman, Howard J. *Conquest, Tribute, and Trade: The Quest for Precious Metals and the Birth of Globalization*. Prometheus Books. 2010.

Evans, Harold, with Gail Buckland and Devid Lefer. *They Made America: From the Steam Engine to the Search Engine, Two Centuries of Innovators*. Little, Brown and Company. 2004.

Fagan, Brian. *The Great Warming: Climate Change and the Rise and Fall of Civilizations*. Bloomsbury Press. 2008.

Fairbank, John King. *China: A New History*. Harvard University Press. 1992.

Goodwin, Jason. *Lords of the Horizon: A History of the Ottoman Empire*. Vintage. 1999.

Gurney, Alan. *Compass: A Story of Exploration and Innovation*. W. W. Norton. 2004.

Hallion, Richard P. *Taking Flight: Inventing the Aerial Age from Antiquity Through the First World War*. Oxford University Press. 2003.

Heather, Peter *Empires and Barbarians: The Fall of Rome and the Birth of Europe*. Oxford University Press. 2010.

Hochschild, Adam. *King Leopold's Ghost: A Story of Greed, Terror, and Heroism in Colonial Africa*. Houghton Mifflin. 1998.

Johanson, Donald C. and Maitland A. Edey. *Lucy, the Beginnings of Humankind*. Simon & Schuster. 1981.

Johnson, Steven. *The Ghost Map: The Story of London's Most Terrifying Epidemic—and How It Changed Science, Cities and the Modern World*. Riverhead Books. 2006.

Kelly, Jack. *Gunpowder: Alchemy, Bombards, and Pyrotechnics: The History of the Explosive that Changed the World*. Basic Books. 2004.

Kurlansky, Mark. *Salt: A World History*. Penguin. 2002.

Lax, Eric. *The Mold in Dr. Florey's Coat: The Story of the Penicillin Miracle*. Henry Holt. 2005.

Levenson, Jay A. *Circa 1492: Art in the Age of Exploration*. National Gallery of Art and Yale University Press. 1991.

Man, John. *Gutenberg: How One Man Remade the World with Words*. John Wiley & Sons. 2002.

Mann, Charles C. *1491: New Revelations of the Americas Before Columbus*. Vintage Books. 2005.

McNeill, William H. *Plagues and Peoples*. Anchor Press. 1989.

Menocal, María *Rosa. Ornament of the World: How Muslims, Jews and Christians Created a Culture of Tolerance in Medieval Spain*. Little, Brown and Company. 2002.

Montefiore, Simon Sebag. *Jerusalem: The Biography*. Alfred A. Knopf. 2011.

Norton, Mary Beth. *In the Devil's Snare: The Salem Witchcraft Crisis of 1692*. Alfred A. Knopf. 2002.

Preston, Diana and Michael. *Taj Mahal: Passion and Genius at the Heart of the Moghul Empire*. Walker & Company. 2007.

Rhodes, Richard. *The Making of the Atomic Bomb*. Simon & Schuster. 1995.

Russell, Peter. *Prince Henry "the Navigator": A Life*. Yale Nota Bene. 2001.

Slack, Charles. *Noble Obsession: Charles Goodyear, Thomas Havelock, and the Race to Unlock the Greatest Industrial Secret of the Nineteenth Century*. Hyperion. 2002.

Taylor, Alan. *American Colonies: The Settling of North America*. Penguin Books. 2002.

Temple. Robert. *The Genius of China: Three Thousand Years of Science, Discovery and Invention*. Andre Deutsch. 2006.

Thomas, Hugh. *Rivers of Gold: The Rise of the Spanish Empire, From Columbus to Magellan*. Random House. 2003.

Thompson, E. P. *The Making of the English Working Class*. Vintage Books. 1966.

Twichell, Heath. *Northwest Epic: The Building of the Alaska Highway*. St. Martin's Press. 1992.

Waley, Arthur. The *Opium Wars Through Chinese Eyes*. Stanford University Press. 1958.

Watson, Ian. *The Universal Machine: From the Dawn of Computing to Digital Consciousness*. Springer. 2012.

Weatherford, Jack. *Genghis Khan and the Making of the Modern World*. Three Rivers Press. 2004.

Weightman, Gavin. *Signor Marconi's Magic Box: The Most Remarkable Invention of the Nineteenth Century and the Amateur Inventor Whose Genius Sparked a Revolution*. Da Capo Press. 2003.

图片版权声明

T (TOP), B (BOTTOM), L (LEFT), C (CENTER), R (RIGHT)

Photos on the following pages courtesy of Nutopia: x–1, 8–13, 15, 22–25, 27, 30–33, 41, 44, 56, 58, 60–61, 65, 66, 68, 70, 73, 84–86, 89, 100, 105–107, 112–114, 124–126, 134–136, 140, 142–144, 146–147, 154–158, 168–169, 171, 176 T, 180–181, 184, 192, 206–209, 211, 220, 230–231, 238–239, 264–268, 270–275, 291, 320–321, 328, 332–333, 335 B, 355–357, 359–360, 362–365, 386–389, 414–419

Walters and Kissinger: all maps and pages 4, 16 (inset), 20, 52 B, 83, 122, 137, 159, 193, 202, 227, 282, 290

INTRODUCTION:
vi–vii: ©iStockphoto.com/Blai B Mestrich

CHAPTER 1:
5: ©iStockphoto.com/Jana Blašková
16: Man w/digital tablet by ©iStockphoto.com/hocus-focus; inset: Walters and Kissinger
18–19: Andrzej Gibasiewicz/Shutterstock.com
21 T: Natural History Museum, London/ Photo Researchers, Inc
21 B: John Reader/Photo Researchers, Inc
28–29: Fedor Selivanov/Shutterstock.com
29 R, 37, 38 L & BR, 39, 45: ©DeAgostini/SuperStock
34: ©iStockphoto.com/syolacan
36 B: ©Ivan Vdovin/age fotostock/SuperStock
38 TR: Gianni Dagli Orti/The Art Archive at Art Resource, NY
42: WhitcombeRD/Shutterstock.com
43: Avella/Shutterstock.com

CHAPTER 2:
46–47: Mike Kemp/Getty Images
48: Iconica/Arctic-Images/Getty Images
50–51: Mount St. Helens. ©Bettmann/Corbis/AP Images
52 T: Sheila Terry/Photo Researchers, Inc
53, 55: Erich Lessing/Art Resource, NY
59: Nestor Noci/Shutterstock
64: ©Wolfgang Kaehler/SuperStock
75: ©North Wind Picture Archives
76: Private Collection/Archives Charmet/The Bridgeman Art Library
78 L: Angels at Work/Shutterstock.com
78 C: photopalace/Shutterstock.com
78 R: photostockar/Shutterstock.com
79 T & B: ©DeAgostini/SuperStock
80: ©British Library, London, Great Britain/HIP/Art Resource, NY
82 T: ©imagebroker.net/SuperStock
82 B: ©Science and Society/SuperStock

CHAPTER 3:
88: ©Art Archive, The/SuperStock
90: V&A Images, London/Art Resource, NY
92: Musee des Beaux-Arts, Bordeaux, France/Giraudon/The Bridgeman Art Library
93: Ashmolean Museum, University of Oxford, UK/The Bridgeman Art Library
94, 95 T, 97: ©DeAgostini/SuperStock
96: Petunyia/Shutterstock.com
102 T: Werner Forman/Art Resource, NY
102 B: Mary Evans Picture Library/Everett Collection
108: Private Collection/Photo ©Bonhams, London, UK/The Bridgeman Art Library

CHAPTER 4:
117: Andre Durenceau/National Geographic Stock
119: Photo: akg-images
129: Shaun Curry/AFP/Getty Images
130: Mary Evans Picture Library/Everett Collection
138–139: ©Wolfgang Kaehler/SuperStock

CHAPTER 5:
148: Russian theatre costume design depicting Genghis Khan. ©World History Archive/Alamy
150: Cardaf/Shutterstock.com
151: Werner Forman/Art Resource, NY
160 L: ©DeAgostini/SuperStock
160 C: ©Fine Art Images/SuperStock
160 R: National Palace Museum, Taipei, Taiwan/The Bridgeman Art Library
163: Private Collection/Ancient Art and Architecture Collection Ltd./The Bridgeman Art Library
166 T: ©iStockphoto.com/Rafael Laguillo
166 B: ©StockTrek/Purestock/SuperStock
170 L: Mary Evans Picture Library/Everett Collection
170 RT: AP Photo
170 RB: AP Photo/Margaret Bourke-White
175 T: alexsvirid/Shutterstock.com
177: ©Science and Society/SuperStock
178: ferblues/Shutterstock.com
179: Amrid/Shutterstock.com

CHAPTER 6:
182: ©Steve Vidler/SuperStock
183: ©iStockphoto.com/oversnap
186: Gold miners in north-eastern Congo, February 23, 2009. REUTERS/Finbarr O'Reilly
187 T: Jorg Hackemann/Shutterstock.com

187 B: Elisa Locci/Shutterstock.com
188: ©iStockphoto.com/Ellen Ebenau
191: ©iStockphoto.com/TommL
194: National Palace Museum, Taipei, Taiwan/The Bridgeman Art Library
195: ©North Wind Picture Archives
196: Erich Lessing/Art Resource, NY
197: Paper mill Auvergne, France, 1693. Réunion des Musées Nationaux/Art Resource, NY
198: ©Stock Connection/SuperStock
199: ©Image Asset Management Ltd./SuperStock
200: javi indy/Shutterstock.com
204: REUTERS/Rafael Marchante
205: Jose Galveia/Shutterstock.com

Chapter 7:
213: Luciano Mortula/Shutterstock.com
215: ©iStockphoto.com/Heather Faye Bath
216: ©The Board of Trustees of the Armouries, Leeds, Great Britain/HIP/
Art Resource, NY
218: ©akg-images/The Image Works
222: Kozini/Shutterstock.com
223: Mary Evans/Everett Collection
225: ©AISA/Everett Collection
226: ©Scott Camazine/SuperStock
228: Elena Korn/Shutterstock.com
232: Sergey SP/Shutterstock.com
233: H. TOM HALL/National Geographic Stock
235: Kostyantyn Ivanyshen/Shutterstock.com

Chapter 8:
236–237: omer cicek/Shutterstock.com
240: The Art Archive/Nicholas J. Saunders
241: Jeremy Horner/Stone/Getty Images
242, 244 T: The Granger Collection, NYC
243: Scala/Art Resource, NY
244 B: ©Iberfoto/The Image Works
245: ©Exactostock/SuperStock
247: Bruce Dale/National Geographic Stock
248: Sissie Brimberg/National Geographic/Getty Images
251: Gianni Dagli Orti/The Art Archive at Art Resource, NY
252: ©Look and Learn/The Bridgeman Art Library
253: Private Collection/The Bridgeman Art Library
254: Myotis/Shutterstock.com
256 L & R (detail of painting): V&A Images, London/Art Resource, NY
257 L: ©iStockphoto.com/Mark Weiss Photography
257 R: ©iStockphoto.com/prognone
259: Illustration from *Jan Huyghen van Linschoten, His Discourse of Voyages into the East and West Indies*, 1579-92.
Private Collection/Photo ©Luca Tettoni/The Bridgeman Art Library
260 T: barbaradudzinska/Shutterstock.com
260 B: Calek/Shutterstock.com
261: Ashmolean Museum, University of Oxford, UK/The Bridgeman Art Library
262: ©iStockphoto.com/JacobH

Chapter 9:
276: ©Design Pics/SuperStock
277: ©iStockphoto.com/Serg Mysh-kovsky
278: Arsgera/Shutterstock.com
279: NGS Image Collection/The Art Archive at Art Resource, NY
280: George Caleb Bingham (1811–1879). *Fur Traders Descending the Missouri*, 1845. Oil on canvas, 29 x 36 1/2 in. (73.7 x 92.7 cm). Morris K. Jesup Fund, 1933 (33.61). Image copyright ©The Metropolitan Museum of Art. Image source: Art Resource, NY
283: ©British Library, London, Great Britain/HIP/Art Resource, NY
284: ©Everett Collection/SuperStock
287 TL: ©Prisma VWPics/SuperStock
287 TR: ©Fine Art Images/SuperStock
287 B: Gianni Dagli Orti/The Art Archive at Art Resource, NY
288 L: The resurrection (fragment), from the church Saint Pierre le Vieux, Strasbourg, ca 1400. Erich Lessing/Art Resource, NY
288 TR: Glass bottles. Eastern Mediterranean, Early 1st century BCE-3rd century CE. Glass, free blown and wheel incised. Gifts of the Betty and Max Ratner Collection, 1981–72, 1981–83, 1981–79, 1981–70; Elaine and Harvey Rothenberg, JM 93–79, JM 94–79; Judith Riklis, 1981–273, 1981–269. Photo: Graydon Wood. 1981.72. The Jewish Museum, New York/Art Resource, NY
288 BC: Jug, from Israel. Blown glass. 1st-3rd CE. Erich Lessing/Art Resource, NY
288 BR: Statuette of the goddess Taweret. 332-30 BCE. Egypt, Macedonian and Ptolemaic Period. Glass (glassy faience), H. 11 cm (4 5/16 in). Purchase, Edward S. Harkness Gift, 1926 (26.7.1193). Image copyright ©The Metropolitan Museum of Art. Image source: Art Resource, NY
289: ©Clover/SuperStock
292: NASA, ESA, D. Lennon and E. Sabbi (ESA/STScI), J. Anderson, S. E. de Mink, R. van der Marel, T. Sohn, and N. Walborn (STScI), N. Bastian (Excellence Cluster, Munich), L. Bedin (INAF, Padua), E. Bressert (ESO), P. Crowther (University of Sheffield), A. de Koter (University of Amsterdam), C. Evans (UKATC/STFC, Edinburgh), A. Herrero (IAC, Tenerife), N. Langer (AifA, Bonn), I. Platais (JHU), and H. Sana (University of Amsterdam)
293: bpk, Berlin/Art Resource, NY
295: The Art Archive at Art Resource, NY
296: Robert McGinnis/National Geographic Image Collection/The Bridgeman Art Library
297: Martin Fischer/Shutterstock.com
298: ©North Wind Picture Archives
299: ©Erin Paul Donovan/SuperStock
300: Harper Collins Publishers/The Art Archive at Art Resource, NY

301: Rare Book and Special Collections Division, Library of Congress

Chapter 10:

302–303: Joe Raedle/Getty Images
304: Art Resource, NY
305: ©Photononstop/SuperStock
306, 308: The Granger Collection, NYC
307: ©Visual & Written/SuperStock
310: Architect of the Capitol
311 T: ©RMN-Grand Palais/Art Resource, NY
311 B: Philip Mould/The Art Archive at Art Resource, NY
312 T: ©Image Asset Management Ltd./SuperStock
312 B, 323: ©Science and Society/SuperStock
313 L: ©SSPL/The Image Works
313 R: NGS Image Collection/The Art Archive at Art Resource, NY
314–315, 319 BL: Prints and Photographs Division, Library of Congress
316: Alinari/Art Resource, NY
317 T: ©Radius/SuperStock
317 B: National Firearms Museum, NRAmuseum.com
318, 322 LB: ©Everett Collection/SuperStock
319 TR: Fotosearch/Archive Photos/Getty Images
322 T: ©Newberry Library/SuperStock
322 RC & RB: ©ClassicStock.com/SuperStock
324: ©Image Asset Management Ltd./SuperStock
326: Private Collection/The Bridgeman Art Library
330: Currier & Ives (19th CE). *The Fall of Richmond Va. on the Night of April 2, 1865*. Lithograph, 16 x 22 1/8 in. (40.6 x 56.2 cm). Estate of Adele S. Colgate, 1962 (63.550.11). Image copyright ©The Metropolitan Museum of Art. Image source: Art Resource, NY
331: Morphart Creations inc./Shutterstock.com
334 T: Wadsworth Atheneum Museum of Art/Art Resource, NY
334 B: Samuel Colt (1814–1862). Colt Third Model Dragoon Percussion Revolver. Decorated by Gustave Young (1727–1895, engraver). Ca. 1853. Steel, gold, and walnut. Gift of George and Butonne Repaire, 1995 (1995.336). Image copyright ©The Metropolitan Museum of Art. Image source: Art Resource, NY
335 T: F&A Archive/The Art Archive at Art Resource, NY

Chapter 11:

336–337, 338, 366, 367, 369, 380–381: ©Everett Collection/SuperStock
339: Mary Evans/TOWN & COUNTRY PLANNING/Everett Collection
340 L: ©SuperStock/SuperStock
340 C: ©ClassicStock.com/SuperStock
340 R, 341 R, 351 C, 352: New York Public Library/Photo Researchers, Inc
341 L: Everett Collection
343: ©Science Faction/SuperStock
344, 345 TR, 346 TR, 349, 351 TR, 351 BR, 374, 377, 383: ©Science and Society/SuperStock
345 BL: Mary Evans/National Magazines/Everett Collection
346 TL, 382: Science Source/Photo Researchers, Inc
346 B: Gianni Dagli Orti/The Art Archive at Art Resource, NY
347: Alinari/Art Resource, NY
348: Photograph courtesy of The Mitsubishi Archives
351 TL: ©imagebroker.net/SuperStock
351 BL: ©The Image Works Archives
353: The Granger Collection, New York
358 L & R, 376 T & B: ©Universal Images Group/SuperStock
368: CSU Archives/Everett Collection
370–371: Ocean Memorabilia Collection/The Art Archive at Art Resource, NY
372: ©Roger-Viollet/The Image Works
373: Mary Evans/National Archives/Everett Collection

Chapter 12:

384–385: ©Stock Connection/SuperStock
390: Natali Glado/Shutterstock.com
391: Dan Guravich/Photo Researchers, Inc.
392: ©Everett Collection/SuperStock
393: PR NEWSWIRE/AP Images
394 T, 397: US Air Force
394 B: NARA
395 L: Science Source/Photo Researchers, Inc
395 R: Los Alamos National Laboratory/Photo Researchers, Inc
386: Exactostock/SuperStock
398: ©De Agostini/SuperStock
399, 401 BL: ©SuperStock/SuperStock
400: ©Science Faction/SuperStock
401 T: Ann Ronan and ICRC ©ARPL/HIP/The Image Works
401 BR: ©Roger-Viollet/The Image Works
402: Abridged illustration of the press release by the White House, August 6, 1945. Subject File, Ayers Papers. Harry S. Truman Library & Museum. http://www.trumanlibrary.org/whistlestop/study_collections/bomb/large/documents/pdfs/59.pdf#zoom=100
403: ©Science and Society/SuperStock
404: SeanPavonePhoto/Shutterstock.com
405: ©Nordic Photos/SuperStock
406, 408, 410, 412–413: Prints and Photographs Division, Library of Congress
409: Jim Zipp/Photo Researchers, Inc
411: Army Corps of Engineers/Alaska Veterans Museum
421 L: ©SZ Photo/Scherl/The Image Works
421 R: ©Bob Fitch/Take Stock/The Image Works
422: AP Photo
424, 426–427: NASA and STScI
425 L: NASA, ESA, C.R. O'Dell (Vanderbilt University), and M. Meixner, P. McCullough
425 R: ©Huntington Library/SuperStock
428: NASA, ESA, and The Hubble Heritage Team (STScI/AURA)-ESA/Hubble Collaboration
429: NASA/JPL-Caltech
430–431: NASA